张其成全解太乙金华宗旨

张其成 著

华夏出版社
HUAXIA PUBLISHING HOUSE

图书在版编目（CIP）数据

张其成全解太乙金华宗旨 / 张其成著. -- 北京：华夏出版社，2018.5
（2024.11重印）
（张其成国学经典全解丛书）
ISBN 978-7-5080-9303-1

Ⅰ. ①张… Ⅱ. ①张… Ⅲ. ①道教－养生（中医）②《太乙金华宗旨》－研究 Ⅳ. ① B241.95 ② R212

中国版本图书馆 CIP 数据核字（2017）第 220052 号

张其成全解太乙金华宗旨

作　　者	张其成
责任编辑	张　平

出版发行	华夏出版社有限公司
经　　销	新华书店
印　　刷	三河市少明印务有限公司
装　　订	三河市少明印务有限公司
版　　次	2018 年 5 月北京第 1 版 2024 年 11 月北京第 16 次印刷
开　　本	787×1092　1/16 开
印　　张	14.5
字　　数	240 千字
定　　价	45.00 元

华夏出版社有限公司　　地址：北京市东直门外香河园北里4号　邮编：100028
网址：www.hxph.com.cn　　电话：(010) 64618981
若发现本版图书有印装质量问题，请与我社联系调换。

序 言

朱高正

2002年7月上旬，我有幸与华新丽华集团创办人焦廷标先生同游香江，三天之中相谈甚欢。意犹未尽之际，也约定了返台之后必定再次见面。8月中旬，我依约前往拜会焦老，蒙他送我《太乙金华宗旨》一书。

《太乙金华宗旨》乃是一本道教丹鼎学的经典，相传为八仙之一的吕洞宾所著，它也是炼气之人必读之作。焦老以奇书相赠，除了意在结交知音外，也与一桩发生在他身上的特殊因缘有关。有一回，木栅指南宫董事长高忠信先生向我透露，焦老与他的两位公子早年皆苦于癌症缠身，在四处求医无效后，因缘际会来到指南宫，在虔诚参拜吕祖后，身体病痛竟然奇迹般地康复了。焦老感念吕祖恩泽，于是捐了数千万的善款来修缮指南宫。另外，也将他得自大陆的《太乙金华宗旨》简体字版翻印为数万册的繁体字版当作善书，致赠有缘人。

焦老认为我对《易经》有所研究，希望我针对这本繁体字版的《太乙金华宗旨》提些意见。其实，我与《易经》结缘可以回溯到三十多年前当我还在念高二的时候。尔后在我负笈德国求学期间，因读了《易经》德文版的全译本，才对《易经》有了比较贴切的了解。事实上，焦老这本《太乙金华宗旨》对我来说并不陌生，因为该书早在1929年便在德国由汉学家卫礼贤（Richard Wilhelm，1873—1930）译成德文出版，并在稍后风行整个欧洲，而卫礼贤正是《易经》德文版全译本的作者。我在德国念书时，这部德文本《易经》已经再版不下70次，足见该书受欢迎的程度。

汉学家卫礼贤翻成德文　心理学大师荣格为之作序

卫礼贤是国际知名的汉学家，他于1899年来到中国传教，早先一年（1898

年）德国出兵强占山东半岛胶州湾的一处小渔村——青岛，并在稍后将整个山东半岛纳入其势力范围。

身负教会派遣至远东地区传教的重任，卫礼贤相当尽心地扮演好传递福音的角色，也热心地在青岛办新式学校，至今卫礼贤小学依然矗立在青岛市的旧城区。对于卫氏来说，要传播中国人完全不熟悉的基督教是件极其辛苦的工作。不过，在他尝试融入当地风土民情之后，他也有了机会饱览中国文化的博大精深。

1905年卫礼贤前往北京，并在京师大学堂（北京大学前身）教授德文。稍后，在一批中国学者的协助下，卫氏得以有系统地将《易经》与《太乙金华宗旨》翻译成德文，而简体字版的《太乙金华真经》并非译自中文原典，而是经卫礼贤的德文版重重转译，致书名与内容皆已失真。

卫礼贤有心为欧洲人介绍中国传统的道教经典。他在1922年返回德国，将《太乙金华宗旨》一书于1929年出版，并请20世纪最负盛名的心理学大师荣格（Carl Gustav Jung，1875—1961）专文推荐。日后，其他识货的外国人将之再转译为英文，甚至日文，而中文简体字版的《太乙金华真经》则转译自日文版。

值得一提的是，卫礼贤有了继承衣钵，其子Helmut Wilhelm稍后也在北京大学任教，后移居美国西雅图的华盛顿大学，主要是讲授《易经》与中国哲学，于20世纪80年代末蒙主恩召。

原简体字版颇多错误　今日重译再现经典风华

卫礼贤翻译的这本《太乙金华宗旨》不只是丹道之学，书中所讲述的奥义更是中国传统道教的养生之学，与当今预防医学的理路相当一致。

其实，《周易参同契》是有关中国炼丹术最早的理论著作，它是对以前炼丹经验与理论的总结。《周易参同契》是指将易学、黄老、炉火三者合而为一。该书依据易经阴阳变化的原理，对中国早期的炼丹术做了理论解释，它确立的概念及含义、丹药反应的原理和火候的掌握方法一直被后人奉为圭臬。

按照《周易参同契》的理论，炼丹炉内自有天地，上为乾，下为坤，代表天上地下之象，其中以坎、离为药材。炼丹十分讲究火候，《易经》的十二消息卦分别代表一年的十二个月份：五月是姤（☰）卦，一阴生，代表从这个月开始阴长阳消；六月是遁（䷠）卦；七月是否（䷋）卦，天地不交，万物不生，就是俗称的"鬼月"；八月是观（䷓）卦；九月是剥（䷖）卦；十月是坤（䷁）卦，是纯阴卦；十一月是复（䷗）卦，一阳来复，从这个月开始阳长阴消；十二月是临（䷒）卦；一月是泰（䷊）卦，三阳开泰，天地交，万物生；二月是大壮（䷡）卦；三月是夬（䷪）卦；四月是乾（䷀）卦，是纯阳卦。而十二消息卦也代表一天的十二个时辰：子时是复卦，表示阳气初生，然后依此类推。炼丹时的火候就依照十二个月或十二个时辰的阴阳消长来调节。

过去很多帝王为求长生，纷纷请道士来为他们炼丹，不过却常因铅中毒而暴毙。宋朝时养生之道分成两路：一是加强中草药的研究；二就是炼内丹，借着炼气来达到长生的目的。

依道教的说法，胎儿在母胎内充塞着先天气，自剪断脐带，呱呱落地，离开母体后，便逐渐失去"先天气"。婴儿的脸色红润，手足暖和，呼吸细微而深长，总是吸多吐少，因而能够不断成长。不过，随着年龄增长，人在 25 岁后，反而是吸少吐多逐渐衰老。到了古稀之年，呼吸转为短促，到只吐不吸时，就寿终正寝了。这正说明道教何以重视"吐纳之术"的原因。

道教教人吐纳，在于以人的身体为炉鼎，炉鼎自成天地。炉鼎上方为乾卦，象征天，下方为坤卦，象征地，而以人的精、气、神为炼丹的药材，相当于坎与离。坎（☵）为水，代表阴中有阳的元精、元气；离（☲）为火，代表阳中有阴的元神。依道教的说法，"道生一，一生二，二生三，三生万物"，"顺则凡，逆则仙"。亦即成仙之道在于返璞归真，以人体为炉鼎，以生命的三个基本元素精、气、神为药材。先以气运精，炼精化气，则"三"变为

"二"，再炼气化神，则"二"合为"一"，再炼神化虚，则"一"化为"道"，与"道"相合，虚则成仙，这就是"逆则仙"的意涵。因此，人若能借着炼气让呼吸和缓深长、吸多吐少，则能抽坎（☵）填离（☲），以至纯阳（☰），同时达到精足、气满、神旺，而青春永驻，长生不老。

焦老送我翻印自简体字版的《太乙金华宗旨》，经我细加研读后，发现其中错误颇多，除因繁简互换而出现漏、错字外，从原书的译序中，也可发现该书的简体字版实际上是来自日文版，而日文版又如前述，即又是转译自1929年卫礼贤的德文版。另外，在中文版译注的过程中，译者也未能悉心考究，书中文句多有偏离原典，甚至将大名鼎鼎的"卫礼贤"（Richard Wilhelm）翻译成不伦不类的"韦尔黑尔穆"。因此，在向焦老翔实禀报后，焦老嘱咐我重新解释《太乙金华宗旨》一书，俾国人能有机会一览原典奥义。

我身为"国际易学研究基金"董事长，正好借助"国际易学研究院"高手如云之便，找来大陆易学泰斗朱伯崑教授的入室弟子、北京中医药大学中医文化与传统文化研究中心的张其成教授重新翻译、解释，不仅有注、有译，还有新解。

《太乙金华宗旨》近百年来在中国并不受重视，如同宝玉蒙尘，被人弃置，还要靠日文版的翻译本来重新认识其价值。而今借着本书的出版，希望这本出口转内销的书能重新散发属于中国人的光彩。《太乙金华宗旨》之所以能够再现原典风华，除了必须感谢张其成教授以及《中国通》编辑部全体同仁外，尤赖焦老的督促勖勉，才能顺利出版。

（作者为台湾著名政治活动家、易学家）

前　言

《太乙金华宗旨》是一部道教养生奇书，传为唐代著名道士吕洞宾所著。吕洞宾是民间传说的"八仙"之一，师从高道钟离权，得到钟离权亲授之金丹密旨。钟离权和吕洞宾共同创立"金丹道"，"钟吕金丹道"是道家养生最为实用也最为神秘的功法，它融会了儒释道三家的生命哲理，吸纳了儒释道三家的修炼方法，因此宋代以后一直被历代养生家所尊奉。"钟吕金丹道"在中华养生园中独树一帜、金花灿烂。然而金丹道的著作多用象征隐语，其丹诀密旨，隐晦难懂。

本书阐述了"钟吕金丹道"的奥秘。作为道教内丹修炼的一部奇书，《太乙金华宗旨》虽属后起，但其功理功法有不少独创，因而流传甚广，影响深远。其方法从上丹田守眉心入手，所论"金华"（金花）、"天心""天光""回光"等词语为历代丹道所少见，所论"回光""守中""调息"等功法简明透彻。与其他丹道修炼的道书相比，本书的最大特点是通俗流畅、简明易懂，基本上不用传统丹经的隐语晦言。

《太乙金华宗旨》的成书年代已难确考。今传诸本皆托名吕洞宾，实则为明清以来全真道教龙门派中兴以后内丹修炼的教传心法，而非成于某一人之手。自清初刊行以来，该书流传甚广，版本众多。

当代学者一般将本书的众多版本分为两个系统，一个是净明道派系统，以《道藏辑要》为代表；一个是龙门道派系统，以《道藏续编》为代表。《道藏辑要》由清康熙进士彭定求刊行，嘉庆蒋元庭增刊，光绪成都二仙庵重刻。据传《太乙金华宗旨》为康熙七年（1668年）由吕洞宾"垂示人间"，由受法弟子屠宇庵（屠乾元）于康熙三十一年（1692年）订辑，乾隆邵志琳加以订定，嘉庆广化子（惠觉）重新厘定，蒋元庭增刊入《道藏辑要》中。此一系统的版本还有民国初年姚济苍刻本、慧真子《长生术·续命方》合刊本等。《道藏续编》由道光十一年（1831年）龙门派十一代传人闵一得编辑刊行，据传此本所收之《太乙金华宗旨》最初为明代崇祯举人陶太定刻印。实际上两个系统的版本除第一章外，其他各章文字差别并不大。虽然《道藏辑要》本、姚济苍本、慧真子本在第一章中有"昔日有许祖"或"故蒙净明许祖"一句，但其他篇章再无类似语句，而与《道藏续编》本基本相同，从其内容看，应当看成是龙门派的著作。

《太乙金华宗旨》共十三章，每章一个主题，各章之间有交叉。它不仅阐述了金丹道养生的原理，而且还介绍了金丹道养生的方法。它在养生法理上强调性功，即心神的修炼，因此受到西方精神分析心理学家的青睐。

《太乙金华宗旨》在西方和日本影响重大。著名来华传教士卫礼贤（Richard Wilhelm）于1929年将此书翻译成德文，著名精神分析心理学家荣格（C.G.Jung）发现此书的养生原理与分析心理学的理论有惊人的相似之处，于是写了一篇很长的"评述"，称此书集中了"东方智慧"。1931年，英国翻译家贝恩斯（Cary F. Baynes）将德文版翻译成英文。德文版和英文版多次重版，在西方引起巨大反响。此后日本学者汤浅泰雄和定方昭夫又将此翻译成日文，在日本同样畅销。20世纪90年代，德文版、英文版、日文版又分别被译成中文在中国出版发行。

笔者多年来以研习易道、医道和丹道著作为乐，其中对《黄帝内经》《周易参同契》《黄庭经》《悟真篇》兴味尤浓。稍后接触到《太乙金华宗旨》，顿感直白畅快，与《周易参同契》等丹道著作风格迥异，当时萌生一种欲广告世人的念头，然终因俗务缠身，未能如愿。

两年以前，承蒙台湾著名人士朱高正先生抬爱，鼓励我对《太乙金华宗旨》重新作一注译、评介，并在其主持的《中国通》杂志（第105—109期）上专门辟出版面，刊载拙稿。又请台湾著名心理学家黄光国教授作序，多方联系出版，终于促成拙著得以在台问世。本书在大陆出版，首先得感谢华夏出版社的陈振宇先生，此外吴金鹏、罗浩也为拙著的出版做了大量的工作。本书还引用了胡孚琛、戈国龙、通山等当代学者的一些研究成果，均一一注明。在此谨一并表示由衷感谢！

基于大众读者的渴求和弘扬传统文化的需要，我对本书重新做了整理，使其通俗化、大众化、趣味化，希望能让更多的人从中受益，这是再次出版这本书的初衷。

本书上篇对《太乙金华宗旨》进行注释、语译，主要依据《道藏辑要》本，并参照《道藏续编》本及其他版本，综合各家注解，对每一章的养生原理和方法做了评述。下篇对《周易参同契》的炉鼎、药物、火候，内丹修炼的门派、原理、程序、层次以及内丹修炼与止观双修做了较为详尽的分析介绍，同时对卫礼贤、荣格有关金丹养生的主要观点也做了介绍。如果读者阅读此书后，能在身心修炼方面有些许裨益，则我愿足矣。笔者在撰写此书过程中，尽量将内丹大道与个人的修身体悟相结合，目的是弘扬东方的养生学，进而建立中国的哲学心理学。但笔者深知这项工作的难度之大，或许这只是一个遥远而美丽的梦吧！

目 录

上篇 太乙金华宗旨

第一章 天心　003
天心：炼内丹最玄妙最紧要的关窍
太乙金华：人的先天真炁如同金花之光
回光：逆向注想天心的方法

第二章 元神识神　016
元神：人的"本来面目"，长生的本源
识神：人生下来后逐渐积累的"知识"
魂魄：元神和识神的体现

第三章 回光守中　024
回光：金丹功法的密旨
守中：意念集中在天心
观鼻法：实用而简单的回光守中之法

第四章 回光调息　034
调息：克服妄念、系住心意的好方法
数息法：拴住心猿意马
听息法：听心，防止心念外驰
静心：调息的目的

第五章 回光差谬　040
不用心：放不下杂念，放任其自流
多用心：过分克制自己而失其自然

第六章　回光证验　　　　　　　　043

　　入静之初——金华乍吐

　　入静之中——金华正放

　　入静之深——金华大凝

第七章　回光活法　　　　　　　　048

　　"随时随地随事"修炼法：回光修炼的灵活方法

　　在日常生活中修炼，不废弃正业

第八章　逍遥诀　　　　　　　　　050

　　无为而为：大道的要领

　　顿法：高层次的金丹功法

　　两眼：炼养的枢机

第九章　百日筑基　　　　　　　　063

　　筑基：内丹修炼的准备阶段

　　炼己：筑基的关键

　　炼己的方法：断除声色，使耳目归于清净

第十章　性光识光　　　　　　　　066

　　性光：先天之光，修炼回光功夫的目的

　　识光：后天之光，需要返还

第十一章　坎离交媾　　　　　　　071

　　坎离交媾：内丹三关修炼的第一关

　　坎离交媾的目的：炼精化气

　　坎离交媾的方法：贯通任督二脉，打通小周天

　　坎离交媾的修炼要求：收回视听、自然虚空

第十二章　周天　　　　　　　　　073

　　小周天：坎离交媾的有为阶段

　　大周天：从乾坤交媾的有为过渡到无为阶段

　　活子时：小周天中一阳随时而生之时

正子时：大周天中金丹大药将生之时

第十三章　劝世歌　　　　　　　　　　079

金华大道的理论基础：《易经》和《老子》

金丹养生的关键：忘却意识

珍惜光阴、坚持不懈，金华大丹自成

下　篇　内丹养生大法

第十四章　万古丹经王　　　　　　　　085

魏伯阳与《周易参同契》：丹经之祖，炼丹修仙大法

炼丹的三大基本要素：炉鼎、药物、火候

第十五章　内丹修炼的门派　　　　　　099

内丹养生学说的形成

钟吕——内丹学的开山祖师

内丹学的各大门派："五派"与"三元"

第十六章　内丹修炼的原理　　　　　　114

性命双修：从有限的自我返回无限的道体

逆转阴阳：返本还源"顺则凡，逆则仙，
　　　　　只在其中颠倒颠"

致虚守静：身心合一，逆转阴阳的惟一途径

第十七章　内丹修炼的程序　　　　　　121

百日筑基：内丹修炼的准备阶段

炼精化气：小周天，内丹修炼的第二阶段

炼气化神：大周天，内丹修炼的第三阶段

炼神还虚：上关，内丹修炼的第四阶段

第十八章　内丹修炼的层次　　　　　　131

法有三成（乘），修持在人，功成随分

正道、旁门与邪法：自然无为是养生的根本

旁门九品：中国古代养生方法分类大全

第十九章　内丹修炼与止观双修　　　　　　　　　136

附　录

卫礼贤论金丹养生　　　　　　　　　　　　　　141

荣格论金丹养生　　　　　　　　　　　　　　　149

《周易参同契》原文　　　　　　　　　　　　　163

《太乙金华宗旨》序跋　　　　　　　　　　　　181

《太乙金华宗旨》阐幽问答　　　　　　　　　　188

柳华阳《慧命经》节选　　　　　　　　　　　　214

上 篇
太乙金华宗旨

　　《太乙金华宗旨》一书,是道家修炼养生的宝典,也是道教仙人吕洞宾长生不老之道的秘笈。它是道教内丹修炼的一部奇书,不仅阐述了金丹道养生的原理,而且还介绍了金丹道养生的方法。

　　"太乙"是至高无上的称谓,即指"太乙真炁"。古人云"太乙含真,天一生水",人得一则生,失一则死;人无炁则死,鱼离水则亡。"金华"就是"金花""金光"——金花之中隐藏着光,这个光就是先天太乙真炁,是修炼金丹大道达到的最高境界的验证。"宗旨"在这里指修炼的主要目的和根本原则。

第一章　天心

吕祖曰：自然曰道。道无名相，一性而已，一元神而已。性命不可见，寄之天光；天光不可见，寄之两目。古来仙真，皆口口相传，传一得一。自太上化现，东华①递传岩，以及南北两宗，全真可为极盛。盛者盛其徒众，衰者衰于心传，以至今日，泛滥极矣！凌替极矣！极则返。故昔日有许祖②，垂慈普度，特立教外别传之旨。闻者千劫难逢，受者一时法会，皆当仰体许祖心，先于人伦日用间立定脚跟，方可修真悟性。我奉敕为度师，今以"太乙金华宗旨"发明，然后细为开说。

太乙者，无上之谓。丹诀甚多，总假有为而臻无为，非一超直入之旨。我传宗旨，直提性功，不落第二法门，所以为妙。金华即光也，光是何色？取像于金华，亦秘一光字在内，是天仙太乙之真炁③，"水乡铅，只一位"④者此也。

回光之功，全用逆法。[注想天心。天心居日月中。《黄庭经》云："寸田尺宅可治生。"尺宅，面也。面上寸田，非天心而何？]⑤方寸中具有郁罗萧台之胜、玉京丹阙之奇，乃至虚至灵之神所注⑥。儒曰"虚中"，释曰"灵台"，道曰"祖土"、曰"黄庭"、曰"玄关"、曰"先天窍"。盖天心犹宅舍一般，光乃主人翁也。

故一回光，则周身之气皆上朝。[如圣王定都立极，执玉帛者万国；又如主人精明，奴婢自然奉命，各司其事。]⑦

诸子只去回光，便是无上妙谛。光易动而难定，回之既久，此光凝结，即是自然法身⑧，而凝神于九霄⑨之上矣。《心印经》⑩所谓"默朝飞升"⑪者，此也。[宗旨行去，别无求进之法，只在纯想于此。《楞严经》云："纯想即飞，必生天上。"天非苍苍之天，即生身于乾宫⑫是也。久之，自然身外有身。]⑬

金华即金丹。神明变化，各师于心。[此种妙诀，虽不差毫末，然而甚活，全要聪明，又须沉静。非极聪明人行不得，非极沉静人守不得。]⑭

【译文】

吕祖说：自然叫作道。道是没有名称、没有形状的，只不过是"性"、是"元神"罢了。本性和生命是不可见的，只有寄托在天光之中；天光也是不可见的，只有寄托于两目之中。自古以来的仙人真人，都是口授口传，口传一点就得到一点。从老子降世，东华帝君传授给我，一直传到南宗、北宗，是全真教极盛的时代。兴盛是指信徒繁多，衰败是指心传不继。到了今日，已经泛滥到极点，衰败到极点了！物极必反。所以净明道许逊祖师发慈悲之心普度众生，特地发掘出文字并未记载的真正旨意。闻道的人千载难逢，受道的人顿然开悟。我们要体悟许逊祖师的良苦用心，在日常生活和人伦关系方面，只有站稳脚跟，才可以修真悟性。我奉圣上之命作为你们的导师，首先要阐明"太乙金华宗旨"，然后再详细地讲解。

"太乙"是至高无上的称谓。"金丹"的秘诀很多，关键在于凭借有为而达到无为，但并不能超越一切步骤而直接达到无为境界。我所传授的金华（金丹）宗旨，直接阐释"性功"，而不是误入旁门左道，所以最为神妙。"金华"就是光。光是什么颜色？光取象于金花的黄金色，金花之中隐藏着光，这个光就是先天太乙真炁。"水乡铅，只一位"这句话指的就是它。

能回转光的功法，完全采用逆行。[意念集中在天心的位置。天心就在两眼之间。《黄庭经》说："尺宅上的寸田可以支配生命。"尺宅（一尺之宅）就是面部，面部寸田（一寸之地）不是"天心"是什么？]在这方圆一寸之地，有辉煌壮丽的景观，就像琼楼玉宇、雕台画阁，乃是至虚至灵的元神居住的地方。儒家称之为"虚中"，佛家称之为"灵台"，道家称之为"祖土""黄庭""玄关""先天窍"。"天心"就如同一座宅舍，光就是这座宅舍的主人。

所以光一旦开始回转，全身之炁就都会朝头上的"玄关"汇集。[好像至明的君王确立国都、建立统治大业，天下万国都手执重礼前来朝贺；又如主人精干贤明，奴仆自然遵守主人的命令，各自管好自己分内之事。]

你们只需要回转金光，这便是至高无上的妙智真谛。光容易运动而难以固定，长时间地回转，光自然就会凝聚在一起，这就是自然的法身，就能够凝结元神飞升到九霄之上。《心印经》说"默默地朝拜天帝（元神），到一定的时候就可以飞升上天"，说的就是这种情况。[按照这个宗旨练习下去，不必再去寻求其他方法，只需集中意念进行光的回转就行了。《楞严经》说："专一集中意念就能飞升，必定能生于天上。"这里的"天"并不是指茫茫苍天，而是指产生身体的"天心"。时间久了，自然会得到身外的法身。]

金光就是金丹。神明的一切变化都依赖于心。[要掌握这种神奇奥妙，必须要做到毫厘不差，同时也要十分灵活。一切都需要聪明，又需要沉静。不是极为聪明的人是练习不了的，不是极为沉静的人也是固守不住的。]

【注释】

① 东华：即东华帝君，道教神名。北京白云观的《诸家宗派总簿》记其姓王名玄辅，号少阳。汉代山东青州府人。以白云上真为师，后传神符秘法、金丹大道于钟离权，再传给吕洞宾（本名为吕岩，又号吕纯阳）。东华帝君被全真道奉为北五祖的第一祖。

② 故昔日有许祖：姚济苍刻本、慧真子合刊本均作"故蒙净明许祖"。许祖，名许逊（239—374年），东晋道士。曾任旌阳县令，所以又称许旌阳。原属上清派，后将道教方术与儒家忠孝伦理观念相结合，创立"太上灵宝净明法"。被净明道尊为始祖。

③ 天仙太乙之真炁：慧真子本作"先天太乙之真炁"，并注"同气"。

④ 水乡铅，只一位：语出唐朝崔希范《入药镜》，指"太乙真"。慧真子注："天一生水，即太乙之真。人得一则生，失一则死……人无炁则死，鱼离水则亡。"

⑤ 此五句《道藏辑要》本无，据慧真子本补上。

⑥ 注：慧真子本作"住"。

⑦ 此五句《道藏辑要》本无，据慧真子本补上。

⑧ 法身：即"法身佛"。按照大乘佛教的"三身"说，佛身有应化身、善报

身和法身。应化身就是在世上现出来的肉身；善报身是做好事得到果报登上幸福彼岸的佛身；法身是超越佛身，如密教的"大日如来"，就是法身佛的代表。

⑨九霄：指天界九层。按照道教的世界观，天界分九层，叫作九霄；地狱界分九层，叫作九泉。

⑩心印经：即《玉皇心印妙经》，道教的经典。

⑪《心印经》此句原作"默朝上帝，一纪飞升"。

⑫乾宫：此指头部。

⑬此数句《道藏辑要》本无，据慧真子本补上。

⑭此数句《道藏辑要》本无，据慧真子本补上。

【解读】

本章介绍了道教内丹功所炼养的关键部位"天心"、炼内丹的基本功法"回光"以及"回光"的神奇功效。这是全书的总纲，一开头就提出道教最重要的一个概念"道"。"道"究竟是什么？"道"与"金华"养生是什么关系？"道"在人体的什么部位？本章一一作了回答。

"道"就是元神，元神的表现形式就是"金华"，也就是金光。金光寄托于两目，聚注在"天心"。所以修炼道教内丹功就是注想"天心"的回光功。"天心"，道教内丹功所炼养的关键。"天心"又被称为"玄关""先天窍""黄庭"，这个部位是炼内丹最玄妙、最紧要的关窍，是宋元以来的内丹家十分强调却秘而不宣的部位，此窍开则窍窍开。这个关窍究竟在身体的什么部位？各家说法并不一致，有说是中丹田，有说是上丹田，有说不固定，甚至有说不是具体的位置，而是无形质可据的灵光大道。这个为丹家所不传的部位，《太乙金华宗旨》的作者却毫无保留地公布于人，这是十分难能可贵的。本章指出"天心"的位置就在两目之间，略在两眉之间与眼球齐平处。这个位置也就是俗称的"天眼"。

本章还介绍了炼内丹的基本功法就是"回

光","回光"是一种逆向注想"天心"的方法。作者把"天心"比喻成房子，把"光"比喻为房子的主人。有了主人，房子才有生气，才有"光"。这个光是金黄色的，好比金花，实际上就是人的真炁。"炁"虽是"气"的异体字，但两者相对使用时，却有一定的差别。"炁"是先天之气，"气"是后天之气。先天之"炁"无形、至清，后天之"气"有形、至浊。因此真炁又称为"太乙""太一""天一"或"先天太一"。本书题为"太乙金华"就是指人的先天真炁如同金花之光。人有了先天太一的真炁，就有了生命，否则就会死亡。慧真子注："天一生水，即太乙之真炁。人得一则生，失一则死。然人仗炁而生，人不见炁；鱼仗水而活，鱼不见水。人无炁则死，鱼离水则亡。故仙人教人抱元守一者，即回光守中。守此真炁则可以延年也。然后用法锻炼，则造成不死之躯矣。"人得真炁则生，失真炁则死。然而真炁是看不见的，如同鱼依赖水而生存，但是看不见水。普通的人既看不到真炁，又不能主动支配真炁，而要达到这个目标，只有通过丹道修炼。丹道修炼的根本，就是"抱元守一"，就是"回光守中"，也就是守住真炁，驾驭真炁，这样才能延年益寿，长生不衰。

"回光"的功法全称为"回光守中"，又称"抱元守一"。本章提出了一些原则性的方法，如意念集中于"天心"位置，使"天心"的光来回运转。长时间的运转，不易固定的光就会逐渐地凝聚、集中，就能成为自然法身。"回光"功法要求意念集中、思想纯粹。只有在没有任何杂念妄想中，才能意守"天心"，回转金光。这一章并未详尽地介绍"回光"的具体方法，只是介绍了"回光"的根本原则。吕祖特别强调"丹诀总假有为而臻无为"，炼功要从有为而进入无为，即通过有意识的炼功达到无意识的炼功。这是炼功的基本原则，也是避免走火入魔的有效方法。

本章还介绍了"回光"的神奇功效。在真正入静、万虑皆空时，"天心"自然就会显露出来。"天心"是大道的萌芽，一旦回光，就如同登临君位，浑身上下的气就会如臣民前来朝贺，人出生之后便相分离的性与命此时就会重新相见。元性（即元神）固然存在于真窍"天心"之中，但光华寄存在二目之中，一旦回光就能求得真性。

至于回光的原则、方法、功效，在以后的各章中将有进一步的介绍。

慧真子对本章做了总结："此章全旨，首述大道之根源。夫天心者，即大道之根苗也。人能静极，则天心自现。情动顺出而生人，为元性也。此性自父母未生此身受孕之时，即寓于真窍；自'呱'的一声落生之后，则性命分为二矣。由此而往，非静极，性命不复相见。故《太极图》曰：'太乙舍真炁，精神魂魄意。静极见天心，自然神明至。'原此性虽居于真窍，而光华寄于二目。故祖师教人回光以求真性。夫真性即元神，元神即性命。究其实，即元炁也，而大道即此物矣。祖师复恐人不知至道之精微，由有为而至于无为，故又曰'丹诀总假有为而臻无为'。盖有为者，即始而回光返照以求天机发现，继而产生真种，用法煅炼造成金丹，然后过关结胎，行温养沐浴之功，造入无为之境。一年火候满足，方可移胎脱壳、超凡入圣矣。但此法至简至易，然而此中千变万化，故曰'非一超直入之旨也'。欲求长生者，奚可不觅此元性发源之处哉？"他认为本章所述的"天心"是金丹大道的根源，是元性（即真性、元神、元炁、真炁）发源之处，在父母受孕、人尚未出生之时，元性就已经寓藏于"天心"真窍之中；人一旦出生，性和命就一分为二了。元性虽然寓藏于"天心"真窍之中，而元性的光华则寄存于二目之中。人出生以后，如果不能达到极静的境界，性和命就永远不能相见了。极静的方法就是无为法，无为法要通过有为法才能实现。有为法就是要通过回光返照的修炼使天机显现出来，并产生真种，用正确的方法煅炼它就会炼成金丹，然后过三关结圣胎，再进行温养沐浴，就能达到"无为"境界。

龙门派闵一得《道藏续编》版本对这一章的论述文字差异较大，特附于后，以备参看。

附《道藏续编》版本

第一章　天心

祖师①曰：

天心者，三才②同禀之心，丹书所谓"玄窍"③是也，人人俱有。贤哲启之，愚迷闭之。启则长生，闭则短折。委之命数者，凡夫之见也。无人不愿求生，而无不寻死。夫岂别有肝肠哉？六根④以引之，六尘⑤以扰之。骎骎年少，转眼颓殁。至人闵之，授以至道。诲者谆谆，听者渺渺。其故何哉？盖不明大道体用，而互相戕贼。如是求生，犹南辕而北辙也。夫岂知大道以虚无为体，以隐现为用？故须不住于有，不住于无，而气机通流。

吾辈功法，惟当以太一为本，金华为末，则本末相资，长生不死矣。斯道也，古来仙真，心心相印，传一得一。自太上⑥化现，递传东华⑦，以及南北二宗⑧。道本无隐，而心传极秘。非秘也，非心授心受，不能授受也。口传固妙，而领会难一，况笔示乎？

是以太上大道，贵乎心传，而授受于鸟睹之中，豁然而开。师不得期授于弟，弟不得期受于师。真信纯纯，一旦机合神融，洞然豁然。或相视一笑，或涕泣承当。入道悟道，均有同然者。第或由悟而入者有诸，由入而悟者有诸，未有不由心一、心信而入而得者。不一则散，不信则浮。散则光不聚，浮则光不凝。不能自见其心，又何能合太上所传之心？

故儒崇内省，道崇内视，佛氏《四十二章经》⑨亦云："置心一处，何事不办？"盖以无上大道，只完得一心全体焉耳。全体惟何？虚净无杂焉耳。宗旨妙体如此。宗旨妙用，亦惟在"置心一处"也。内观，即是"置心一处"之诀，即是心传秘旨。非徒可以口授，且可以笔示。至于功造其极、心空漏尽之时，然后恍然洞彻玄妙之旨，并非笔之所得而示，口之所得而传。真虚真寂，真净真无，一颗玄珠，心心相印。极秘也！至得悟得入之后，而仍极显矣！此无他，天心洞启故耳。

今之求道者若涉大水，其无津涯。已到彼岸，则如筏喻⑩者。法尚应舍，若不知所从者，可不示之以筏乎？我今叨为度师，先当明示以筏。

然天心一窍，不在身中，不在身外，不可摸索而开，只可默存以俟。欲识其存，不外"色即是空，空即是色"，丹书所谓"是那么，非那么；非那么，却那么"。才是"如如"⑪，一开永开也。

而功法在于"存诚"两字。诸子存诚妙用，尚有诀中捷诀。乃于万缘入下之时，惟用梵天"伊"字⑫，以字中点存诸眉心，以左点存左目，右点存右目，则人两目神光，自得会眉心。眉心，即天目，乃为三光会归出入之总户。人能用三目如梵"伊（∴）"字然，微以意运如磨镜，三光立聚眉心，光耀如日现前。即以意引临心后、关⑬前。此一处也，按即"玄牝之门"。以意引之，光立随临。而毋忘"若""如"二字玄义，天心必自洞启。以后玄用，再为细示。所切嘱者：终始弗为"元"⑭引耳。

诸子遵循行去，别无求进之法，只在纯想于此。《楞严经》云："纯想即飞，必生天上。"天非苍苍之天，即生身于乾宫⑮是也。久之，自然得有身外天⑯。盖身犹国土，而"一"乃主君，"光"即主君心意，又如主君敕旨。故一回光，则周身之气皆上朝。如圣王定都立极，执玉帛者万国；又如主佐同心，臣庶自然奉命，各司其事。

诸子只去专一回光，便是无上妙谛。回光之既久，此光凝结，即成自然法身。廓而充之，吾宗所谓"鄞鄂"⑰、西教所谓"法王城"⑱是也。主君得辅，精气日生而神愈旺，一旦身心触化，岂仅天外有天，身外有身已哉？

然则金华即金丹。神明变化，各师于心，此中妙诀，虽不差毫末，然而甚活。全要聪明，又须沉静。非极聪明人行不得，非极沉静人守不得。

【译文】

祖师说："天心"是天地人三才所共同具有的"心"，也就是丹书所说的"玄窍"，是人人都有的。高明的人能打开它，愚迷的人只能关闭它。打开天

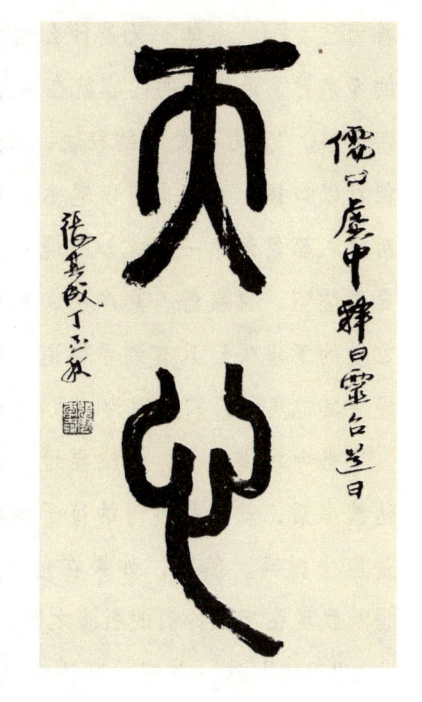

心就可以长生，关闭天心就可能短命。那种把生死交由命运安排的想法，是庸俗之见。没有人不想寻求长生，但实际上却都在寻求死路。这难道是人们的心肝有别吗？不。那是六根（眼、鼻、耳、舌、身、意）的引诱、六尘（色、声、香、味、触、法）的干扰所造成的。所以翩翩少年，转眼就衰老而亡。得道之士对此十分同情，将大道主动传授给人们。可是传道者恳切有加，听道者却茫然不知。这是什么原因呢？大概是人们并不明白大道的体和用，因而互相伤害。以此来寻求长生，就好比是南辕北辙。他们怎么知道大道是以虚无为体、隐显为用？所以既不能执着于"有"，也不能执着于"无"，应该始终保持气机流通畅达。

我们这派功法，只以"太一"为本，"金华"为末，本与末互相滋养，从而达到长生不死。这种功法，古代的真人用心心相印的方式，一代传授一代。自从太上老君开始传到东华帝君，一直传到南北二宗。大道本来并不隐晦，但心传却极其玄妙。这并不是故弄玄虚，而是因为这种功法如果不是用心传授是无法传授的。用言语传授固然也可以，但听道的人领会程度难以统一，何况用文字来传授，那就更差一层了。

所以说太上老君所传大道，贵在心传，功夫的传授全在于心领神会，一经领悟，豁然开朗。师父不能期望将功夫全部传给了弟子，弟子也不能期望从师父那里学会全部功夫。只要有真诚、纯净的信念，一旦时机适合、心神相融，就会彻底领悟。领悟之时，或相视会心一笑，或感动得痛哭流涕。凡是入道悟道的人，都有这种共同的经历。只有那些或先悟道后入道，或先入道后悟道的人有这种情况，还没有那种心意不专、信念不诚的人可以入道悟道的。心意不专，必然散乱；信念不诚，必然浮躁。散乱，光就不能聚合；浮动，光就不能凝结。如此连自己的心也无法澄明，又怎能领悟太上老君所传的心法呢？

因此，儒家崇尚内省，道家崇尚内视，佛家《四十二章经》也说："置心一处，何事不办？"这就是说，无上大道只不过是使"一心"和"全体"极端完善而已。那"全体"又是什么呢？就是虚空明净而无杂质的境界——我所传授的《宗旨》最玄妙的内容就在这里。《宗旨》的妙用，也只在于"置心一处"这四个字。"置心一处"的秘诀，就是内观，这就是我心传的密旨。这一密旨，不但可以口授，而且也可以笔示。但到了功夫登峰造极、达到心空漏尽之时，然后进入豁然洞察一切玄妙的境界，那就不是笔所能示、口所能传的了。那时才是真虚空、真寂静、真净明、真虚无，好像一颗玄珠，心心相印。这才是无比玄妙的意境呵！只有到了得道、悟道之后，这一切才能极度地显现出来。这并没有其他奥秘，只是因为"天心"已经打开了。

　　当今求道的人，好比要过一条大河。那河水无边际、无津渡。历尽艰险到达彼岸后，就把那过河的筏子丢弃了。按照传法之理，得道之后，传道的方法是应当抛弃。然而，如果在他不知如何渡河时，难道可以不给他渡河的筏子吗？我现在担任你们的引渡之师，首先应当把这筏子交给你们。

　　"天心"这一关窍，既不在身中，又不在身外，不可琢磨摸索着将它打开，只可默守存想着慢慢等待。如果想知道它的存在，不外乎就是佛家《心经》上讲的"色即是空，空即是色"，道家丹书上讲的"是那么，非那么；非那么，却那么"。这才是真实的本性，天心一开启就永远开启了。

　　开启天心的功法只在于"存诚"两个字。各位采用"存诚"的方法炼功，还有秘诀中便捷的秘诀，那就是在放下万念而入静之时，仿照梵文"伊"字的字形（∴），把中间的一点放在两眉中间，把左边一点放在左眼，把右边一点放在右眼，于是两眼的神光自然就会聚集在眉心处。眉心，就是天目（天心），这里是三光聚会和出入的门户。如果人们能像梵文"伊"字字形（∴）那样使用这三只眼睛，再像磨镜片那样微微地用意念来转动，那么三光立刻就会聚集到眉心处，它的光亮就如同太阳出现在面前。这时要立即用意念引导它来到心之后、夹脊关之前，这个地方就是所谓的"玄牝之门"。用意念引导，光就会降临此门。千万不要忘记"似有似无、似是似非"的玄妙含义，千万不可执着，这样天心必然会自动开启。以后的功法，下面再做详细说明。这里需要再三嘱咐的是：炼功时自始至终不要被变幻不实的气机所引动。

　　各位只需照我所授的功法去修炼，除此之外再没有更进一步的方法，总之全在于纯想"天心"。佛家《楞严经》也说过："纯想即飞，必生天上。"这里所说的"天"不是指自然界苍茫之天，而是指生成法身的乾宫（头顶）。长久之

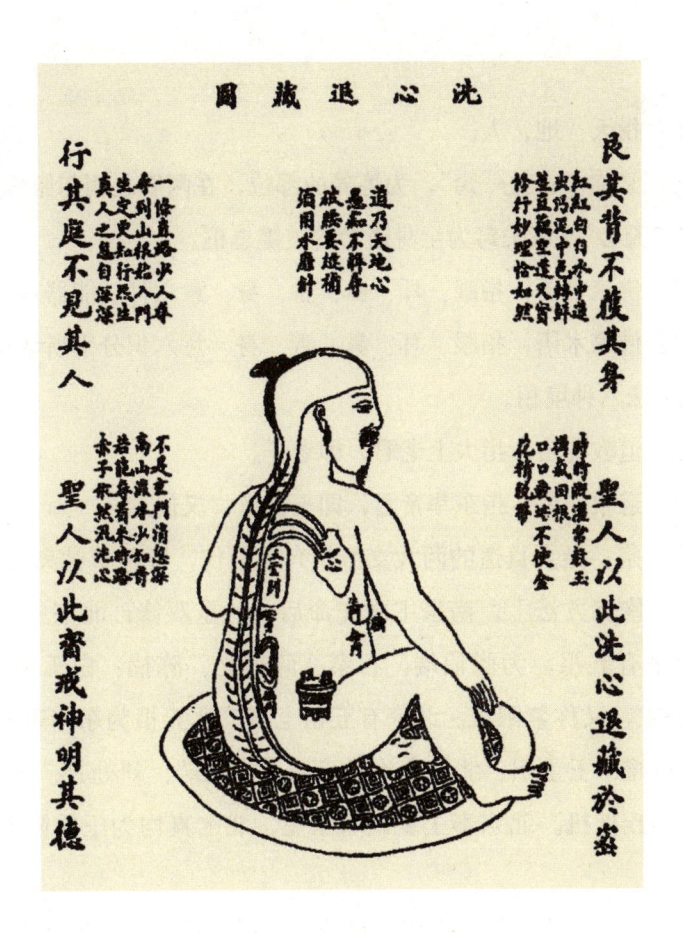

后，自然会得到身外的法身。人的身体好比是国土，"一"就是君主，而"光"就是君主的意志或旨意。所以只要一回光，那么周身的气都要向头顶朝拜。好比圣王确立国都、建立朝纲，天下万国都手执玉帛前来朝贺；又好比君主和大臣同心勤政，臣民自然遵守君主的命令，各自管好自己分内之事。

各位只需专心锻炼"回光"，就会领悟无上妙谛。回光一久，那光就会凝结，就会形成自然法身。再加以扩大充实，就会形成我们道家所谓的"鄞鄂"、西方佛教所谓的"法王城"。君主得到大臣的辅佐，那么精气就渐渐而生，元神就渐渐而旺，一旦身心融合变化，那就不仅仅是天外有天、身外有身了。

总之，金华就是金丹。它的神明变化，取决于各自修炼之心，其中的妙诀虽然没有差别，然而却要灵活掌握。既要靠聪明，又要靠沉静。不是极聪明的人不能实行，不是极沉静的人不能坚守。

【注释】

① 祖师：指吕洞宾。龙门派系统版本称"祖师"，净明派系统版本皆称

"吕祖"。

②三才：指天、地、人。

③玄窍：又称"玄关一窍"，为炼养的部位，在两眉之间与眼珠齐平处，即本文所说的"天心"。该关窍为全身诸窍的关键总枢。

④六根：佛家术语，指眼、耳、鼻、舌、身、意六种功能器官。

⑤六尘：佛家术语，指眼、耳、鼻、舌、身、意六识分别所认识的色、声、香、味、触、法六种境相。

⑥太上：道教神名，指太上老君，即老子。

⑦东华：道教神名，指东华帝君，即王玄甫，汉代人。

⑧南北二宗：指全真道的两大支派。兴于宋代，皆尊奉钟离权、吕洞宾二仙为宗祖。在修炼方法上，南宗主张先命后性，重双修；北宗主张先性后命，重清修。南宗有五祖，为张伯端、石泰、薛道光、陈楠、白玉蟾，奉张伯端（紫阳）为宗主，又称紫阳派。北宗有五祖七真，北五祖为东华帝君、钟离权、吕洞宾、刘海蟾、王重阳；北七真为马丹阳、谭处端、刘处玄、王处一、郝大通、孙不二、丘处机。北宗奉王重阳为宗主，北七真均为王重阳的七大弟子，又称重阳派。

⑨四十二章经：中国第一部汉译佛经，东汉明帝永平十年（67年）由迦叶摩腾、竺法兰在洛阳白马寺译。此处所引二语疑为第十三章"净心守志，可会至道"与《佛遗教经》第三章"制之一处，无事不办"的化用。

⑩筏喻：用筏渡河，渡到彼岸，筏应舍去。佛经用以比喻法为普度众生，如达涅槃，法也应舍去。

⑪如如：佛教术语，又译为"如""真如"，表示真实不虚、常住不变的本性实质。

⑫梵天"伊"字：梵天指佛教色界十八重天中的最初三重天。"伊"字是一种秘文，字形如"∴"作三点状。闵一得注：即日、月、天罡。在人身，即是左目、右目与眉心。先王神人皆具三目，如斗母、雷祖是也。人如修炼，眉心即开。所开之目，名曰"天目"是也。

⑬关：即夹脊关，又称双关。在人之背脊二十四节头尾之中，直透顶门。

⑭元：闵一得注："元者，气机之所变幻，皆非真实之况。若为引动，便堕魔窟。"

⑮ 生身于乾宫：指法身在头部生成。乾宫，指头部，象征天。身，指法身。炼功到一定程度，法身即可在头顶部（天上）生成。

⑯ 此句似有误。《道藏辑要》本作"自然身外有身"。

⑰ 鄞鄂：道教术语，指元神。"吾宗"，此指道教。"鄞鄂"一词始见于汉魏伯阳《周易参同契》："经营养鄞鄂，凝神以成躯。"元俞琰注："鄞鄂即根蒂也。"清朱元育注："鄞鄂，即是元神。"李攀龙《入药镜注》以鄞鄂为鼎器，即中丹田与下丹田。《青华秘文》以鄞鄂为神室："神室者，元神所居之室，鄞鄂是也。"

⑱ 法王城：原指佛陀居住之处。法王，原为佛陀称号之一。"西教"此指佛教。

第二章 元神识神

吕帝①曰：天地视人如蜉蝣②，大道视天地亦泡影。惟元神真性，则超元会③而上之。其精气则随天地而败坏矣。然有元神在，即无极也。生天生地皆由此矣。学人但能护元神，则超生在阴阳之外，不在三界④之中，此见性方可⑤，所谓本来面目是也。

［凡人投胎时，元神居方寸⑥，而识神则居下心。下面血肉心，形如大桃，有肺以覆翼之，肝佐之，大小肠承之。假如一日不食，心上便大不自在，以致闻惊而跳，闻怒而闷，见死亡则悲，见美色则眩，头上何尝微微些动也？问天心不能动乎？方寸中之真意如何能动？到动时，便不妙，然亦最妙。凡人死时方动，此为不妙。］⑦最妙者，光已凝结为法身，渐渐灵通欲动矣，此千古不传之秘也。⑧

识心如强藩悍将，［欺天君暗弱，］便遥执纪纲，久之太阿倒置矣。今凝守元宫⑨，回光返照，如英主在上，［二目回光，］如左右大臣尽心辅弼，内政既肃，自然一切奸雄无不倒戈乞命矣。

丹道以精水、神火、意土三者，为无上之诀。精水云何？乃先天真一之炁。神火即光也，意土即中宫天心也。以神火为用，意土为体，精水为基。凡人以意生身，身不止七尺者为身也，盖身中有魄焉。魄附识而用，识依魄而生。魄阴也，识之体也。识不断，则生生世世，魄之变形易质无已也。惟有魂，神之所藏也。魂昼寓于目，夜舍于肝。寓目而视，舍肝而梦。梦者神游也，九天九地⑩，刹那历遍；觉则冥冥焉、渊渊焉，拘于形也，即拘于魄也。故回光所以炼魂，即所以保神，即所以制魄，即所以断识。古人出世法，炼尽阴滓，以返纯

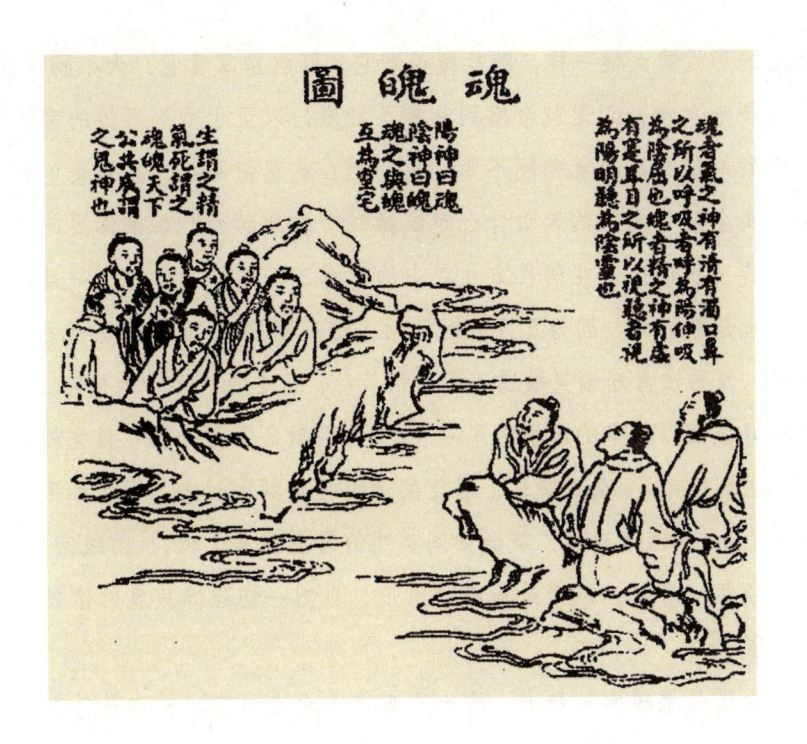

乾，不过消魄全魂耳。

回光者，消阴制魄之诀也。无返乾之功，止有回光之诀。光即乾也，回之即返之也。只守此法，自然精水充足，神火发生，意土凝定，而圣胎可结矣。蜣螂转丸，而丸中生白，神注之纯功也。粪丸中尚可生胎离壳，而吾天心休息处，注神于此，安得不生身乎？⑪

一灵真性，既落乾宫，便分魂魄。魂在天心，阳也，轻清之炁也。此自太虚得来，与元始同形。魄，阴也，沉浊之气也，附于有形之凡心。魂好生，魄望死。一切好色动气皆魄之所为，即识神⑫也。死后享血食⑬，活则大苦。阴返阴也，以类聚也。学人炼尽阴魄，即为纯阳也。⑭

【译文】

吕祖说：天地看人就像水虫蜉蝣，大道看天地就像水中的泡影。只有人的元神真性才是超越时空而长存。虽然人的精气随天地的衰败而衰败，但是元神还存在，这就是无极。无极能创生天地。修炼的人只要能守护住元神，就能超越阴阳、三界的束缚。当然，这要见到真性的本来面貌才行。

［凡人投胎的时候，元神住在两目方寸之间，而识神住在下面的心里。这个

血肉之心的形状像大桃一样，肺叶覆盖着它，肝脏傍靠着它，大小肠承接着它。假如一天不吃食物，心里就会感到非常不舒服，以至于听到可怕的事情就心惊肉跳，听到愤怒的事情就郁闷不乐，见到死亡就悲伤不已，见到美色就头昏目眩，那么头上两目之间的天心什么时候微微有些活动呢？如果你要问天心不能活动吗，那么我说：住在两目方寸之中的真意怎么能够活动呢？一旦活动就不妙了，但也是最妙的。因为凡人死时活动，这是不妙，］而最妙是指当光已经凝结成法身，元神法身渐渐灵敏通达而开始活动，这是千古不传的秘密。

识神好像强悍跋扈的诸侯将军一般，［他们欺负上面的君主孤立软弱，在外边遥遥地控制朝纲，］久而久之，君臣的地位就会颠倒过来。现在如果凝神守住元官（天心），并回光返照，就会如同英明的君主稳居上位，［两眼回光，］就如同左右大臣尽心参政，从而政治清明肃正，自然一切强悍跋扈的诸侯将军就无不弃戈臣服了。

金丹大道是把精水、神火、意土三者作为无上之宝。精水是什么？它是先天真一之气。神火，就是光。意土，就是中宫的天心。神火为功用，意土为本体，精水为基础。人身是由意土产生出来的，但这个身却不只是七尺血肉之身，因为身中还有魄。魄依附意识而产生作用，意识依附魄而得以存在。魄是阴性的，是意识的本体。如果意识不断绝，那么一代一代，魄的形式和体质变化也不会停止。只有魂，是藏神的场所。魂在白天藏在眼睛里，在夜晚藏在肝脏里。藏在眼睛里时，使人有了视觉；藏在肝脏里时，使人可以做梦。梦就是神在游荡，九重天外九重地下，一刹那间就可以游遍；但醒来之后却浑浑蒙蒙、糊里糊涂，这是因为受到了形体的束缚，也就是受到了魄的束缚。所以回光的目的就是为了炼养魂，为了保存神，为了制约魄，为了中断识。古人出世修炼，炼尽阴性的渣滓，从而返回纯阳的境界，其实都不过是消除魄、保全魂而已。

回光的功法，正是消除阴、制服魄的诀窍。虽然没有立即返还乾阳的功效，却有回光功法的秘诀。所谓光，就是乾阳；所谓回，就是返还。只要坚持这一功法，精水自然充足，神火自然发生，意土自然凝定，最后自然可以结成乾阳圣胎。请看蜣螂不断转动那粪团，粪团里居然产生出一种白色物质，这正是全神贯注产生的功效。连粪团里面都可以产卵、结胎、孵化、出壳，何况我们天心这一块元神休息之地。如果将意念集中在这里，哪能不产生法身（乾阳圣胎）来呢？

自然灵妙的真性，一旦在头部乾宫落脚之后，便分出了魂和魄。魂居在天心，属阳性，是一种轻清之气。它来自浩瀚的太空，与宇宙的创生"元始"是同一形式。而魄，属阴性，是一种沉浊之气，附着在有形的凡心上。魂让人长生，魄却让人死亡。一切好色、动气的坏习性，都是魄所起的作用，也就是识神的作用。魄（识神）在人死之后能享受牲畜的祭祀，但活着的时候却很痛苦。之所以死后快乐，是因为阴性事物返回到阴界，所谓物以类聚的缘故。学习丹道的人如果能炼尽这种阴魄，当然就会变成纯阳之体。

【注释】

① 吕帝：吕洞宾。《道藏续编》本称"祖师"，慧真子本称"吕祖"。

② 蜉蝣：一种朝生夕死的水虫。

③ 元会：计算天地生灭的时间单位，为北宋邵雍《皇极经世书》所创。分为"元会运世"，一元为十二会，一会为三十运，一运为十二世，一世为三十年。如按年计算，则一世为三十年，一运为三百六十年（12×30 = 360），一会为一万八百年（360×30 = 10800），一元相当于十二万九千六百年（10800×12 = 129600）。"超元会而上之"言惟修炼元神真性，才能超出天地生灭的时间轮回。

④ 三界：佛教术语，指欲界、色界、无色界。一般说的"三界"又指天上、地上、地狱。

⑤ 见性方可：闵一得在此句下有按语："此'见性方可'四字是棒喝，万不可删。而誊本删之，今仍补之。祖意，盖言人于大道，乃有行而不能入、得而不能守者，总以未见真性本体，不能无疑。大障随之，此其所以不入、不守也……故祖圣意，重在见性一边。一得故知此章四字为棒喝，是承上章而来也。"

⑥ 方寸：又称"寸田"，即"天心""玄窍""先天祖窍"。

⑦ 括号内文字据闵一得《道藏续编》本补。下文加括号者同此。

⑧ 千古不传之秘：闵一得在此句下有按语："谨按'千古不传之秘'，非仅'光凝法身'一节。如云'元神居方寸，识神居下心'，古哲未尝一并指示，而后学乃有误认识心为心，而加之以运注，翻着有为，以致助火，盖此血肉心体，识神所依，属阴火，惟宜致寂致虚而致无者。元神乃真性，来自乾，亦属火，天火也。祖师故并标而出之。"

⑨元宫：又称"中宫"，即"天心""玄窍""先天祖窍"。

⑩九天九地：九重天、九重地。先秦诸子以此形容天和地的深广。

⑪安得不生身乎：闵一得在此句下有按语："此功法，究其入手，以回光聚天池，是由泥丸外宫，悬于天目，有如日然；以意引由绛阙，存照中黄，透入玄窍，乃达神室。既则牵降识神，下达下田。其时必有津液护识神而就冶炼者也。此是回光聚泥丸以后功法，大忌躁妄，又忌散漫与昏沉。法惟万虑皆空，一念不扰，待得天心一开，则自油然照入。是时也，不独一身百窍，窍窍放光。大地天元，三才三宝，皆可悠然感至者。故我斯时，总以不采采之，其妙更无穷焉。而祖师不之示者，恐学者鄞鄂未固，而世财未充，且于言外藏有妙义，不可不为述及也。盖神室毗连绛阙；绛阙一地，纯以无作无为为事。如是寂体寂照，绛阙乃凉，识神有制。始自随神下降下田，受烹受炼，而无逆违之验。其妙在于一念虚寂，则六贼六根，自无驻足处。中宫始泰，元神得以临莅，而胎元有兆矣。祖师玄意盖如此，是即无为功里施功之作用，而即儒宗之使由不使知也。斯篇妙语，乃樵云大师得自驻世神人张蓬头者。神人本姓瞿，故明殉节忠宣公讳式耜之子，管天仙亦以师礼事之者。乾隆四十三年，云游至金盖，斯时樵云大师尚未皈依太虚也。越四载，太虚翁至，谕将斯论注于是章之下，今故述之。"闵一得按语中，天池，即天心；泥丸，即脑颅；绛阙，即心；中黄，即黄庭，为中丹田；玄窍，一说即"玄牝"，所指不一，一指"两目之间"，一指"二肾之间"，一指"任督二脉"；神室，在中丹田和下丹田之间；鄞鄂，即神室；下田，即下丹田，位于脐下；太虚翁，为闵一得之师沈一炳。

⑫识神：原作"识"。据《道藏续编》本补。

⑬享血食：享受牲畜的祭祀。

⑭慧本章最后有慧真子按语："此章大义，详述元神、识神为主宰人身气化之权柄。祖师曰：人生如蜉蝣，惟元神真性能超出天地轮回劫运之外。夫真性者，出于无极。禀太极之元炁而成，受天地之性为识神，得父母之性为元神。而元神无识无知，能主生身之造化。识神最灵最显，能应变无停，为人心之主宰。在身则为魄，出身则为魂。惟元神随身之有无，从受胎以得其身，凝于无极之中。自呱的一声落生之时，这识神趁此吸气，随吸而进，以为投胎之舍，而居于人心。从此，以心为主，而元神失位，识神当权。然元神喜静，识神好动，动则不离情欲，昼夜竭耗元精，直至将元神之炁耗尽，而识神舍壳而

出。平素为善者临危，神气清明由上窍口鼻而出，所谓气之清轻而上浮者，升天为五通之阴神阴仙。然元神既被识神所使，生平因贪嗔嗜欲而造诸罪业，致使临危神气昏迷，则识神由下窍肛门随气而出，所谓神气混浊而下凝者，堕于地府为鬼，此时不但元神丧失，而真性之灵慧亦因之减少。故祖师谓之'到动时，便不妙'者，此也。今欲保存元神，非先制伏识神不可。然制伏之法，须由回光入手。当回光之时，使身心两忘，身死神活，神活则炁息运转无不玄妙，此祖师谓'最妙'者也。然后使神潜于腹中，炁与神交，则神与炁和合凝集，是为下手之法。久之，命宫元神化为真炁，斯时用河车转运之法，炼之而成金丹，是为转手之法。金丹既成，圣胎可结，宜行温养道胎之功，是为转手之法。俟婴儿炁体既全，再用出胎还虚之功，是为搬手之法。此为千古以来大道次第，长生不死、成仙作圣之实法，非空说也。然工夫至此，则群阴剥尽，体变纯阳，变识神为元神，方可称为变化无穷，跳出轮回、六通之金仙。抑若不用此法修炼，何人能逃出生死之途也？"

【解读】

本章所讲的"元神""识神"是道教内丹学两个十分重要的基本概念。它不仅用来阐述内丹修炼的奥秘，而且用来描述人体生命的本质。正如慧真子所说："此章大义，详述元神、识神为主宰人身气化之权柄。"

元神是人的"本来面目"，是人得以长生的根本原因。在父母受孕之时，胎儿的元神和识神就形成了。识神是指人生下来后逐渐积累的"知识"。元神出无极之真性，无识无知；识神禀太极之元炁，有识有知。元神能主身体之造化，识神能主人心之变停。人一旦降生，元神和识神就分开了。元神居于头上"天心"（"玄关"）中，识神则居住在下面的肉心中。元神喜静，识神喜动。识神动则情欲盛，情欲盛则耗散元精，进而耗散元神。元神被识神所控制，久而久之，则识神飞扬跋扈，元神昏迷丧失。识神发挥可以使人成就事业，但识神过于兴奋，却是"七情"（即

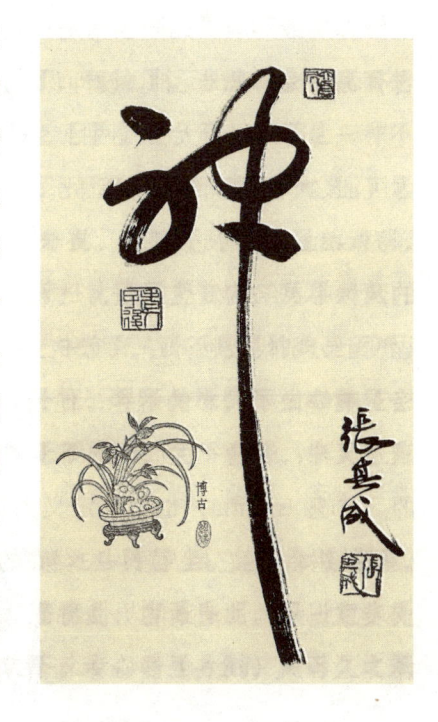

喜、怒、忧、思、悲、恐、惊）的来源。它会干扰元神，从而导致自我调控失调及各系统间不再和谐，"怒伤肝，喜伤心，思伤脾，悲伤肺，恐伤肾"。由于识神对元神的干扰普遍存在，"形胜精穷聪明虽用，必反诸神"（《诠言训》）。所以，古代气功养生家大都主张"泯灭聪明"，而以养神为上，养气、养形为辅。所养之神就是元神。

可见元神与识神是一对相互依存而又相互制约的生命要素。西方分析心理学大师荣格将元神看成是"潜在于集体无意识领域深处的本来自我"，将识神看成是"自我意识的活动"。若依此解释，元神类似于"无意识"，识神类似于"意识"。元神是先天遗传的，是一种无思维但高能量的精神；识神是后天具有的，是一种认识事物的能力。按荣格"无意识决定意识"的观点，元神应当决定、控制识神。可按丹道的解释，人出生后，识神反而控制了元神，原本没有意识但能主宰生命的元神逐渐被识神所侵扰，识神占领人心，成为人的主宰，因此人难以长生。

本章提到了丹道的三要素是精水、神火、意土。精水就是先天之炁，神火就是光，意土就是中宫天心。卫礼贤将这三者分别解释为本能（eros）、理性（logos）、直觉（intuition）。实际上这三者的关系是意土为本体，神火为功用，精水为基础。如用卦象表示，则意土为坤卦，神火为离卦，精水为坎卦。而丹道修炼的最高境界纯阳圣胎则是乾卦。人身是由意土（坤）产生的，人身中又含有魂和魄。魂即元神，魄即识神。

魂为阳，居于天心（两目之间），为轻清之气；魄为阴，居于凡心（腹部），为沉浊之气。魂好生，魄望死。因魄好色好动，故制约并消耗魂。卫礼贤将魂译为animus（阿尼姆斯），将魄译为anima（阿尼玛），认为这是构成身体活动的两种心灵结构。魂属阳，是阳性灵魂；魄属阴，是阴性灵魂。魂和魄在某种程度上分别代表脑神经系统和太阳神经丛系统。魂朝气蓬勃，魄阴森晦暗。荣格对魂魄做了精彩的解释，他说："魂属于阳性本原，是男性的一种高级的气息之灵魂；魄是一种低级的缚于俗世的体魄，它属于阴性元素，因而也是女性的。""魄（anima）也可以定义为意象或者原型，或者定义为男人和女人全部体验的组合。"它是无意识中存在的女性的形象或者阴性的称谓。"魂（animus）代表意识和理性清晰的男性特征""是人的意识和理智的灵光""我更愿意把魂译为逻各斯（logos）"。在荣格看来，魄（anima）是无意识的人格化身，是通向无意识的桥梁，换言之，它具有联系无意识的功能。《太乙金华宗旨》认为意识（指个人的意识）来源于魄，或者说意识是魄的效应。虽然西方的立足点是意识，东方的立足点是无意识，但无论荣格心理学还是丹道养生学，都主张意识源于无意识、无意识决定意识。

　　按《太乙金华宗旨》的说法，识神——魄好色动气，是使元神混浊并衰亡的原因。也就是说意识反过来控制了无意识。因此要想长生，就得保存元神，而要保存元神，就必须制服识神，变识神而为元神。换言之，为了削弱魄这一自主系统的人格性，为了保护元神，回归人的本来面目，就需要"制魄"，需要炼尽阴魄，消尽阴魄。阴魄——识神炼尽之日，就是纯阳——元神重新清扬之时。而消阴制魄的基本功法就是"回光"，因此修炼丹道首先需要从"回光"的功法入手进行修炼。回光就是"返乾"，就是返归纯阳。回光之法，可以使精水（坎）充足、神火（离）发动、意土（坤）凝定，从而结成纯阳圣胎（乾）。本章只是简单提到了"回光"的作用，以下第三至七章则详论"回光"之法。

第三章　回光守中

吕帝曰：回光之名何昉①乎？昉之自文始真人②也。光回则天地阴阳之气无不凝，所云精思者此也，纯炁者此也，纯想者此也。初行此诀，是有中似无；久之功成，身外有身，乃无中似有。百日专功，光才真，方为神火。百日后，光自然一点真阳，忽生沈珠③，如夫妇交合有胎，便当静以待之。光之回，即火候也④。

夫元化之中，有阳光为主宰，有形者为日，在人为目，走漏神识，莫此甚顺也。故金华之道，全用逆法⑤。回光者，非回一身之精华，直回造化之真炁；非止一时之妄念，直⑥空千劫之轮回。故一息当一年，人间时刻也，一息当百年，九途⑦长夜也。

凡人自呱的一声之后，逐境顺生，至老未尝逆视，阳气衰灭，便是九幽之界。故《楞严经》云："纯想即飞，纯情即堕。"⑧学人想少情多，沉沦下道。惟谛观息静便成正觉，用逆法也。《阴符经》云："机在目。"《黄帝素问》云："人身精华，皆上注于空窍是也。"得此一节，长生者在兹，超升者亦在兹矣。此贯彻三教工夫。

光不在身中，亦不在身外。山河日月大地⑨，无非此光，故不独在身中。聪明智能，一切运转，亦无非此光，所以亦不在身外。天地之光华，布满大千，一身之光华，亦自漫天盖地，所以一回光，天⑩地山河一切皆回矣。

人之精华，上注于目，此人身之大关键也。子辈思之，一日不静坐，此光流转，何所底止！若一刻能静坐，万劫千生，从此了彻。万法归于静，真不可思议，此妙谛也⑪。然工夫下手，由浅入深，由粗入细，总以不间断为妙。工夫始终则一，但其间冷暖自知，要归于天空海⑫阔，万法如如，方为得手。

圣圣相传，不离反照。孔云"知止"⑬，释曰"观心"，老云"内观"，皆已括尽要旨。

[但反照二字，人人能言，不能得手，未识二字之义耳。反者，自知觉之心，反乎形神未兆之初，即吾六尺之中，反求个天地未生之体。今人但一二时中闲坐，反顾己私，便云反照，安得到头！

佛道二祖，教人看鼻尖者，非谓着念于鼻端也，亦非谓眼观鼻端，念又注中黄也。眼之所至，心亦至焉；心之所至，气亦至焉。何能一上而一下也？又何能忽上而忽下也？此皆认指为月。毕竟如何？曰鼻端二字最妙，只是借鼻以为眼之准耳。初不在鼻上，盖以大开眼，则视远，而不见鼻矣；太闭眼，则眼合，亦不见鼻矣。大开失之外走，易于散乱；太闭失之内驰，易于昏沉。惟垂帘得中，恰好望见鼻端，故取以为准。只是垂帘恰好，任彼光自然透入，不劳你注射与不注射也⑭。看鼻端，只于最初入静处举眼一视，定个准则便放下。如泥水匠人用线一般，彼只起手一挂，便依了做上去，不只管把线看也。

止观是佛法，原不秘的⑮。以两目谛观鼻端，正身安坐，系心缘中。道言中黄，佛言缘中，一也。不必言头中，初学但于两目中间齐平处系念便了。光是活泼泼的东西，系念两眼齐平处，光自然透入，不必着意于中黄也，此数语已括尽要旨。]⑯其余入静出静前后，以《小止观书》⑰印证可也。

缘中二字极妙。中无不在，遍大千皆在里许，聊指造化之机，缘此入门耳。缘者，缘此为端倪，非有定著也。此二字之义，活甚妙甚。

止观二字，原离不得，即定慧也。以后凡念起时，不要仍旧兀坐，当究此念在何处，从何起，从何灭，反复推究，了不可得，即见此念起处也，不要又讨过起处。"觅心了不可得，吾与汝安心竟"，此是正观；反此者，名为邪观。如是不可得已，即仍旧绵绵去止，而继之以观，观而继之以止，是定慧双修，此为回光。回者止也，光者观也。止而不观，名为有回无光；观而不止，名为有光无回。志之⑱。

【译文】

吕祖说:"回光"这个名称,是从何人开始的?应当是始于文始真人关尹子。光一旦回转,那么天地间阴阳之气无不凝聚,所谓"精思""纯气""纯想",讲的都是回光的秘诀。开始修行这一秘诀时,是"有中似无",久而久之,功法修成,身外又有一身,那就是"无中似有"。只有专心炼功一百天,才能出现真正的光,才是神火。一百天之后,光就自然会凝聚,人身中的一点真阳,会忽然产生出黍粒大小的光珠,就像夫妇交合有了胎孕一样,这时必须静静地等待。光的回转过程,也就是"火候"。

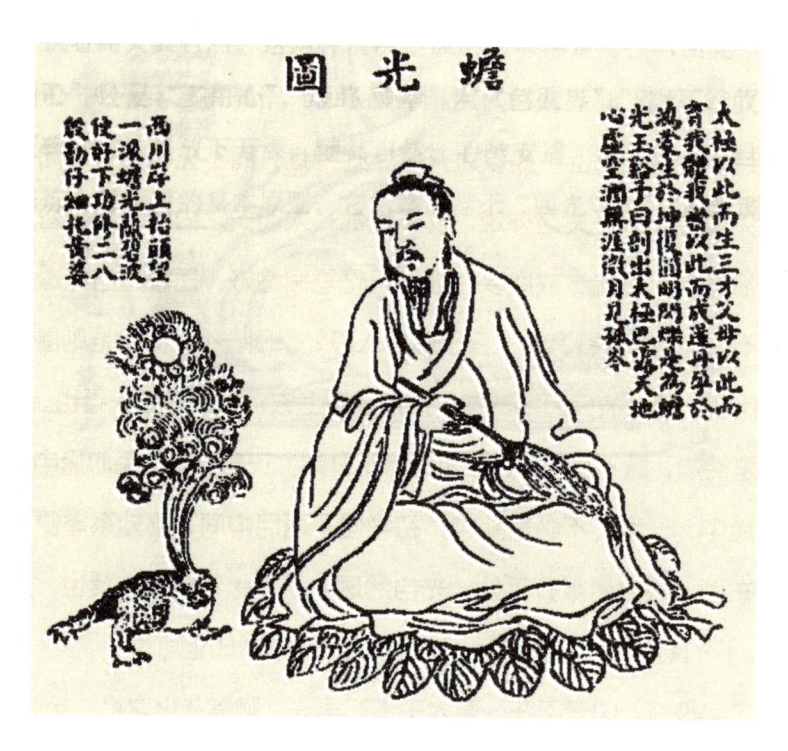

在浩大的造化之中,阳性的光是万物的主宰,在天体就是太阳,在人身就是眼睛,神识的走漏完全在于真气的顺行。所以金华大道就要采用回光逆法。回光不是返回一身的精华,只是返回造化中的真气;不是止住一时的妄想,只是解脱千劫的轮回。所以把一呼一吸当作一年,还是人间的时刻;把一呼一吸当作百年,那才是九泉之下的转世时刻。

人从母胎中呱的一声诞生出世,就随着环境顺应生活,一直到死都不曾逆回过,直到阳气逐渐衰微灭亡,便进入了阴间的九幽之界。所以《楞严经》上说:"专注于静想就能飞升至天上,专注于情欲就会堕落于地下。"学道的人如果"静想"少、"情欲"多，就会沉沦在下等道法之中，因此只有内观静想，才能成为正觉。这里用的正是逆法。《阴符经》说："神机在于眼睛。"《黄帝内经·素问》也说："人身的精华，都上注在空窍。"这一章所讲的道理，长生的秘密蕴藏在这里，飞升之秘密也蕴藏在这里。这是贯通了儒、释、道三教的奥秘。

光，并不在身中，但也不在身外。山河大地，承受日月光华的照耀，所以光不只在身中。万物和人的聪明才智，一切事物的正常运转，又无一不承受光的照耀，所以光也并不在身外。天地的光华布满了大千世界，一身的光华也可以说是铺天盖地。因此，只要一回光，那么山河大地、一切事物，也跟着回光了。

人的精华，向上凝聚在两眼之中，两眼之中是人身炼养的一大关键。你们想一想：如果一天不静坐，那么光的流转，就不知道到何处停止。如果静坐一刻，即使是万劫千生，也能从此了却。万法终究归属于静，这真是不可思议呵！这才是玄妙的真理。然而着手修炼这种功法，还应该是由浅入深，由粗入细，最重要的是千万不能间断。功法始终是一贯的，炼功过程中的冷暖感受只有自己知道，只能由各人去体会了。总之，只有达到海阔天空、万法如一的境界，才算是入了门。

圣人们代代相传的功法都离不开"反照"二字。孔子说"知止"，释迦牟尼说"观心"，老子说"内观"，其实都是一回事。

["反照"这两个字虽然人人都会说，但却不是人人都能真正掌握，其原因还是因为没有理解这两个字的真正含义。所谓"反"，就是从自己有知觉之心返回到形神还未显露的初始状态，也就是在自己六尺之躯中反求那天地尚未形成时的本体。现在学道的人只知道静坐一两个时辰，反思一下自己的行为，就自以为做到"反照"了，这样怎么会有最终成果呢？

佛教和道教的祖师都教人静坐时观看自己的鼻尖，这并不是要把意念集中在鼻端上，也不是要眼睛看着鼻端意念又集中在中黄部位。因为眼睛看到哪里，心念也就跟到了哪里；心念到了哪里，气也就跟到了哪里。怎么能同时一上又一下？又怎么能同时忽上又忽下呢？如果真是这样，那就是把指示月亮的手指当作月亮了。那么究竟应该怎么炼呢？我说：最妙的方法就是集中在鼻端！当然只是借鼻端来作眼观的标准，本意并不就在鼻子上。大概是眼睛开得太大，就看得过远,而看不见鼻子;眼睛闭得过紧,就等于合上了眼,也看不见鼻子了。眼睛太开,则精气外泄,容易散乱;眼睛太闭,则精气内驰,容易昏沉。只有眼帘垂得适中,才能恰好望见鼻端,所以将望见鼻端作为标准。只要眼帘垂得恰到好处,光就自然而然地注射进来,不需要你自己特意地注射或不注射。眼看鼻端,只需在最初快要入静时,举目一看,定个准则,然后就放下不去管它。好比泥水匠人用锤子吊线一样,一旦把线吊起来,便只需照着这根准线一直往上砌,而不需要反反复复去看这根准线。

"止观"功法原是佛家的,并没有什么秘密。炼功的时候,两眼仔细观看鼻尖,正身安坐,把心集中在"缘中"的部位。道家说的"中黄",佛家说的"缘中",是一回事。不一定要专注于头部,刚开始学只需把意念集中在两眼当中与眼珠齐平之处就可以了。光是活泼易动的东西,把意念集中在两眼齐平处,光就会自然而然地透进来,而不必特意集中在中黄部位。这寥寥数语,已经概括了"止观"功法的要旨。]其余入静出静前后的注意事项,大家可以参考隋代智𫖮大师所著的《小止观》书。

"缘中"两个字极其精妙,"中"无所不在,整个大千世界都可以包括在里面,大概天地造化的关键,只需沿着"中"入门就可以了。所以"缘"字就是沿着这一点作为开端,并不是固定不变的。"缘中"两个字真是太灵活、太奇妙了!

"止"和"观"两个字,原是分不开的,它也就是"定"和"慧"。以后当杂念出现时,不要仍旧呆呆地坐着,应当好好地找一找这个念头出现在哪里,从哪里起,又从哪里灭,反复追究,直到追不出任何结果时,那恰恰就是念头生起之处,这时千万不要去找那念头起处。所谓"觅心了不可得,吾与汝安心竟"(找不到心在哪里,我已经让你的心平静下来了),这才叫作"正观";反之,就叫作"邪观"。如果寻找念头而不可得,那么就仍然要绵绵地止住它。止然后接着观,观然后接着止,这是一种定慧双修的功法,也就是"回光"。回,就是止;光,就是观。止而不观,称为有回而无光;观而不止,称为有光而无回。请大家务必记住这一点!

【注释】

① 昉:起始。

② 文始真人:即关尹子,一名尹喜,是老子同时代人,为函谷关的关长。

相传老子西出函谷关时，关尹子为关令，请求老子著《道德经》，然后西去。《关尹子·五鉴》中最早提到"回光"一词。

③沈珠：《道藏续编》本作"黍珠"，喻丹药。

④闵一得注："回光之益之妙，本文详矣。回光得聚之诀亦备矣。然犹有欲取先与玄妙一诀，可引而伸之，其诀乃放光以引耳。放光妙用，在知廓其气机；欲廓气机，在知气透九霄；欲行上透，须知下达。下达作用，须先目光聚于乾宫。光足，则下达中下，乃穿间后透，透顶而上。透愈高，现愈广。觉广，仍以事回耳。此未传之秘也。"闵注中"九霄""乾宫"均指头上顶门，"间后"指尾椎骨末端的尾闾关，"穿间后透"指通督脉。

⑤慧真子注："人心属火，而火之光华上通二目，眼观万物，谓之顺视；今使之闭目反观，内视祖窍，则谓之逆法。肾气属水，情动下流，顺生男女。若机发时，不令其顺出，用意摄回，而使之上升乾鼎，滋养身心，亦谓之逆法。故曰金丹之道全用逆法。"

⑥直：原作"真"，据《道藏续编》本改。

⑦九途：死后九泉之路。

⑧此句为《楞严经》卷八"纯想即飞，必生天上""纯情即沉入阿鼻地狱"两句的合用。

⑨山河日月大地：《道藏续编》本作"山河大地，日月照临"。

⑩天：原作"大"，据《道藏续编》本改。

⑪慧真子注："由此以下，系初学入手之必要。学者不可不知。"

⑫海：原作"地"，据《道藏续编》本改。

⑬知止：原作"致知"，据《道藏续编》本改。

⑭闵一得注："天心章言以意引临心后关前，是示功夫已到之人，统说回光之全功也。此言不必念又注中黄，是教初学凝神一处以聚光，不可分心两处也。待得透入之后，则鼻尖是指，中黄是月。看鼻尖者，用以为眼之准，使无外走内驰之弊，惟垂帘为得中。然意初不在鼻而在天目，所以聚光于此。光既得聚，则又须引光下注中黄。盖以中黄，在人身地天之正中，即《易》之'黄中'，释氏所谓'缘中'，吾宗名曰'玄牝之门'，乃是生天、生地、生人、生物之玄窍，修真成道之基。基于此者，初学如何便得注此？故须假鼻尖以为准，始得光聚天目。天目为三光之都会，而山根为人身之性户，上达泥丸，中达黄中，下通

脐后者。故须凝聚光于此处，由此而下注，是乃不易之功法。然忌太着意，又忌无意，兼忌躐等而进。其理如此，必须循序而行。尤须无滞无脱，密密绵绵，一任自然，总以光聚黄中为得也。"

⑮ 慧真子注："祖师恐世人误以为止观是仙佛不传之秘点，故首先道破止观是佛法，原不秘的，不过为初学之阶耳。"

⑯ 从"但反照二字"至此为《道藏辑要》本所删略，据《道藏续编》本补。

⑰ 小止观：亦名《童蒙止观》，又名《修习止观坐禅法要》，为隋代佛教天台宗开创者智𫖮著。

⑱ 闵一得注："止观，原文有此。推究功法，是为未见心体，且不真信心体本虚、本无、本净、本寂，故有等等推究，造至'了不可得'。盖'吾与汝安心竟也'。此一句，是为即境指点法。若已见性，一照即觉。妄自遁矣，不劳推究；妄去体验，不劳寻觅。然只可为已见性者道。若未见性，必令从推究体得，尚须当下点破，信根方坚，疑根方断也。此后绵绵行去，但嘱勿动勿随，凭他妄况弥天盖地，而吾体自存；种种妄况，一切如浮云之点太虚，与我何损之有？盖此种种妄况，乃是气机，第无净尽之理。一起扫除之念，此念即妄，此起即着。古德云：'驱除烦恼重增念，趋向真如即是邪。'故吾宗但嘱勿动，动则非逐即随，岂仅乱性已哉？谨按此节祖意，乃在'知止'，故有等等推究功法也。吾辈事之，但加心信以行。一味返妄归真，不外'回'字。回光自返，无劳引导。一得寂体《宗旨》，谓当静也照、动也照。第'照'字须若春之日、秋之月，乃为得宜耳。"

慧真子注："此章大义言回光宜守中为要。盖前章既云：人身至宝以元神为主，因被识神所使，致元神日夜耗散，耗尽则身亡。今拟制伏识神、保存元神之法，非先由回光入手不可。譬如欲造华屋，先寻美基；基址既定，然后创槽走夯，深固墙脚，布定柱磉。若不由此立基，屋宇岂能成立？养生之法，亦复如是。盖回光即如造屋之立基也。基址既立，岂可不迅速营造？以神火守中黄，即营造之谓出。故祖师特将养生入门之法指明，教人以两目谛观鼻端，垂帘内顾，正身安坐，系心缘中。夫系念于两目中间，原谓使光透入，然后凝神入于缘中。缘中，即下丹田气窍也。祖师秘语曰：初下功之时，处于静室，坐则身如槁木，心似寒灰，以目垂帘内顾，澄心涤虑，绝欲保精。每日跏趺大坐，含眼光，凝耳韵，缄舌气，即舌舐上腭，调鼻息，意止玄关。苟不先调息，则恐有闭塞喘息之患。方合眼时，当齐瞩鼻梁间一所。其所，去眼光相交处略下，无半寸许，即鼻梁直上，按之有小骨处，此乃起初收拾念头耳。调息，身心安和，眼光须寂然长照，毋使昏散。眼不外视，垂帘内照，照在此处；口不谈笑，闭兑内息，息在此处；鼻不闻香，闻在此处；耳不外听，听在此处；一心内守，守在此处；意不外驰，真念自住。念住则精住，精住则气住，气住则神住。神即念，念即心，心即火，火即药。于此观照内景，氤氲捭阖，其妙无穷。然非调息工夫，未有能深造化其妙者也。倘学者起初，若不系念两目中间，闭目时不俟心气适和，直观气窍，则恐因气息喘急，而生它患。盖缘身心未忘，气浮息燥，强制之故耳。故若只系念于两目，不凝神于缘中，则为升堂未入于室，必至神火不生而气冷，真种难以发现。故祖师复恐人用功时，只知意住鼻窍，而不知系念于气窍，乃以泥水匠人用线之法喻之。盖泥水匠人用线，不过看其物之歪正，以线而定准则，定准之后，方可下手。在物上动作，并非在线上作用也明矣。以此则知，系念于两目中间，正如匠人用线之义也。祖师反复批示者，恐人不明其义也。夫既晓以下手之法，又患学者工夫间断，故又曰：'百日专功光才真，方为神火。'工夫行这既纯，则百日后，光中一点真阳，自然发现也。学者宜悉心审查焉。"

【解读】

《太乙金华宗旨》将"金丹"功法的密旨一语点破，就是"回光"二字。从本章至第七章都在讲"回光"功法。本章集中讲"回光守中"。"回光"和"守中"看似两个问题，实质上是同义而异名。

所谓"回光"就是使光逆转。这光，既不在身中，又不在身外；既在身中，又在身外。光是万物的主宰，光在天体就是太阳，在人身就是眼睛。光就是阳气，就是真气。"回光"就是逆转、返回真气，但又不仅仅是返回一身的真气，而是要返回天地造化中的真气；不仅仅是止住一时的妄想，而是要解脱千劫的轮回。前一章讲人一出生后，元神就受到识神的控制，作为人身至宝的元神逐渐耗散，耗散尽了人体就死亡了。本章指出要制伏识神、保存元神，就非得从回光入手不可。回光就好比建造大楼的地基，只有打牢了地基，才可以在上面砌墙盖房。回光的秘诀就是"纯气""纯想"。开始修炼是"有中似无"，功法修成就是"无中似有"。一般情况下，只有专心炼功一百天，才能出现真正的光，这就是所谓的"百日筑基"。一百天之后，光就自然会凝聚；人身中的一点真阳，会忽然产生出黍粒大小的光珠，这时必须静静地去等待，要及时把握"火候"——光的回转过程。

所谓"守中"就是意守中黄。中黄又称"黄中""黄庭"，一般指中丹田（心肾之间），也指下丹田（脐下两肾之间）。"守中"与"回光"实际上是一回事。"守中"也就是佛家所说的"缘中"，也就是"止观""反照"。本章认为，孔子说的"知止"，释迦牟尼说的"观心"，老子说的"内观"，其实都是一回事。"反照"就是从自己有知觉之心返回到形神还未显露的初始状态，反求那天地尚未形成时的本体。"止观"是一种定慧双修的功法，也就是"回光"，"回"就是"止"，"光"就是"观"。止而不观就是有回而无光，观而不止就是有光而无回。

"回光守中"是一种逆行修炼法，道教修炼所说的"顺则成人，逆则成仙"就是强调逆行修炼的作用和功效。就两眼观物而言，两眼睁开向外观看世界万事万物，那是顺视；两眼闭上向内观看体内世界、观看两眼间的天心祖窍，那就是逆视、反视。就精气运行而言，肾精属水向下行走、向外泄出，这是顺行；在情欲发动时，不让肾精下泄而让它回转向上升，那是逆行，又称为"还精补脑"。然而逆视、逆行并不是常人所能达到的，因此需要进行金丹道法修炼。

本章特别介绍了一种"回光守中"的方法，那就是观鼻法，这是一种非常实用而简单的方法。静坐时观看自己的鼻尖以达到入静，观鼻时眼帘垂得要适中，既不要开得太大也不要闭得太紧，以恰好能望见鼻尖为准则。眼帘垂得恰到好处，光就自然而然地注射进来。但并不是在静坐的整个过程中都看着鼻尖，而是指在最初入静时观看一下鼻尖。切记只是借鼻尖来做眼观的标准，本意并不是在鼻尖上，也不是让眼睛看着鼻端而意念又集中在中黄部位。炼功的时候，正身安坐，两眼先观看一下鼻尖，然后就不要再去管它。把意念集中在两眼当中与眼珠齐平之处就可以了，这就是第一章所说的"天心"。"天心"是人的精华凝聚之处，是人身炼养的一大关键。意念集中在"天心"，光就会自然而然地透进来，而不必特意集中在中黄部位。

总之，无论是观鼻存想还是意守天心，都要似观非观、似想非想，千万不要死守死想。要使光入内，以个人舒适为准，不要太拘泥、太执着。也就是说，真炁在哪里凝结就在哪意守。大道之妙，全在凝神处，全在顺其自然，否则就会走火入魔。

卫礼贤和荣格都十分重视"回光"之"光"，卫礼贤认为"金华"表达在秘教的语义中，隐含了"光"这个字。从这个意义上说，"金华"的秘密就是光。荣格说："金华即光，天光即道。金华也有一个曼荼罗图案……这种类型的图案还表示金华的起源，根据《慧命经》，'原窍'不是别的，就是'黄庭''天心''寸口尺宅''玉城之帝室''玄关''先天窍''海底龙宫''元关''极乐国''无极之乡''慧命之坛'。"荣格还说，慧和命"这两者的结合就是道。它的象征物是中心的白光，这个光位于'方寸'或'面部'"。《太乙金华宗旨》强调"光"对人体生命的作用，应当引起我们的重视。

第四章 回光调息

吕帝曰：宗旨只要纯心行去，不求验而验自至。大约初机病痛，昏沉、散乱，二种尽之。却此有机窍，无过寄心于息。息者，自心也。自心为息，心一动，而即有气，气本心之化也。吾人念至速，霎顷一妄念，即一呼吸应之。故内呼吸与外呼吸，如声响之相随，一日有几万息，即有几万妄念。神明漏尽，如木槁灰死矣。然则欲无念乎？不能无念也；欲无息乎？不能无息也。莫若即其病而为药，则心息相依是已。

故回光必兼之调息，此法全用耳光。一是目光，一是耳光。目光者，外日月交光也；耳光者，内日月交精也。然精即光之凝定处，同出而异名也。故聪明总一灵光而已。

坐时用目垂帘后，定个准则便放下。然竟放下，又恐不能，即存心于听息。息之出入，不可使耳闻，听惟听其无声也。一有声，便粗浮而不入细，即耐心轻轻微微些，愈放愈微，愈微愈静，久之，忽然微者遽断，此则真息现前，而心体可识矣。盖心细则息细，心一则动炁也；息细则心细，炁一则动心也。定心必先之养炁者，亦以心无处入手，故缘炁为之端倪，所谓纯炁之守也①。

子辈不明动字，动者以线索牵动言，即制②字之别名也。既可以奔趋使之动，独不可以纯静使之宁乎？此大圣人视心炁之交，而善立方便，以惠后人也。

丹书云："鸡能抱卵心常听。"此要妙诀也。盖鸡之所以能生卵者，以暖气也。暖气止能温其壳，不能入其中，则以心引炁入。其听也，一心注焉。心入则气入，得暖气而生矣。故母鸡虽有时出外，而常作侧耳势，其神之所注未常少间也。神之所注未尝少间，即暖气亦昼夜无间，而神活矣。神活者，由其心之先死也。人能死心，元神即活。死心非枯槁之谓，乃专一不分之谓也。佛云："置心一处，无事不办。"心易走，即以炁纯之；炁易粗，即以心细之。如此而心焉有不定者乎？

大约昏沉、散乱二病，只要静功，日日无间，自有大休息处。若不静坐时，虽有散乱，亦不自知。既知散乱，即是却散乱之机也。昏沉而不知，与昏沉而知，相去奚啻千里！不知之昏沉，真昏沉也；知之昏沉，非全昏沉也，清明在是矣。

散乱者，神驰也；昏沉者，神未清也。散乱易治，昏沉难医。譬之病焉，有痛有痒者，药之可也。昏沉，则麻木不仁之症也。散者可以收之，乱者可以整之，若昏沉，则蠢蠢焉，冥冥焉。散乱尚有方所，至昏沉全是魄用事也。散乱尚有魂在，至昏沉则纯阴为主矣。

静坐时欲睡去，便是昏沉。却昏沉，只在调息。息即口鼻出入之息，虽非真息，而真息之出入，亦于此寄焉。凡坐须要静心纯炁。心何以静？用在息上。息之出入，惟心自知，不可使耳闻。不闻则细，细则清；闻则气粗，粗则浊，浊则昏沉而欲睡，自然之理也。虽然心用在息上，又要善会用，亦是不用之用，只要微微照听可耳。（此句有微义。）何谓照？即眼光自照，目惟内视而不外视。不外视而惺然者，即内视也，非实有内视。何谓听？即耳光自听，耳惟内听而不外听。不外听而惺然者，即内听也，非实有内听。听者听其无声，视者视其无形。目不外视，耳不外听，则闭而欲内驰。惟内视内听，则既不外走，又不内驰，而中不昏沉矣，此即日月交精交光也。

昏沉欲睡，即起散步，神清再坐。清晨有暇，坐一炷香为妙。过午人事多扰，易落昏沉，然亦不必限定一炷香，只要诸缘放下，静坐片时，久久便有入头，不落昏沉睡矣③。

【译文】

吕祖说：只要按照《宗旨》专心去修行，不要刻意追求效验，效验自然会到来。大概初学这种功法时，最容易犯的毛病不外乎昏沉和散乱两种。补救的方法也有诀窍，那就是将心念集中在"息"上。"息"由"自"和"心"两个字组成，所以说息（呼吸）来源于心。心一动就立即有了气，气本来是由心所化生的。我们的念头来得非常快，一刹那间就会生出一个妄念，就有一次呼吸与它相应。所以内呼吸（心动）和外呼吸（息）就像声音和回响一样相互呼应，一天之中有几万次呼吸，就有几万个妄念。人的神明一旦耗尽，最终就会成为槁木死灰。既然如此，那么可以干脆不产生念头吗？那是不可能的。可以干脆不去呼吸吗？那也是不可能的。所以不如对症下药，将心和息相互联系、相互统一起来。

所以在回光时，必须要兼顾调息，调息功法全用耳光。回光之法，一是眼光，一是耳光。眼光在外，相当于日月交光；耳光在内，相当于日月交精。而精就是光的凝定状态，两者实际上是同一起源，只是名称不同。所以耳聪和目明，都是同一个灵光的作用而已。

静坐时，先垂下眼帘，用眼睛定个准则，然后就将它放下。但要把它全部放下，恐怕也做不到，那就专心听呼吸。但不能让耳朵听到呼吸的出入之声，只是去听呼吸的无声状态。一旦有了声，那就说明气息太粗太浮，还没有入细，必须耐心地把呼吸放轻放微，越放轻就越微，越微就越静，久而久之，忽然连那细微的气息也陡然不见了。这时，真息就出现在面前，心的本来面目就能识别了。因为心一细，气息也会跟着细，心念专一就可以调动真气；气息一细，心也会跟着细，气息专一就可以调动心神。在定心之前首先要养气，也就是要从无心处入手，所以调气就成为定心的开端，这就叫作"纯气之守"。

后辈往往不理解"动"的含义，如果拿线索牵动来做比喻，"动"就是"掣"的别名。既然可以用线索拉着它奔跑，使它动起来，为什么就不可以用纯静来使它安定下来呢？这是大圣人观察到心与气的交互作用，从而总结出这一简便法门，用以惠赐后人。

丹书上说："鸡能抱卵心常听。"这是一句妙诀。母鸡之所以能孵蛋，是因为用的是暖气。但是，暖气只能去暖蛋壳而不能进入蛋中，只能用心念把暖气引进去。母鸡抱蛋时专心倾听，实际上就是集中心念。心念进入了，气也随着进入了，蛋得到了暖气，于是生育出小鸡。母鸡孵蛋时期，虽然有时也出来走走，但却经常做侧耳倾听的姿势，可见母鸡专注于神是一刻也没有间断的。正因为神一刻也没有间断，所以昼夜之间暖气也一刻没有停止，这样神就活了。

神活是由于心先死了。如果人真能先死其心，元神也就活了。这里所讲的死心，不是使心枯槁而死，而是使心专一不二。佛家常说："置心一处，无事不办。"心容易动，就用气来使它安定；气容易粗，就用心来使它微细。这样炼下去，心难道还会定不下来吗？

　　大体上昏沉和散乱这两种毛病，只要静坐功夫每天不间断，自然会有大的改变。如果不去静坐，即使有散乱毛病，自己也不知道。意识到自己有散乱毛病，那恰是克服散乱的开始了。昏沉而不自知与昏沉而能自知，两者相比，相差何止千里！不自知的昏沉，是真正的昏沉；自知的昏沉，还不是完全昏沉，还有几分清楚在里边。

　　散乱，是神的外驰；昏沉，是神不清明。散乱易治，昏沉难医。这好比生病一样，散乱就好比有痛、有痒的病症，只要用药物就可以治好，而昏沉，好比是一种麻木不仁的病症，不大好治。散者可以收拢，乱者可以去整理，而昏沉，则是蠢蠢冥冥、浑浑噩噩。散乱还有个下手之处，而昏沉则全是魄在那里操纵。散乱时，魂还在起作用；昏沉时，则纯是阴气（魄）在起主导作用。

　　静坐时昏昏欲睡，那就是昏沉的表现。克服昏沉的办法就是调息。息，就是从口鼻呼吸出入之气，虽然不是真息，但真息的出入，却寄托在这一呼一吸之中。静坐时，一定要静心纯气。心怎样静？就是要在息上下功夫。息的出入，只有心知道，不能让耳朵听见。耳朵听不见，就表明息细了，息一细，气就清了；耳朵听得见，息就粗了，息一粗，气就浊了，气浊了，当然就会昏沉而想睡，这是很自然的道理。虽然把心用在息上，但还要善用会用。善用是一种不用之用，不要过于执着，只要微微照听就可以了。（这句话里有微言大义。）怎样去照？就是眼光自照，两眼只向内视而不向外视。眼睛不外视而惺然清明，那就是内视了，而不是真的向里面看。怎样去听？就是耳光自听，两耳只向内听而不向外听。耳朵不外听而惺然清明，那就是内听了，而不是真的向里面听。听是听其无声，视是视其无形。如果只是目不外视，耳不外听，那么心神还会闭塞而欲望内驰。只有做到内视、内听，才能既不外泄，又不内驰，中又不昏沉了。这就是所谓的日月交精和交光。

　　昏沉欲睡时，就应当起来散散步，等到神清之后再静坐。清晨如有空暇，最好能静坐一炷香的工夫。中午以后，人事纷繁扰乱，容易昏沉，不一定非得坐一炷香的时间不可，只要把各种杂念尘缘放下，专心静坐片刻，久而久之就会有所收获，就不会昏沉欲睡了。

【注释】

① 闵一得注："调息用耳光，秘法也。然有耳聋一辈，息之粗细不得闻，奈何？是当体之以觉。盖以气由心化，心无形，其粗其细，不易觉。气则无质而尚有迹，可体觉也。迹粗则加静其心，心静则迹自细，而息已微矣。迹造至无，则息已造真息矣。较用耳光，得调更速。故古有调息不若调心之妙用也。年老耳聋之人，舍是体觉一诀，此步功夫，终难入彀也。况觉乃性精，迹乃命末，是亦有性命相顾之义。先师太虚翁曾为高海留言之，谨采以补祖示之所未及。"

② 制：《道藏续编》本作"掣"。

③ 慧本注："此章大义：言回光之要，在于调息。盖工夫进一步，道理深一层，学者当回光时，便心息相依，以防昏沉散乱之患。原祖师恐初学之人坐时，才一垂帘，妄念纷纭，心驰难治，故教人须用调息工夫，系住心意，以杜神气外驰。因息从心生，息之不调，皆由心浮。法宜先使一呼一吸，微微出入，不使耳闻，心中默识息数，若心忘其息之出入数目，即是心外驰矣，即提住此心。使耳不专听，或是眼不顾鼻梁间，亦是心外驰矣。或是睡觉至也，此即为境入昏沉，即当整理精神。垂帘顾鼻，使口不含住，牙不咬紧，亦是心外驰也，急急含住、咬着。此为五官听于心。而神又须依乎气，方是心息相依。如此不过旬余日工夫，则心息自然相忘相翕，不必数而息自调矣。息调，则昏沉散乱之病自稀矣。"

【解读】

本章重点论述了调息法。回光的关键在于调息，因为在炼"回光"功时，最容易犯昏沉和散乱的毛病，而克服这两种毛病的最有效办法就是调息。初炼此法的人，开始静坐时，虽然一心想放下杂念妄念，可是刚垂下眼帘，各种妄念就纷纭而来，心神外驰难以驾驭，这时调息就是一种克服妄念、系住心意的好方法。因为"息"与"心"有密切的关系，息是从心所生的，"息"字从"自"从"心"，"自"就是"鼻"，心一动就有气，气从鼻出就是息，因此调息就可以克服心气浮动。

调息法分为两种，一种是数息法，一种是听息法。数息法就是静坐时，心中默默数着呼吸的次数，如果忘了呼吸的次数，就说明心念外驰了，这时需要重新提起精神，默数呼吸。

一呼一吸为一息，心随着呼吸数息，可以从一数到十、周而复始地数，也可以从一开始一直数下去。这样的数息法，能拴住"心猿意马"。神不外驰，气不粗，心宁静，达到心息相依、心息和谐的境界。听息法表面上看是让耳朵听自己的呼吸，实际上是使呼吸微微出入，不让耳朵听到呼吸的声音，如果听到呼吸的声音，那就说明心念外驰了，所以听息实际上是听心。无论是数息还是听息，都是使心神不外驰、不散乱的方法。本章调息主要采用后者。调息还有其他五官要求，如眼帘下垂（以看到鼻尖为度），口唇闭拢，牙关咬紧，舌抵上腭。否则也是心神外驰的表现。五官皆听命于心，反之，五官的调整也可收敛心神。如此修炼，则不但可以治心神散乱之病，而且也可以治心神昏沉之病。

闵一得说："调息用耳光，秘法也。然有耳聋一辈，息之粗细不得闻，奈何？是当体之以觉……年老耳聋之人，舍是体觉一诀，此步功夫，终难入彀也。"这是对听息法的心得体会，可见所谓听息并不是用耳朵去听呼吸的声音，而是要用心去觉察、去体悟。因为心无形，不能觉察是粗是细，但由心所化生的气息，虽无质而尚有迹，可以去体悟觉察。一旦发现迹粗就要使心清净，心清静则迹就细微，息也就自然细微了。所以古人有"调息不若调心"的妙用。"觉"是性的精髓，"迹"是命的表现，兼顾了"觉"和"迹"，也就兼顾了性和命。这也是性命双修的方法之一。

由此可见，调息只是一种手段，静心才是目的。

本章第四段中"即可以奔趋使之动，独不可以纯静使之宁乎？"这两句话是一正一反，一说动，一说静。吕祖比喻拉绳索："用线索拉着它奔跑，使它动起来，为什么就不可以用纯静来使它安定下来呢？"前面说动，后面说静是相对而言。但日本译者的译文中与此相反，说"不能停止其动的"，把问号当作句号译出了。在此次"今译"中已改正过来。

照听——回光返照，就是守中抱一。回光返照有两说，有的主张守两眼间，有的主张守下丹田。我认为不能太拘泥，要活用，初可守下丹田，无升乾鼎，可守玄关。

第五章　回光差谬

吕帝曰：诸子工夫，渐渐纯熟，然枯木岩前错路①多，正要细细开示。此中消息，身到方知，吾今则可以言矣。吾宗与禅学不同，有一步一步证验，请先言其差别处，然后再言证验。

宗旨将行之际，预作方便，勿多用心，放教活泼泼地，令气和心适，然后入静。静时正要得机得窍，不可坐在无事甲里（所谓无记空也）②。万缘放下之中，惺惺自若也，又不可意兴承当。（凡太认真，即易有此。非言不宜认真，但真消息，在若存若亡之间，以有意无意得之可也。）惺惺不昧之中，放下自若也，又不可堕于蕴界③。所谓蕴界者，乃五阴魔④用事。

如一般入定，而槁木死灰之意多，大地阳春之意少。此则落于阴界。其炁冷，其息沉，且有许多寒衰景象，久之便堕木石。又不可随于万缘。如一入静，而无端众绪忽至，欲却之不能，随之反觉顺适，此名主为奴役，久之落于色欲界⑤。[上者生人，下者生狸奴中，若狐仙是也。彼在名山中，亦自受用。风月花果，琪树瑶草，三五百年受用去，多至数千岁，然极尽还生诸趣中。

此数者，皆差路也。]⑥差路既知，然后可求证验⑦。

【译文】

吕祖说：各位学子的功夫逐渐纯熟了，不过，生长枯木的山岩前面岔道一定很多，所以我还是要详细地说一下。这里边的深层道理，只有亲身体验才能明白，我现在可以对大家讲一点。我们道家功法与禅学有所不同，我们可以一步一步验证。请允许我先讲容易出错的地方，然后再谈证验。

在开始修炼《宗旨》功法的时候，预先要做好准备，不要多用心，一切随其心神活泼自然，心平气和，心神安适，然后再静坐。入静时，要得机得窍，不能坐在那里无所事事。把一切思虑和杂念放下，心神清醒一如平常，但又不能过于执着。要在清醒如常中，非常自如地把万念放下；但又不能放任自流，以至于堕入"蕴界"。所谓"蕴界"，是指色、受、想、行、识五种阴魔活动的地方。

一般修炼者在入定的时候，大多如槁木死灰，而很少如大地回春的气象。这就是落入蕴界了。这时气是冷的，息是沉的，还有许多寒冷、衰败的景象。时间久了，就堕落得如同枯木和顽石了。又不能追随万缘。如果在静坐时，各种思绪无缘无故地忽然来临，想要消除它们却又消除不掉，而听任它们往来，反而觉得舒适顺当，这种情况叫作"主为奴役"，时间久了，就落入色欲界了。[运气好的可以反生为人，运气差的就反生为如狐仙一类的动物。它们在名山之中，也还算享福。那些风月花果，奇树异草，可以享用三五百年，寿命长的可以享用几千年。但到头来，还是要进入生死轮回，回到烦恼的尘世之中。

以上说的几种，都是岔道错路。]知道了岔道错路，然后就可以谈到证验了。

【注释】

①路：原本作"落"，据《道藏续编》本改。

②括号内文字为注文，下同。"无记"佛教指不分善恶的意思。"无记空"在此是"无认识的空虚"的意思。

③蕴界：即"五蕴界"。五蕴为佛家之说，亦称五阴，即色蕴、受蕴、想蕴、行蕴、识蕴。

④五阴魔：指"五蕴"。

⑤慧真子注："此即祖师所谓枯寂静坐，只知性不知命，未得机窍者之弊矣。"

⑥从"上者生人"至此，原本无，据《道藏续编》本补。

⑦慧真子注："此章大义，系祖师指示学者回光工夫，差谬之宜晓然。前章既示以调息为要，此章复恐学者回光时误入于歧途，故祖师示人曰，'此中消息，身到方知'。盖调息静极，若不知和合凝集，将神入于气穴，非堕于顽空，即入于魔境。此即祖师所谓'枯木岩前错路多'也。缘垂帘坐久，或见光华彩色发现，或见菩萨神圣降临，种种幻境，皆非佳乡，实乃魔境。又或回光静极，周身气息未得融和，肾水不能上朝，下元气冷，其息沉浊，此所谓大地阳和气少，乃入空顽之境也。抑或坐久杂念丛生，止之不住，随之反觉顺适，且不可

再坐，再坐反足长火，与身无益，即须放下，经行片时，俟气和心适，然后再坐。坐静总要有觉有知。若得丹田气息融和温暖，真阳之机蠢蠢欲动，方为得窍。真窍既得，则不致堕于色欲阴魔之界矣。"

【解读】

本章讲述"回光"经常出错的情况，也就是修炼金丹功法应该注意的问题。"回光"的错误主要有两种：一是不用心，一是多用心。所谓不用心，就是放不下思虑和杂念，任凭各种无缘无故的思绪来临，放任自流而不能消除。所谓多用心，就是过分克制自己，入定时身如槁木、心如死灰，刻意地斩断万缘，过分执着而失其自然。这两种情况造成的后果都是有害"回光"的。无论是"不用心"还是"多用心"，最终都会堕入"色欲界""蕴界"，收不到任何功效。正确的方法是放下万缘、随其自然、心神安适、清醒如常。这一方法实际上是修炼金丹大道的基本原则，它始终贯穿于"回光守中""回光调息"等具体步骤中。

第六章　回光证验

吕帝曰：证验亦多，不可以小根小器承当，必思度尽众生。不可以轻心慢心承当，必须请事斯语。

静中绵绵无间，神情悦豫，如醉如浴，此为遍体阳和，金华乍吐也。既而万籁俱寂，皓月中天，觉大地俱是光明境界，此为心体开明，金华正放也。既而遍体充实，不畏风霜，人当之兴味索然者，我遇之精神更旺，黄金起屋，白玉为台；世间腐朽之物，我以真炁呵之立生；红血为乳，七尺肉团，无非金宝，此则金华大凝也。

第一段，是应《观经》①日落大水行树法象。日落者，从混沌立基，无极也。上善若水，清而无瑕，此即太极主宰，出震之帝也。震为木，故以行树象焉。七重行树，七窍光明也。（西北乾方，移一位为坎，日落大水，乾坎之象。坎为子方，冬至雷在地中，隐隐隆隆，至震而阳出地上矣，行树之象也，余可类推。）②

第二段，即肇基于此，大地为冰，琉璃宝地，光明渐渐凝矣。所以有莲台而继之有佛也，金性即现，非佛而何？佛者大觉金仙③也。此大段证验耳。

现在可考证验有三：一则坐去，神入谷中④，闻人说话，如隔里许，一一明了。而声入皆如谷中答响，未尝不闻，我未尝一闻。此为神在

谷中，随时可以自验。

一则静中，目光腾腾，满前皆白，如在云中，开眼觅身，无从觅视。此为**虚室生白，内外通明，吉祥止止**也。

一则静中，肉身氤氲，如绵如玉，坐中若留不住，而腾腾上浮，此为神归顶天，久之上升可以久待⑤。

此三者，皆现在可验者也。然亦是说不尽的，随人根器，各现殊胜。如《止观》⑥中所云"善根发相"是也。此事如人饮水，冷暖自知⑦，须自己信得过方真。

先天一炁，即在现前证验中自讨，一炁若得，丹亦立成。此一粒真黍也。一粒复一粒，从微而至著⑧。有时时之先天，一粒是也；有统体之先天，一粒乃至无量是也。一粒有一粒力量，此要自家胆大，为第一义⑨。

【译文】

吕祖说：回光功法的证验也很多，但不能用狭小的胸怀、短小的眼光来对待它、修炼它，而要有度尽众生的襟怀；不能用轻心慢心来对待它、修炼它，而要按照我所讲的每一句话去实行它。

入静时，气息绵绵不断，神情愉悦舒畅，好像处在微醉之中、沐浴之后，这就是遍体阳和、金华初露的象征。随后，又觉得万籁无声，一轮皓月高悬中天，大地全都成为一片光明世界，这就是心体开明、金华绽放的象征。随后，又感觉到全身非常充实，不怕风霜，别人遇到了会感到兴味索然的事情，我们遇到了却感到精神更旺，就像用黄金建屋，用白玉筑台；世界上腐朽的东西，我们用真气一吹它就立刻恢复生机；红血化为乳汁，七尺血肉之躯全都是金宝。这就是金华大凝的象征。

第一段效验就如同佛家《观无量寿经》所说的观"日落""大水""行树"时的法象。所谓"日落"，象征着天地未开的混沌之中创立基础，也就是无极状态。所谓"大水"，就是《老子》所说的"上善若水"，清洁无瑕，这是由无极演化而来的太极主宰，也就是《周易·说卦传》所谓的"帝出乎震"之"帝"。震卦属木，所以又用"行树"来象征。经中所谓的"七重行树"，就是象征着七窍光明。

第二段效验以第一段效验为基础，此时出现了以下景象：大地变成冰雪世界，化为一片琉璃宝地，光明逐渐凝聚。于是出现了莲台，接着又出现了佛。因为金性显露了，所以不是佛又是什么呢？"佛"就是"大觉金仙"。这是最大的证验。

现在能够印证的效验，大致有以下三种：

第一种是静坐之时，神进入丹田，听到别人讲话，就像隔了一里多路似的，但又清晰明了。那声音入耳就像深山大谷中的回声，并非听不见，但又并非刻意去听见。这种神入谷中的现象，大家都可以自己体验到。

第二种是在入静之中，眼光腾腾散开，前面一片白色，就像在云彩当中，可睁眼去看自己的身体，却无法看见。这种现象是虚空之室生出白光、内外通明、非常吉祥的征象。

第三种是在入静之中，身体内神气氤氲，软如棉，温如玉，坐在那里好像留不住了，而有腾腾上浮的感觉，那是因为神归头顶的缘故，久而久之，身体的升空也是可以实现的。

这三种景象都是现在可以验证的。但许多效验又是说不尽的，随各人的素质不同而产生不同的妙景。正如《止观》书中列举的各种"善根发"的征象。此事如人饮水，冷暖自知。总之，必须自己信得过自己那才真实。

先天一气，要在当时的效验中去寻找。如果找到了先天一气，那么金丹也就可以炼成了。这是一粒真正的黍珠。正如张伯端《金丹四百字》所说："一粒复一粒，从微而至著。"既有阶段性的先天之气，就是所谓的"一粒"，也有整体无边的先天之气，就是从一粒乃至无穷粒。一粒有一粒的力量。最重要的第一义，就是自己的宏愿一定要大。

【注释】

① 《观经》：即佛家《观无量寿经》，教人观想无量寿国，共有十二观，开始为日观、水观、七重宝树观等。

② 括号内文字为原文注释。

③ 大觉金仙："佛陀"的另一称谓。"佛"梵文意为觉悟，故称。

④ 谷中：即"天谷"之中，"天谷"即"先天祖窍"。《道德经》："谷神不死，是谓玄牝。玄牝之门，是谓天地根。"

⑤ 慧真子注："此言系回光静极，使神火凝入炁窍，窍中真炁被火熏蒸，自然上朝乾顶。此时，非丹成阳神上升之谓。"

⑥《止观》：亦称《小止观》或《童蒙止观》，全称《修习止观坐禅法要》，为隋代高僧智顗著。书中第七章为"善根发"，列举了五种征验。

⑦ 如人饮水，冷暖自知：语见《景德传灯录》卷四引袁州蒙山道明禅师之言。

⑧ 一粒复一粒，从微而至著：语见南宋张伯端《金丹四百字》："乌肝与兔髓，擒来共一处，一粒复一粒，从微而至著。"

⑨ 慧真子注："此章乃祖师指示回光功夫之效果。盖功夫行之既勤，效验自至。夫回光与人饮水相似，冷暖自知。然功夫行之勤惰，其中意味应晓。原祖师恐学者功夫造入玄境之时，自己疑惑，不知真伪，因特将其中证验指明，以备学者考察。万恐学者误于旁门之旨，不知正道有确实之证据，抑或只知静守枯性，而不知有命窍动机之妙用，故再将大道功夫，由浅入深，逐节证验，一一批示。漏泄至此，慈悲至矣！然证验虽多，首以静坐中，气息绵绵，无间无断，身体如醉如浴为验。功夫至此，则遍体之气阳和，因神火入于肾水，二气凝集既久，则窍内水中火发，命机自动，即祖师所谓'金华乍吐'也。斯时儒家谓之'尽性至命'。然阴神静极，阳气必动，故曰'冬至雷在地中'，乃一阳来复之谓也。又或坐久妄念潜踪，神凝炁穴，则气住神停，即'神入谷中'之谓也。谷中，即炁窍也。功夫行之至此，则丹田暖气融和，其气由下元渐渐上腾，遍满周身，故曰'肉身氤氲'也。斯时身心快乐，真种当产，即一粒黍珠发现之时也。然若不由调息功夫入手，何能到此佳境？惟其要总在于垂帘内顾时，务须放下身心，使身心两忘。意不外驰，真炁自住，炁住则神在。盖神在于炁穴，则气畅心舒，真神自产，长生自易也。炁窍，在心下三寸六分之下。"

【解读】

本章讲述修炼"回光"功法之后的效验，回光的功效虽然很多，但归结起来不外乎三种，分别出现在炼功的三个阶段：第一是初入静时，第二是中度入静时，第三是深度入静时。这三个阶段分别会出现三种景象：第一是金华乍吐，第二是金华正放，第三是金华大凝。按照佛家的说法，第一阶段出现落日、大水、七重宝树；第二阶段出现大地为冰，琉璃宝地；第三阶段出现金性佛陀。从个人体验来说，第一阶段，人声入耳就像深山大谷中的回声，并非听不见，但又非刻意听见。此时气息绵绵，无间无断，神情悦豫，如醉如浴，遍体阳和。这是因为神火入于肾水，水火二气凝集，窍内水中火发，命机自动，这就是"金华乍吐"。第二阶段，睁眼看自己的身体却无法看见，就像在一片白云当中。此时万籁俱寂，皓月中天，大地光明，心体开明。这是因为神凝炁穴（在心下三寸六分之下），气住神停，丹田暖气融和，其气由下元渐渐上腾，这就是"金华正放"。第三阶段，身体软如棉、温如玉，甚至腾腾上浮升空，此时可以凭借真炁化腐朽为神奇，起黄金屋、建白玉台，这是因为神气氤氲，神归顶天，真种当产，这就是"金华大凝"。

以上三个阶段，是一个循序渐进的过程，首先要从调息功夫入手，务须放下身心，使身心两忘。入静时，要意不外驰，真炁自住，神火入水，二气凝集，炁住神在，神凝炁穴，这是入静的原则。只有这样进行修炼，坚持不懈，才能逐步实现这三个阶段的效验。

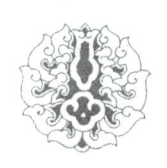

第七章　回光活法

吕帝曰：回光循循然行去，不要废弃正业。古人云："事来要应过，物来要识破。"子以正念治事，即光不为物转即回。此时时无相之回光也可。[尚可行之，而况有真正著相回光乎？]

日用间，能刻刻随事返照，不着一毫人我相①，便是随地回光。此第一妙用。

清晨能遣尽诸缘，静坐一二时最妙。凡应事接物，只用返照②法，便无一刻间断。如此行之，三月两月，天上诸真，必来印证矣③。

【译文】

吕祖说："回光"功法要按部就班去修炼，不要荒废了自己的正业。古人说："事来要应过，物来要识破。"你们在日常生活中用正念行事，那光就不会随外物的转移而转移，遇到该返回时，光就会随时返回。这就是随时随地无形无相的回光。

日常生活中，能够随时随地做返照功夫，又不执着于一丝一毫的人相、我相，这便是随时随地在回光。这才是《宗旨》的第一妙用。

清晨起来，排除各种干扰，能静坐一两个时辰，那就最妙。在日常的接人待物中，要修炼返照法，并做到一刻也不间断。照此实行两三个月，就会感动天上仙人真人，来与你印证了。

【注释】

① 不着一毫人我相：意为"四大皆空"。语出《金刚经》"无我相，无人相，无众生相，无寿者相"。

② 返照：原本作"返身"，据慧真子《长生术》本改。

③ 慧真子注："前章言功夫已造入佳乡，此章正应使学者功夫日渐精进，以

期丹药早得。而祖师此时反云'不要废弃正业'，何哉？读者至此必疑祖师不欲学者金丹早得乎？识者曰：'非也。'盖祖师恐学者俗愿未了，故作是语也。然功夫即已造入佳境，则心如水镜相似。物来则现，物去则神气自相翕敛，不为外物所牵，即祖师所谓'不着一毫人我相'矣。学者若能使真意常得住于炁穴，则不回光而光自回矣。光回则药物自产，无妨兼顾人事。非若初坐之时，神气散乱，若不扫除人事，寻觅静处，专攻煅炼，以避俗务之扰，必至朝勤夕惰，何时方能得其玄奥乎？故曰：初用功之时，宜抛弃家务，倘若不能，亦须托人照理，以使专意勤修。若功夫造到玄微，则不妨再行兼理正务，以了俗愿。是谓'回光活法'。昔紫阳真人有言曰：'修行混俗且和光，圆即圆兮方即方，显微逆从人莫测，教他怎能见行藏？'盖回光活法，即和光混俗之义也。"

【解读】

本章介绍了"回光"修炼的灵活方法。一般人都认为功法修炼是要花费大量时间的，会影响甚至会荒废自己的正业。本章提出了在"不要废弃正业"的前提下的灵活方法，这就是"随时随地随事"的修炼方法。在日常生活中只要用正念行事，实际上就是在炼功，就是在做"回光"的功夫。这种修炼不执着于一丝一毫的人相、我相，也不会有一时一刻的间断，因此才是最高明的，也是吕洞宾最为提倡的。这样一来，不仅妥善处理了修炼功法与日常生活的矛盾，而且也使"回光"修炼真正地上了一个层次。这样炼功的人，才是常人，而不会被视为神神怪怪的人。当今社会那些刻意炼功、刻意做出各种"法相"的人，往往并不是功夫高的人。

第八章　逍遥诀

吕帝曰：

玉清①留下逍遥诀，四字凝神入炁穴。

六月俄看白雪飞，三更又见日轮赫。

水中吹起藉巽风，天上游归食坤德。

更有一句玄中玄，无何有乡是真宅。

律诗一首，玄奥已尽。大道之要，不外"无为而为"四字。惟无为，故不滞方所形象；惟无为而为，故不堕顽空死虚。作用不外一中，而枢机全在二目。二目者，斗柄也，斡旋造化，转运阴阳，其大药则始终一水中金（即水乡铅）而已。

前言回光，乃指点初机，从外以制内，即辅以得主。此为中下之士，修下二关②，以透上一关③者也。今头路渐明，机括渐熟，天不爱道，直泄无上宗旨，诸子秘之秘之，勉之勉之！

夫回光，其总名耳。工夫进一层，则光华盛一番，回法更妙一番。前者由外制内，今则居中御外；前者即辅相主，今则奉主宣猷④，面目一大颠倒矣。

法子欲入静，先调摄身心，自在安和，放下万缘，一丝不挂。天心正位乎中，然后两目垂帘，[如奉圣旨，以召大臣，孰敢不至？]⑤次以二目内照坎宫，光华所到，真阳即出以应之。

离外阳而内阴，乾体也。一阴入内而为主，随物生心，顺出流转。今回光内照，不随物生，阴气即住，而光华注照，则纯阳也。同类必亲，故坎阳上腾，非坎阳也，仍是乾阳应乾阳耳。二物一遇，便纽结不散，氤氲活动，倏来倏往，倏浮倏沉，自己元宫中，恍若太虚无量，遍身轻妙欲腾，所谓云满千山也。次则来往无踪，浮沉无辨，脉住气停，此则真交媾矣，所谓月涵万水也。俟其杳冥中，忽然天心一动，此则一阳来复，活子时也⑥。然而此中消息要细说⑦。

凡人一视一听，耳目逐物而动，物去则已，此之动静，全是民庶，而天君反随之役，是尝与鬼居矣。今则一动一静，皆与人居。天君乃真人也，彼动即与之俱动，动则天根；静即与之俱静，静则月窟；动静无端，亦与之为动静无端；休息上下，亦与之为休息上下，所谓"天根月窟闲来往"也。

天心镇静，动违其时，则失之嫩；天心已动，而后动以应之，则失之老。天心一动，即以真意上升乾宫，而神光视顶，为导引焉，此动而应时者也。天心既升乾顶，游扬自得，忽而欲寂，急以真意引入黄庭，而目光视中黄神室焉⑧。既而欲寂者，一念不生矣；视内者，忽忘其视矣。尔时身心便当一场大放，万缘泯迹，即我之神室炉鼎，亦不知在何所，欲觅己身，了不可得。此为天入地中，众妙归根之时也，即此便是凝神入炁穴。

夫一回光也，始而散者欲敛，六用⑨不行，此为涵养本原，添油接命也。既而敛者，自然优游，不费纤毫之力，此为安神祖窍，翕聚先天也。既而影响俱灭，寂然大定，此为蛰藏炁穴，众妙归根也。一节中具有三节，一节中具有九节，俱俟后日发挥。

今以一节中具三节言之。当其涵养而初静也，翕聚亦为涵养，蛰藏亦为涵养，至后而涵养皆蛰藏矣。中一层可类推。不易处而处分焉，此为无形之窍，千处万处一处也；不易时而时分焉，此为无候之时，元会运世一刻也⑩。

凡心非静极，则不能动，动动妄动，非本体之动也。故曰感于物而动，性

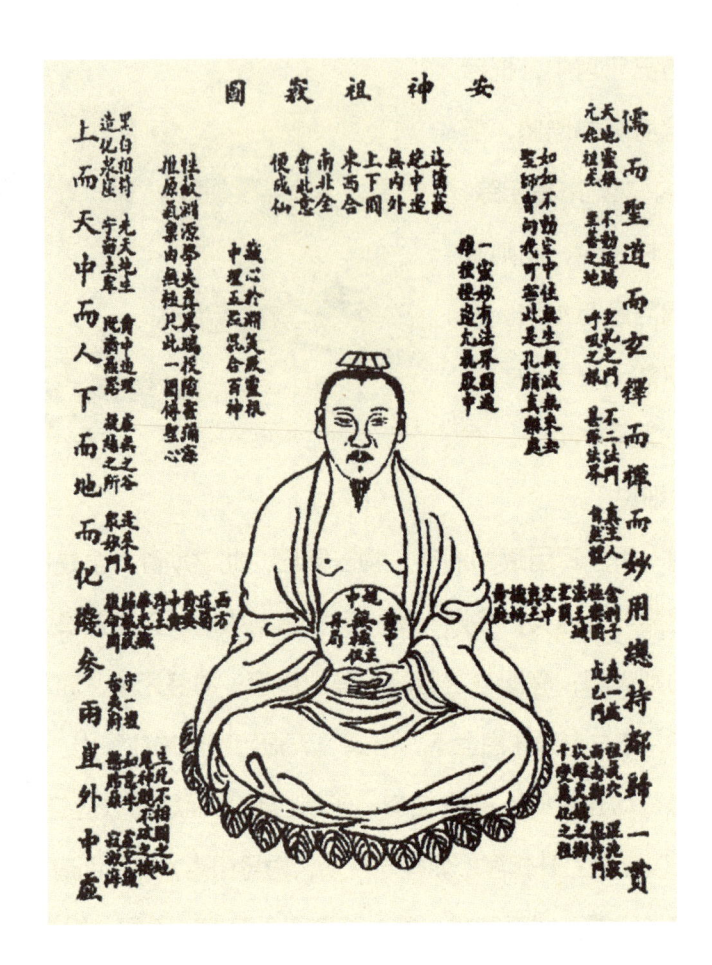

之欲也；若不感于物而动，即天之动也。不以天之动对天之性句，落下说个欲字，欲在有物也，此为出位之思动而有动矣。一念不起，则正念乃生，此为真意。寂然大定中，而天机忽动，非无意之意乎，无为而为，即此意也。

诗首二句，全括金华作用。次二句是日月互体意，六月即离火也，白雪飞即离中真阴将返乎坤也。三更即坎水也，日轮即坎中一阳将赫然而返乎乾也。取坎填离，即在其中。次二句说斗柄作用，升降全机，水中非坎乎？目为巽风，目光照入坎宫，摄召太阳之精是也。天上即乾宫，游归食坤德，即神入炁中，天入地中，养火也。末二句是指出诀中之诀。诀中之诀，始终离不得，所谓"洗心涤虑为沐浴"⑪也。

圣学以知止始，以止至善终；始乎无极，归乎无极。佛以"无住而生心"为一大藏教旨，吾道以"致虚"二字完性命全功。总之三教不过一句，为出死护生之神丹。"神丹"为何？曰一切处无心而已。吾道最秘者沐浴，如此一部全功，不过"心空"二字足以了之，今一言指破，省却数十年参访矣。

子辈不明一节中具三节，我以佛家"空、假、中"三观为喻。三观先"空"，看一切物皆空；次"假"，虽知其空，然不毁万物，仍于空中建立一切事；既不毁万物，而又不着万物，此为"中"观。当其修空观时，亦知万物不可毁，而又不着，此兼三观也，然毕竟以看得空为得力。故修空观，则空固空，假亦空，中亦空。修假观，是用上得力居多，则假固假，空亦假，中亦假。中道时亦作空想，然不名为空而名为中矣；亦作假观，然不名为假而名为中矣；至于中则不必言矣。

吾虽有时单说离，有时兼说坎，究竟不曾移动一句。开口提云：枢机全在二目。所谓枢机者，用也。用此斡旋造化，非言造化止此也。六根七窍，悉是光明藏，岂取二目而他概不问乎？用坎阳，仍用离光照摄，即此便明。[朱子（云阳，讳元育，北宗派）尝云："瞎子不好修道，聋子不妨。"与吾言何异？特表其主辅轻重耳。]⑫

日月原是一物，其日中之暗处，是真月之精，月窟不在月而在日，所谓月之窟也，不然只言月足矣。月中之白处，是真日之光，日光反在月中，所谓天之根也，不然只言天足矣。一日一月，分开止是半个，合来方成一个全体。如一夫一妇，独居不成家室，有夫有妇，方算得一家完全。然而物难喻道，夫妇分开，不失为两人；日月分开，不成全体矣。[知此则耳目犹是也。吾谓瞎子已无耳，聋子已无目，如此看来，说甚一物，说甚两物，说甚六根，六根一根也；说甚七窍，七窍一窍也。]⑬吾言只透露其相通处，所以不见有两，子辈专执其隔处，所以随处换却眼睛⑭。

【译文】

吕祖说：

玉清留下逍遥诀，四字凝神入气穴。
六月俄看白雪飞，三更又见日轮赫。

水中吹起藉巽风，天上游归食坤德。

更有一句玄中玄，无何有乡是真宅。

我这一首律诗，已经把金丹功法的玄奥说尽了。大道的要领不外乎"无为而为"四个字。因为无为，才不会被形式和形象所束缚；因为无为而为，才不会堕入顽空死虚之中。其作用不外乎一个"中"字，而枢机全在于两眼。两眼就好比那北斗七星的斗柄，它可以斡旋天地、运转阴阳，炼养所产生的大药，始终只是"水中金"这一味。

前面所讲的回光功法，是用来指点初学者的门径，从外部来控制内部，由大臣来辅佐君主。这是给中下等资质的修炼者提供的先修下两关再透上一关的功法。现在修炼之路逐渐明朗，功法的诀窍关键也已逐步成熟，可以做下一步的修炼了。上天是不吝啬道法的，它已向我们透露出至高无上的宗旨。你们各位要珍惜再珍惜！勉力再勉力啊！

回光，是太乙金华功法的总名称。如果功夫进一层，金华之光就盛大一番，回光的方法也要更高妙一番。前述的功法是由外部而控制内部，现在的功法则是要由中央而驾驭外围；前述的功法是大臣辅佐君主，而现在的功法则是奉君主之命发号施令。从整体上说完全是一大颠倒。

这一功法的内容是：将要入静之时，首先要调身调心，使心神自在安和，放下一切尘缘，不要有丝毫的牵挂。天心正好位于两眼之中央，两眼垂帘，［就像奉了圣旨去召唤大臣，谁敢不来？］接着就用两眼的目光内照坎宫（丹田），光华所到之处，真阳就会出来呼应。

八卦中的离卦，外阳而内阴，离卦的本体原是乾卦。一根阴爻进入卦中间便成为主宰，于是随着外物而生心念，顺出外泄而转变。现在回光内照，不随外物而生心念，阴气就停止了。同时由于光华的照射，就会变成纯阳。又因同类者必然相亲，所以坎卦中间的阳爻就向上升腾。这一阳爻原非坎阳，实际上也是乾阳与乾阳相应。两者相遇，就交结不散、氤氲活动、

忽来忽往、忽浮忽沉。这时自己居于元宫之中，犹如在无边无际的太空，全身轻妙无比，飘飘然好像要飞升，这就是所谓的"云满千山"的景象。接着，又觉得来往无踪、浮沉无迹，脉停了，气也停了，这才是真正的"坎离交媾"，也就是所谓的"月涵万水"。等到杳杳冥冥之中，忽然天心一动，这就是"一阳来复"，也就是所谓的"活子时"。这里面的究竟还是要细细说明。

一般人用眼看用耳听，那眼和耳一直是随外物而动的，外物离开了，看和听的行为也就结束了。这样的一动一静，就好比是臣民办事，而君主反而受其控制一样，这就无异于是跟鬼同住了。现在炼功之时，要令一动一静，都跟人同住。天君就是真人，天君一活动，下面臣民就一齐跟着活动，活动之处就是"天根"；天君一静止，下面臣民也就一齐跟着静止，静止之处就是"月窟"。天君动静无常，臣民们也就跟着动静无常；天君休息上下，臣民们也就跟着休息上下，这就是所谓的"天根月窟闲来往"。

天心还处在静止之时，真意就过早地发动，丹药就失之太嫩；天心已经在动，真意在后面才动，丹药就失之太老。天心一动，立刻将真意上升到乾宫（头顶），两眼的神光也注视顶部以作为引导，这种动才是恰到时机。天君已经上升到乾宫，正在悠扬自得时，忽然天心运动似乎要停止下来，这时应当赶快用真意引导它下降到黄庭（中丹田）部位，并且眼光要内视黄庭神室。过了不久，天心运动又要停止，那是一念不生的结果；内视的眼光，也忽然遗忘内视了。这时整个身心都彻底解放，一切尘缘也彻底泯灭了，即使是自己的神室炉鼎，也不知道在什么地方了，甚至要找自己的身体，也彻底找不到了。这种境界就叫作"天入地中"，那就是众妙归根的时刻，到了这个时刻才是所谓的"凝神入气穴"。

修炼回光功法，开始时那光就像一盘散沙，后来逐渐收敛，使眼、耳、鼻、舌、身、意六种功能停止运行，这就是"涵养本原，添油接命"。接着，收敛起来的光就自然而然地优游自如，不费丝毫力气，这就是"安神祖窍，翕聚先天"。再接着，一切外界影响逐渐消失，并进入寂然大定的状态，这就是"蛰藏炁穴，众妙归根"。这就是一层功法中具有三层功法，此外还有一层功法中具有九层功法，这一点等到以后再向大家仔细阐述吧！

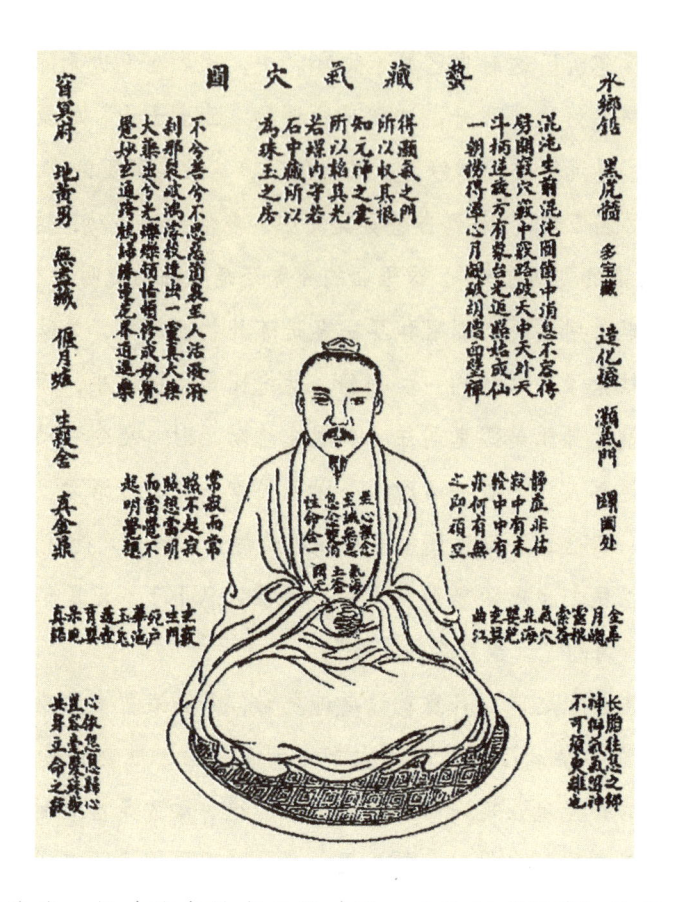

现在先谈谈一层功法中具有三层功法。当处于"涵养"阶段、开始入静时，"翕聚"就是"涵养"，"蛰藏"也就是"涵养"；到了"翕聚"阶段，"涵养""蛰藏"都是"翕聚"；到了"蛰藏"阶段，"涵养""翕聚"也就是"蛰藏"。中间一层，还可以依此类推。不需要改变意守的关窍而关窍自然会分开，这就是所谓的"无形之窍"。无论关窍有千处万处，实际上也只是一处；不需要改变修炼的时间而时间自然会分开，这就是所谓的"无候之时"，无论时间有元、会、运、世，实际上也只是一刻。

凡是心神不到极静之时就不能动，如果动，那是一种妄动，而不是本体的动。所以说，由于外物的刺激而动，那是人性的欲望冲动；不是受外物刺激的动，才是天地之动。如果不用天的"动"来对应天的"性"，那就会堕入"欲"中，"欲"就在于受外物刺激的冲动。这是一种超出本位的、动而又动的心思。如果能做到一念不起，那么正念才会产生，正念也就是"真意"。在寂然大定之中，天机忽然发动，那正是无念的动，所谓"无为而为"指的正是这个意思。

我这首律诗的头两句，已经全部概括了金华的作用。次两句意思是"日月互体"，其中"六月"指离卦之火，"白雪飞"指离卦中间一爻之真阴将要返归于坤；"三更"指坎卦之水，"日轮"指坎卦中间一爻之真阳将要赫然返归于乾。这两句诗中包含了"取坎填离"之意。再下面两句，说的是斗柄作用能够升降整个气机，其中"水中"指坎卦，"巽风"指眼睛，眼光照入坎宫（下丹田）能吸引太阳之精；"天上"指乾宫（头顶），"游归食坤德"指神入气中、天入地中，温养神火。最后两句，是诀中之诀，这诀中之诀始终离不开"洗心涤虑为沐浴"。

儒家以《大学》所讲的"知止"为开始，以"止于至善"为终结；以无极为开始，又以无极为终结。佛家以《金刚经》所讲的"应无所住而生其心"为重要教旨。我们道家则以《老子》所讲的"致虚"来完成性命的全部功夫。总而言之，儒释道三教都不过是用一句话来作为出死护生的神丹。神丹是什么呢？就是"一切处无心"罢了。我们道家功法中最奥秘的就是"沐浴"，整个一部"太乙金华"功法用"心空"两个字就足以全部概括。现在我用一语点破玄机，省掉你们再费几十年时间去参悟了。

各位还不明白前面讲的"一节（层）中具有三节（层）"的意思，现在我再举佛家的"空、假、中"三观作为例证。这三观当中，头一个是"空观"，就是把一切事物都看成是空的。第二个是"假观"，虽然知道一切事物是空，但又不能毁灭万物，还要在这空的世界里建立一切事物，并把它们看成是虚假的。第三个是"中观"，就是既不毁掉万物，又不执着于万物，采取适中态度。当在修第一个"空观"的时候，就要知道万物既不能毁掉又不能执着，这就是兼修"假观"和"中观"了，但毕竟还是以"看得空"为重点。所以说在修"空观"时，空固然是"空观"，但假也是"空观"，中也是"空观"。依此类推，在修"假观"时，要以建立事物功用为重点，假固然是"假观"，但空也是"假观"，中也是"假观"。在修"中观"时，也要把万物看成是空的，但不叫它"空"，而叫它"中"；也把万物看成是假的，但不叫它"假"，而叫它"中"；至于"中"，就不必要再说是"中"了。

我虽然有时只说离卦，有时兼说离坎二卦，但最终没有改变其中心意思。我开口就提示过：枢机全在两眼。所谓"枢机"，指的就是"用"。用两眼来斡旋天地造化，但不是说天地造化的作用只限于两眼。人的六根（眼、耳、鼻、舌、身、意）七窍（眼、耳、口、鼻）全都是光蕴藏之处，怎么能只取两眼而不顾其他呢？坎卦一阳要发挥作用，还要用离卦的光去照摄，这就是明证。

太阳和月亮原来是一种物质。太阳中的阴暗处，实际上是月亮的精华，并不在月亮而在太阳之中，所以称为"月窟"，不然的话，直接称"月亮"就够了。月中明亮之处，实际上是太阳的光华，太阳光反照到了月亮，所以称为"天根"，不然的话，直接称"太阳"就够了。一个太阳一个月亮，分开了只能算是半个，合起来才是一个全体。好比一夫一妇，各自独居就不成家室了，只有有夫有妇才算完整的一家。但是用事物来比喻大道，终究是不完全贴切的。因为夫妇二人分开，还仍然是两个完人，但在炼功中日月两者分开了，就不成为全体了。我说的这些话，只是透露了它们相通的地方，所以看不出有什么分歧，你们却要执着于那些不相通之处，所以会随时转变看法。

【注释】

① 玉清：道教"三清"圣境——玉清、上清、太清之一。玉清为元始天尊所主管，为尊贵无比的大清净虚秘之天。此处喻至高无上的神，也暗指脑神所居之处清净虚秘。

② 下二关：据闵一得第三章注，为身体中部和腹部的关窍。

③ 上一关：据闵一得第三章注，为头顶关窍。

④ 宣猷：宣布命令。

⑤ 据《道藏续编》本补。

⑥ 慧真子注："此即慧命发现之时，斯时不令其顺出而逆之，是谓添油接命。成佛作祖，在此下手。"

⑦ 慧真子注："非师传口诀，难以了悟。"闵一得注："山本此下，载有王昆阳律祖玄论。时为康熙戊辰秋，律祖自北南至，馆于杭城宗阳宫。靖庵隐真往谒，呈上此书。律祖郑重其仪，拜而阅之。曰：'太上心传，备于此矣。是乃即世圆行之功法，而淑世功验亦于此卜，不可偏在一身看。其大旨微露在斡旋造化二句。虽无一字及普济，而此章内容缜密，此中正陶冶全世功法。不言世，而世在其中。行功至此章，身世方有真验可得。二三子毋自歉，亦毋自恃，大行正有待也。'乃命小子识之。今故附梓于后，后学者勉之。太定谨白。一得今按：蒋本此注不录。誊本亦不载。律祖谓行有待，信矣。"闵一得注中，王昆阳，原名平，法名常月，清顺治、康熙时在北京白云观传弟子三千人。靖庵，即陶守贞（陶浩然）。太定，即陶太定。

⑧慧真子注:"学者宜参看《续命方》(即《慧命经》)转六候图,则可以了悟矣。图中所谓:子吸进阳火,逆升乾鼎;午呼退阴符,顺降丹田,丹田即黄庭也……仙家非人不传炼精返气之秘法也。悟此,则可以造成不死之躯矣。"

⑨六用:指眼、耳、鼻、舌、身、意的功能。

⑩闵一得注:"谨按无形之窍,玄窍是也。玄窍无处,三才尽在玄窍之中。何大何小、何远何近、何人何物、何身何世之有分限哉?无候之候,活时是也。活时无候,万古总在活时之中。何上元下元、春夏秋冬、子午卯酉、月日时刻之可执哉?然而欲开玄窍,须于活午、活子者:动极而静,静极而动。窍之得体,盖于此耳。何为活子?万类无声,一机时振,而无所向者是。何为活午?万路齐开,一机时寂,而无所归者是。盖以窍无刻闭,机寂则现,机搅则隐。现则觉,隐则迷,觉则循真,迷则入惑。欲启玄窍,绝无运动法,惟在寂体。是故智者但自栖神虚玄,气机之动静,含光视之而已,亦不须作意寂定于其间,故能无入而不自得。回光妙诀盖如此。循是诀者,活子亦得,活午亦得,正午、正子,或得或失,不出乎心。心为机所自出耳,是为正本清源之要旨。曰子、曰午者,动与静、阴与阳,乃于此别。而得有后光、有清浊、有老嫩,乃在一节之中具有九节焉。其说繁琐,五种仙眷所自出,有非一言得了者。祖故谕云:'俟后日发挥。'"

⑪洗心涤虑为沐浴:为白玉蟾语,李道纯《中和集》中亦有此言。

⑫据《道藏续编》本补。

⑬据《道藏续编》本补。

⑭慧真子注:"此章首云《逍遥诀》,盖道之玄妙,由无生有,因神与气凝集既久,则虚无之中生出一点真火,斯时神愈静而火愈旺。火旺之景,则如六月炎暑之象。以旺火而煎坎水,水汽热极,则沸点上腾,如雪飞相似,即'六月俄看白雪飞'之意也。然水因被火熏蒸,则真炁发动,但阴静则阳动,正如夜半之景,故仙家谓之'活子时'。斯时以意摄气,使之逆升顺降,如日轮升

转相似，故曰'三更又见日轮赫'。惟运转之法，又须假呼吸吹动命门之火，方得将真炁摄归原处，故诗中谓之'水中吹起籍巽风'。因先天一炁既得后天呼吸吹动，动由尾闾逆上乾顶，经乾宫，下重楼，顺行腹内而温养，故曰'天上游归食坤德'矣。真炁既归于虚无之所，久之气体充足，身心快乐。……盖其要总由于凝神返照，神火静极，催动虚危，穴内水中火发之故，即祖师所谓'更有一句玄中玄，无何有乡是真宅'耶。盖篇中此义，因学者功夫至此，已造入玄奥之境，第恐不知煅炼之法，而金丹难以成就，故祖师将仙佛不传之秘点揭破。愿学者凝神住于炁穴之时，静极则杳冥之中，由无生有，即太乙金华发现矣。斯时则有识光、性光之分，故曰：感于物而动，以之顺出生人，谓之识光。学者当真炁充足之时，若不令其顺出而逆之，则谓之性光。须假河车轮转之法，轮转不已，则真炁滴滴归根，而车住轮停、身清气爽矣。然轮转一次，则谓之一周天，即丘祖所谓之小周天也。倘不俟气足而采之，则时尚嫩而药物不结；若气充而不采，则失之老，而金丹难成。不老不嫩，用意摄取，斯其时矣。然斯时佛祖谓之'色即是空'，即'炼精化气'之义也。学者若不明此理，以之顺出，则气化为精，是谓'空即是色'矣。但凡夫以形骸交合，先乐而后苦，精泄则体倦而神惫，非若仙佛以神气交合，先清而后爽，精化则体畅而身舒矣。世传彭祖寿活八百八，系御女以养生，斯言误矣。不知实乃用神气煅炼之法也。因丹书之比喻，喻离火为姹女，以坎水喻婴儿，故疑彭祖用男女采补之法，以讹传讹，误却后生矣。然仙家取坎填离之术，非真意不能调和，因真意属土，土色黄，故丹书喻为黄芽。因坎离交，则金华现，金色白，故以白雪为喻。乃世人不明丹家隐语，误以黄白为金石之术，岂不谬哉？古德云：'从来此宝家家有，只是愚人识不全。'审此，则知古人实系采取自身之精气而得长生，非由吞服药物而能延年也。奈何世人舍本而求末哉？丹经又曰：'正人行邪道，邪道悉归正。'正即炼精化气之义也。'邪人行正道，正道悉归邪。'此即男女交合，生男育女之谓也。盖愚夫以人身至宝，恣欲放荡，不知保守，精气耗尽则身体危亡。圣贤养生之法，并无别方，不过竭欲保精，积精累气，气足则造成乾健之躯矣。其与凡夫不同者，因有顺逆之用耳。惟此篇要义，祖师反复引证，逐节指示，不过欲使学者晓以添油接命之法。然其要总在于二目，始终言'枢机全在二目'。二目者，斗柄也。盖缘天以斗柄为中心，人以真意为主宰，故金丹之成就，全仗真意调和。是以下章有'百日立基'之说。然仍宜视学者功夫勤惰、体质强弱为标准。若工勤体壮，由得诀后河车运转之日起，意气调和得法，百日内即可成丹；倘体弱工惰，虽百日以外，大药恐难成就。然丹成则神气清明，心空性现，变识光为性光。性光常存，则坎离自交；坎离交，则圣胎结。圣胎结，非大周天之功效而何？故后篇大义，到周天法则为止。此书论养生之术，由谛观鼻端为入门下手之法，至此为转手之法。其了手与撒手之法，尽载于后卷《续命方》内。且是篇注解极详，勿庸仆赘述矣。惟愿学进互相参究，不但可以了悟至道之精微，而且长生之目的可达矣。仆虽得师传，然未餐道味，兹谬加注解，第恐有豕亥之讹，尚希个中君子，善为匡正。俾人人一见经书，即晓其长生之法，方不负祖师度尽众生之婆心矣。湛然慧真子谨志。"

【解读】

本章通过吕祖的一首七言律诗，展示了金丹功法的秘密，具体介绍了太乙金华功法的原则、作用、方法、效验、目的。太乙金华功法修炼的总原则是"无为而为"，总功法是"心空"，总名称是"回光"，炼养的作用是"中"，炼养的目的是产生大药"水中金"，炼养的枢机全在于两眼。

如果用《周易》八卦来解释，金丹功法就是"取坎填离以复乾坤"。心火为阳外阴内的离卦，肾水为阴外阳内的坎卦；离卦中间一爻之真阴要返归于坤，坎卦中间一爻之真阳要返归于乾，这就是"取坎填离"。眼睛为巽卦，眼光照入坎宫（下丹田）能吸引太阳之精，能够升降整个气机。头顶为乾卦，腹部为坤卦，乾入坤中指神入气中，温养神火。回光内照就是要使坎卦中间的阳爻向上升腾，与离卦外面的阳爻相遇，同类者必然相亲，两者相遇，就交结不散、氤氲活动、忽来忽往、忽浮忽沉。离卦不随外物而生心念，停止中间阴气的主宰，在光华的照射下，变成纯阳的乾卦。这时自己居于元宫之中，犹如在无边无际的太空，全身轻妙无比，飘飘然好像要飞升，又觉得来往无踪、浮沉无迹，脉停了、气也停了，这才是真正的"坎离交媾"。等到杳杳冥冥之中，忽然天心一动，这就是"一阳来复"，也就是所谓"活子时"。活子时就是阳举。阳举

不是有念而举，而是自无而生，自然来、自然去。凡是心神不到极静之时就不能动，如果动就是一种妄动，而不是本体的动，不是真正的"活子时"。只有在寂然大定之中，天机忽然发动，那才是无念的动、自然的动，这就是"无为而为"的真正含义。

与前几章所讲的功法相比，本章讲的是高层次的金丹功法。前述的功法是由外部而控制内部，这里所述的功法则是要由中央而控制外围。金丹功法分为三关，前述的功法是下两关，这里所述的功法是上一关。第一关功法是"炼精化炁"，要知天癸生时，急急采之，采时须以真意引火逼金，这就是"火逼金行颠倒转，自然鼎内大丹结"。第二关功法是"炼炁化神"，乘此火力炽盛，驾动河车，自太玄关逆流至天谷穴，炁与神合，然后下降黄房，这就是"乾坤交媾罢，一点落黄庭"。第三关功法是"炼神还虚"，守一抱元，以神归于毗卢性海。修三关功法，先修下二关再修上一关，由"有为"入"无为"，乃是"渐法"；直接修上一关兼修下二关，直接进入"无为"，乃是"顿法"。关尹子提出忘精神而超生，就是直接进入炼神还虚功夫，到"虚极静笃"时，精自化炁，炁自化神。一般说来，直接修炼上一关的"顿法"，童年人可做到，成年人则困难。

如果从所"回"的"光"来看，也可分为三层，第一层即开始时那"光"是散的，第二层那"光"是收敛的，第三层那收敛的"光"可以自然而然地优游自如，进入寂然大定的状态。

上一关功法要在调身调心、心神安和、一切尘缘放下的前提下修炼，两眼垂帘，发动位于两眼之中央的天心，用天心——天目之光内照坎宫（丹田），光华所到之处，真阳就会出来呼应。这一功法的关键在于天心发动的时机。如果天心还处在静止之时，真意就过早地发动，丹药就失之太嫩；如果天心已经在动，真意在后面才动，丹药就失之太老。只有在天心刚刚动起来之时，立刻将真意上升到乾宫（头顶），两眼的神光也注视顶部以作为引导，这种动才是恰到时机。如果真意已经上升到乾宫，忽然天心运动似乎要停止，这时应当赶快用真意引导它下降到黄庭（中丹田）部位，并且眼光要内视黄庭神室，直到内视的眼光已经忘记内视的时候，才是凝神入气穴、众妙归根元的时刻。

第九章　百日筑基

吕帝曰：《心印经》①云："回风混合②，百日功灵。"总之立基百日，方有真光。如子辈尚是目光，非神火也，非性光也，非慧智炬烛也。回之百日，则精炁自足，真阳自生，水中自有真火。以此持行，自然交媾，自然结胎。吾方在不识不知之天，而婴儿以成矣。若略作意见，便是外道。

百日立基，非百日也；一日立基，非一日也；一息立基，非呼吸之谓也。息者自心也，自心为息。元神也，元炁也，元精也。升降离合，悉从心起；有无虚实，咸在念中。一息一生持，何止百日，然百日亦一息也。百日只在得力，昼中得力，夜中受用；夜中得力，昼中受用。

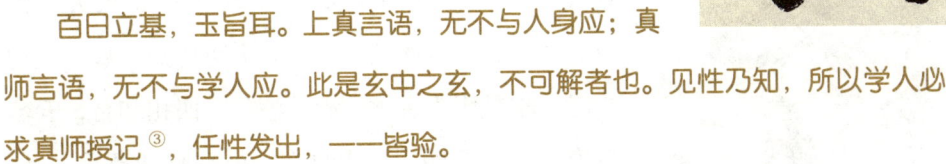

百日立基，玉旨耳。上真言语，无不与人身应；真师言语，无不与学人应。此是玄中之玄，不可解者也。见性乃知，所以学人必求真师授记③，任性发出，一一皆验。

【译文】

吕祖说：《高上玉皇心印妙经》说："回风混合，百日功灵。"说明炼功要有一百天打好基础，才有真光出现。像你们各位现在回的光，还只是一种眼光，还不是神火，也不是性光，更不是智慧闪烁之光。只有等到回光一百天之后，精气自然充足，真阳自然生成，水中自然会产生真火。照这样修炼下去，坎离自然会交媾，圣胎自然会凝结。我们还在不知不觉、自然而然之中，婴儿圣胎

就已经发育生成了。如果稍稍有意念加入，那就流于外道了。

百日立基，不是恰好一百天；一日立基，不是恰好一天；一息立基，也不是恰好一呼一吸。"息"字由"自""心"两字组成，"自""心"合为息。元神、元气、元精的升降离合，全都是由心引起的；有和无、虚和实，全都在意念的调控之中。所谓"一念一生持"（人的正念要一辈子修持），何止是一百天？然而一百天，也不过是一呼吸而已。立基的一百天中，关键是要得力。白天得力了，夜间就受益；夜间得力了，白天就受益。

"百日立基"，本是高上玉皇的旨意。天上仙真说的话，没有一句不与凡人相应；世上真师说的话，没有一句不与学道之人相应。可这是玄中之玄，很难理解的呵！只有到了见性阶段才会明白，所以学道的人必须求得真师的传授，真师任性一指点，每一句话都会有神奇的效验。

【注释】

① 心印经：道教经典，全称为《高上玉皇心印妙经》。

② 回风混合：意为心息相依。

③ 授记：佛教用语，是佛对人的预言。

【解读】

这一章介绍的"百日立基"，是内丹三关功法之前的基础性练习。一般而言，这种基础性练习往往要花一百天的时间，就好比建筑高楼首先要打好地基，一般要经过一百天的时间，所以称"百日立基"，又称为"百日筑基"，其实不一定每人都需"百日"，有人可能长一些，有人可能短一些。人初生时，本是阴阳合一，天理浑然，四相和合，五蕴皆空，一性圆明，自闲自在，虽有眼耳鼻舌之具，而无色声香味之知。但渐长世欲日开，明化为昧，识神用事，六贼癫狂，眼贪五色，耳贪五声，鼻贪五香，舌贪五味。内丹修炼者，就是要恬淡虚无，回光返照，使元神再现。只有打基础一百天之后，精气自然充足，真阳自然生成，水中自然会产生真火。

筑基为内丹修炼的准备阶段，要求填亏补虚，炼好身体的精、气、神三宝，炼养得充盈，达到精足、气满、神旺的"三全"境界。

筑基的关键在于"炼己"，就是要把自己思想上的杂念尘垢拂拭得干干净净，一尘不染。炼己的过程，即是筑基的过程。明代伍冲虚的《内炼金丹心法·炼己》中说："己即我静中之真性，动中之真意，亦为元神之别名也。"

炼己的方法是断除声色，省却应酬，使耳目归于清净，杂念消于未萌。只有收视返听，清心寡欲，才能培炼元精、元气、元神，达到三全境界。

基础打牢以后，才可以进入内丹三关的修炼，照内丹三关修炼法修炼下去，坎离自然就会交媾，圣胎自然就会凝结。筑基关系到三关以后婴儿圣胎的发育生成，因此十分重要。如果在修炼时，稍稍有意念加入，就不能达到精足、气满、神旺的"三全"境界，而流于外道，不能进入三关修炼了。

第十章　性光识光

吕帝曰：回光之法，原通行住坐卧，只要自得机窍。吾前开示云，"虚室生白"，光非白耶？

但有一说，初未见光时，此为效验；若见为光，而有意着之，即落意识，非性光也。子不管他有光无光，只要无念生念。何为无念？千休千处得。何为生念？一念一生持。此念乃正念，与平日念不同。今心为念。念者，现在心也。此心，即光即药。

凡人视物，任眼一照去，不及分别，此为"性光"，如镜之无心而照也，如水之无心而鉴也。少顷即为"识光"，以其分别也。镜有影已无镜矣，水有像已非水矣，光有识尚何光哉！

子辈初则性光，转念则识，识起而光杳无可觅，非无光也，光已为识矣。黄帝曰："声动不生声而生响"，即此义也。《楞严推勘入门》曰："不在尘，不在识，惟还①根。"此则何意？尘是外物，所谓器界也，与吾了不相涉，逐之则认物为己。物必有还，通还户牖，明还日月，借他为自，终非吾有。至于不汝还者，非汝而谁②？明还日月，见日月之明无还也。天有无日月之时，人无有无见日月之性。若然则分别日月者，还可与为吾有耶？不知因明暗而分别者，当明暗两忘之时，分别何在？故亦有还，此为内尘也。惟见性无还，见性之时，见非是见，则见性亦还矣。还者还其识流转之见性，即阿难"使汝流转心目为咎"③也。初八还④辨见时，上七者，皆明其一一有还。姑留见性，以为阿难拄杖。究竟见性既带八识⑤，非真不还也。最后并此一破，则方为真见性、真不还矣。

子辈回光，正回其最初不还之光，故一毫识念用不着。使汝流转者，惟此六根；使汝成菩提者，亦惟此六根。而尘与识皆不用。非用根也，用其根中之性耳。今不堕识回光，则用根中之元性；落识而回光，则用根中之识性。毫厘之辨在此也。用心即为识光，放下乃为性光。毫厘千里，不可不辨。

识不断，则神不生；心不空，则丹不结。心净则丹，心空即药。不着一物，是名心净；不留一物，是名心空。空见为空，空犹未空；空忘其空，斯名真空。

【译文】

吕祖说："回光"功法，不论行止坐卧都可以施行，只要自己领悟了其中的机窍。我在前边曾经提示过"虚室生白"，所谓的"白"就是指"光"。

有一种说法：在没有出现光的时候，忽然虚室生白了，这就是炼功的效验；在出现了光的时候，却用心意去追求它，就落到意识界里去了，那光就不是本性之光了。其实你们不要去管它有光还是没有光，只要心里保持"无念""生念"的状态就行了。什么叫"无念"？就是佛家说的"千休千处得"（任何时候都休憩清净，任何时候都会有效验）。什么叫"生念"？就是佛家说的"一念一生持"（人的意念要一辈子修持）。这里所说的"念"就是一种正念，而与平时的念头不同。"念"这个字，是"今""心"两字组成的，今心为念。念，就是现在的心。这心，也就是光，就是炼丹的药物。

一般人看外界的事物，随便举目用眼光一照，还来不及区别事物，这就是"性光"，这种光照就像镜子无心而照见万物，静水无心而映见万物一样。过了不久，就变成"识光"，因为此时已经能区别事物了。这时镜子里有了影像，镜子已经不是原来的镜子了；静水里有了影像，静水已经不是原来的静水了。光里面带有意识，还叫什么光呢？

你们在回光的时候，开始时是一种"性光"，转念之后就变成了"识光"。意识一旦生起，光也就杳无踪影、无处寻觅了。这并不是说没有了光，而是光已经转化成了识了。黄帝说"声动不生声而生响"（声动了之后就不是声而是响了），说的就是这个意思。《楞严推勘入门》说："不在尘，不在识，惟还根。"这话是什么意思呢？尘，指的是外物，就是佛家所说的"器界"，与自我本心是毫不相干的。心如果去追逐外物，那就是把外物当作自己了。外物最终总是要返还给外物，返还它本来的属性。比如说门窗要返还通气通光的属性，日月要返还照射明亮的属性。虽然强行把外物当作是自己的，但最终仍然不属于自己。至于不能返还你的本性，那责任就在于你而不在于别人。明亮必然返还给日月，等见到日月的明亮就不必再返还了。天空有看不见日月的时候，人却没有看不见日月之明的心性。既然这样，那么区别日月的明暗，还可以以自己有没有见明心性为标准吗？不知道根据明暗来区别事物的人，当明和暗都不显示的时候，那区别又在哪里呢？所以这里面仍然有返还，就是还存在"内尘"。只有达到"见性"的时候，才停止返还。因为在见性的时候，"见"已经不是"见"，"见性"本身也就是返还了。所谓"还"，就是返还那种随"识念"而流转的"性"，也就是《楞严经》上释迦牟尼向弟子阿难所说的"使汝流转心目为咎"（使你随境流转不识本心的原因就是你的心和眼睛被外物所困扰）。释迦牟尼阐述"八识""八还"时，对于其中前面的七识都一一说明了它们的返还。但到了第八识，姑且留下这个"见性"不谈，以作为阿难探索的凭借。认真追究一下见性的道理，既然"八识"皆有返还，那么第八识就不是真的没有返还。只有到最后连第八识也给破掉了，那才是真正的见性，也就真正地不需要返还了。

你们修炼"回光"功夫，所回的正是最初不还的先天之性光，所以一丝一毫的意念也用不着。控制你的意念流转的，只有眼、耳、鼻、舌、身、意这六根；而能使你最终成为菩提正觉的，也同样只有这六根。而一切尘缘和意识都用不上。所谓六根，不是指利用六根，而是指利用六根中的元性。如果不堕入识神而回光，就必须利用六根中的元性；如果落入识神而回光，那就是利用六根中的识性了。这真是差之毫厘，谬以千里啊。用意念就是"识光"，放下意念就是"性光"。这里面有毫厘千里之差，不可不去仔细分辨。

[八识归元图]

识神不断,元神就不生;心念不空,金丹就不结。心静则金丹自然凝结,心空则丹药自然生成。不执着于任何事物,叫作心静;不留恋任何事物,叫作心空。有意识地发现空,那还不是真空;只有空后连空都忘掉了,才算是真空。

【注释】

① 还:原本误作"选",据《道藏续编》本改。

② 此数语见《楞严经》卷二。原文为"明还日轮""通还户牖"。经中一共举了"八还"。

③ 阿难:释迦牟尼的从兄弟,后为弟子。释迦牟尼涅槃后,阿难与众弟子撰集佛经传世。"使汝流转心目为咎"为佛告阿难之语。语出《楞严经》卷一。

④ 八还:佛家术语。《楞严经》"八还"为:明还日轮,暗还黑月,通还户牖,壅还墙宇,缘还分别,顽虚还空,郁孛还尘,清明还霁。

⑤ 八识:佛家术语。《唯识论》"八识"为:眼识、耳识、鼻识、舌识、身识、意识、末那识、阿赖耶识。

【解读】

本章介绍了"性光"和"识光"的概念及其关系。以凡人照物为例,任眼一望去，还不及分别时，为"性光"；过一会儿，有了分别时，为"识光"。"性光"如镜之无心而照，水之无心而鉴；"识光"如镜有影已无镜，水有像已无水。就回光修炼而言，通过修炼忽然虚室生白光了，就是"性光"；在出现了光以后，却用心意去追求的光，就是"识光"。初念为"性光"，转念为"识光"。放下意念是"性光"，用意念是"识光"。与佛家"八识"相比，前七识为"识光"，后一识为"性光"。与本书第二章"元神识神"相比，"性光"类同于元神，"识光"类同于识神。"性光"是先天之光，"识光"是后天之光。"识光"需要回转、返还，"性光"不需要回转、返还。

　　修炼回光功夫的目的是要修成先天之"性光"。如何修炼才能达到这一目的？其要领就是不能堕入"识神"而回光，要利用六根中的元性，如果落入识神而回光，那就是利用六根中的识性了。其实，不必去管它是有光还是没有光，只要心里保持"无念""生念"的状态，只要清净虚空、自然无为，斩断识神、斩断杂念就行了，而不必讲究什么行止坐卧的姿势。

第十一章　坎离交媾

吕帝曰：凡漏泄精神，动而交物者，皆离也；凡收转神识，静而中涵者，皆坎也。七窍之外走者为离，七窍之内返者为坎。

一阴主于逐色随声，一阳主于返闻收见。坎离即阴阳，阴阳即性命，性命即身心，身心即神炁。一自敛息精神，不为境缘流转，即是真交①。而沉默趺坐时，又无论矣。

【译文】

吕祖说：凡是泄精漏神，动心而接触外物的，都可用离卦来象征；凡是摄收神识，心静而涵养其中的，都可用坎卦来象征。七窍外走的是离卦，七窍内返的是坎卦。

离卦中间一阴爻主管追逐声色，坎卦中间一阳爻主管收回视听。坎离二卦就是阴阳，阴阳就是性命，性命就是身心，身心就是神气。只要收敛呼吸，精神不随外境尘缘所移动，就是真正的坎离相交、神气相合了。何况沉默安静下来打坐，那当然功效就更高了。

【注释】

① 真交：指坎离交媾，神炁融合。

【解读】

本章所讲的"坎离交媾"又称为"取坎填离""水火既济""心肾相交"，实际上就是"小周天"功法，是内丹"三关"修炼的第一关，即"初关""百日

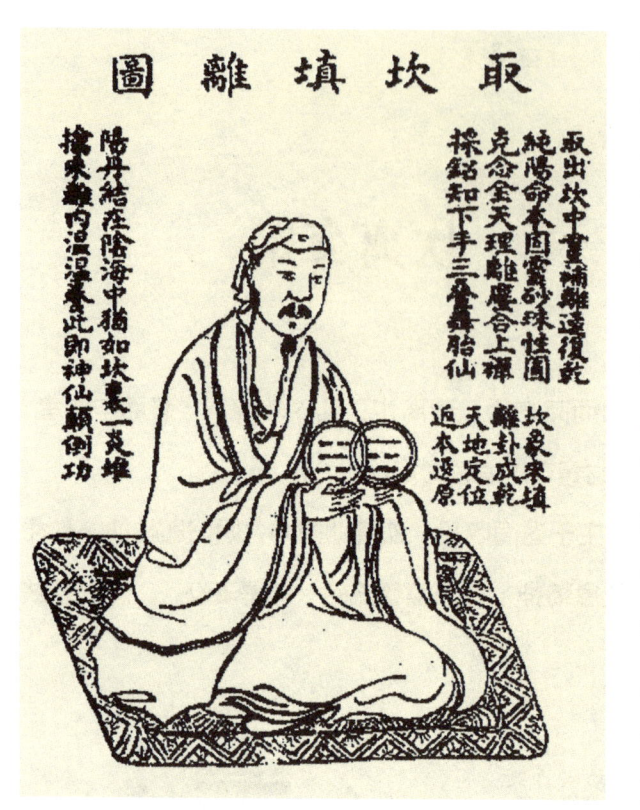

关"。"坎离交媾"的目的是"炼精化气",即将精与气合炼而成为气,达到"三归二"。其法初步是贯通任、督二脉,打通"小周天",即用意念的力量使精化气,复使气自会阴、尾闾溯夹脊上达泥丸,再下降丹田,如此反复运转,称为"河车通"。因炼精化气"小周天"以意领气的循行和后天八卦有关,而后天八卦又以坎离代表人体心肾、水火,在十二地支为子午,在方位为南北。坎离二卦就是阴阳、性命、身心、神气。"坎离交媾"的"小周天"功就是要通过子午周流,打通任、督之脉,使坎离相交、神气相合,取坎填离而为乾坤,恢复先天八卦元气。"坎离交媾"的修炼的基本要求同样也是澄神息心、收回视听、沉默安静、自然虚空。

第十二章　周天

吕帝曰：周天非以气作主，以心到为妙诀。若毕竟如何周天，是助长也，无心而守，无意而行。

仰观乎天，三百六十五度，刻刻变迁，而斗柄①终古不动。吾心亦犹是也。心即璇玑②，炁即群星。

吾身之炁，四肢百骸，原是贯通，不要十分着力。于此锻炼识神，断除妄见，然后药生，药非有形之物，此性光也。而即先天之真炁，然必于大定后方见，并无采法，言采者大谬矣。

见之既久，心地光明，自然心空漏尽，解脱尘海。若今日龙虎，明日水火，终成妄想。吾昔受火龙真人③口诀如是，不知丹书所说更何如也？

一日有一周天，一刻有一周天，坎离交处，便是一周。我之交，即天之回旋也，未能当下休歇，所以有交之时，即有不交之时④。然天之回旋未尝少息，果能阴阳交泰，大地阳和，我之中宫正位，万物一时畅遂，即丹经沐浴法也，非大周天而何？此中火候，实实有大小不同，究竟无大小可别。到得功夫自然，不知坎离为何物？天地为何等？孰为交？孰为一周两周？何处觅大小之别耶？

总之一身旋运，虽见得极大亦小。若一回旋，天地万物，悉与之回旋，即在方寸⑤处，亦为极大。金丹火候，要归自然。不自然，天地自还天地，万物各归万物。欲强之使合，终不能合。即如天时亢旱，阴阳不和。乾坤未尝一日不周，然终见得有多少不自然处。我能转运阴阳，调适自然，一时云蒸雨降，草木酣适，山河流畅，纵有乖戾，亦觉顿释，此即大周天也⑥。

子等问活子时甚妙，然必认定正子时，似着相。不着相，不指明正子时，

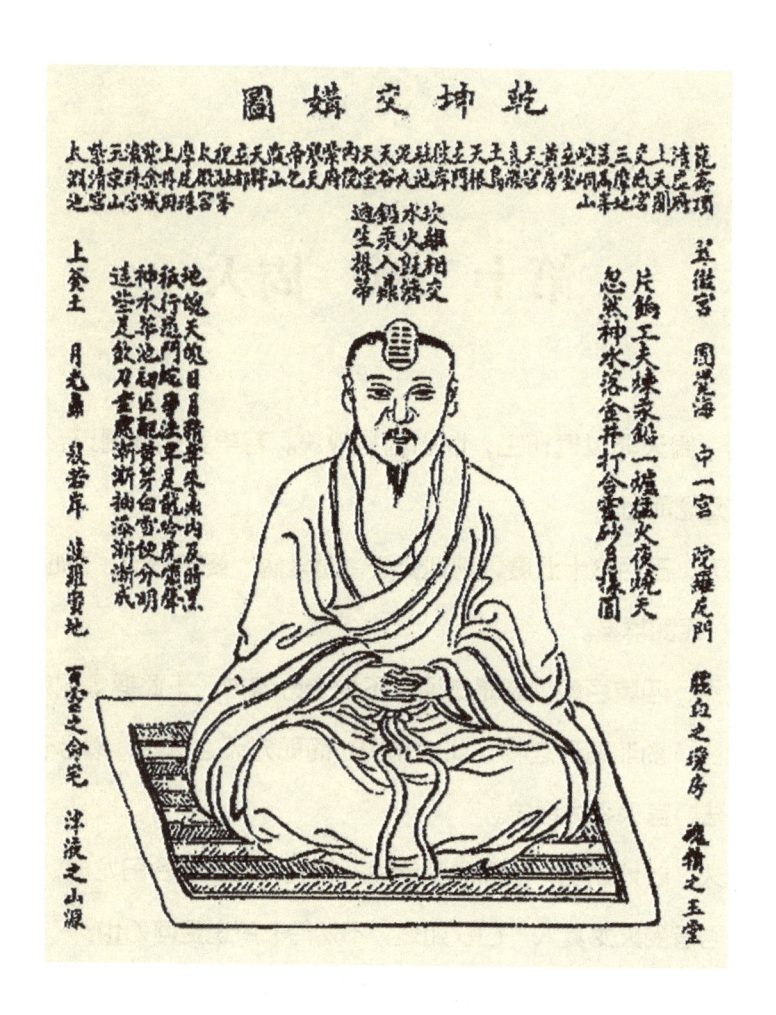

何从识活子时？既识得活子时，确然又有正子时，是一是二，非正非活，总要人看得真。一真则无不正，无不活矣；见得不真，何者为正，何者为活耶？即如活子时，是时时见得的。毕竟到正子时，志气清明，活子时愈觉发现。人未识得"活"的明了，只向"正"的时候验取，则正者现前，活者无不神妙矣。

【译文】

吕祖说：所谓"周天"，并不是以气的运行为主，而是以心到为妙诀。如果要刻意追求怎样运行周天，那就等于揠苗助长了。正确方法应该是无心地意守，无意地使真气运行。

仰望天空，日月星辰时时刻刻都在周天三百六十五度的天球中变化迁移，只有北极斗枢自古以来没有转移。我们的心也是这样，心就像斗枢，气就像群星围绕斗枢运转。

我们身上的气，在四肢百骸当中，原来就是贯通的，炼功时并不要十分用力。只要在真气运行中，锻炼好识神，断除妄见，丹药就会产生。这丹药并不是什么有形之物，而是无形的性光，也就是先天的真气。先天真气的丹药必须在寂然大定、万虑皆空以后才会出现，它不是用什么有意识的采法得到的，那些谈什么采法的人是大错而特错了！

　　性光出现以后，日积月累，心地就会一片光明，自然会达到心空尘漏的境界，于是就能从尘世苦海中解脱出来。如果今天谈什么"龙虎"，明天谈什么"水火"，把功理挂在嘴上而不去实践，那么最终只能成为妄想。我以前从火龙真人那里得到的口诀就是这样，不知道现今的养生书上还有什么别的说法。

　　一天有一周天，一刻也有一周天。坎离相交之处就是一周。我身中的坎离相交，就相当于天穹的回旋过程，是一刻也不能停止的，而周天坎离相交却既有相交之时，也有不交之时。天穹的回旋是没有一刻能停止的，如果能做到阴阳交泰，那么大地就一片阳和景象。这时，如果我们内心能达到中和正位，那么四肢百骸就会一时畅通顺遂，这就是丹经中所说的"沐浴法"，也就是大周天功法。大小周天运行的火候，确实有文火武火的不同，但从本质上说又没有大小的区别。等到功法纯熟自然，也就不必去深究坎离是什么东西，天地有什么差别，什么是坎离相交，什么是一周两周，这时又怎么去分别大与小呢？

　　总之，身中真气的回旋运行，如果不是坎离相交、阴阳交泰，那么虽然看起来变化很大，实际效验还是很小的；如果做到坎离相交、阴阳交泰，那么身内一回旋，天地万物一起跟着回旋，即使在方寸之地运行，实际效验却是极大的。所以金丹的火候，关键就是要遵循自然。不遵循自然，那么天地还是归于各自的天地，万物还是归于各自的万物。即使要强行地将它们合在一起，也终究是合不起来的。就像天气干旱，阴阳无法相和。天地乾坤没有一天不按周天规律在运转，不过还是会出现许多不自然的地方。如果我们能转运阴阳，调和自然，云满天空，甘霖下降，草木都得到充分滋润，山河也随之运行流畅，那时即使有些不自然的地方，也会觉得顿然释去。这就是大周天的原理。

　　有人问："活子时本来很妙，可是您说必须先要认定正子时，这不是着于物相了吗？"答复是：如果不着相，不指明正子时，又怎样能认识活子时？既然认识了活子时，那么也就能准确地认识正子时了。活子时和正子时，是一个还是两个？是正还是活？总要让人看得真切才行。如果看得真切了，就无处不正、无处不活了；如果看得不真切，就无法知道哪个是正、哪个是活。活子时是我们时时都可以体会到的。但毕竟到正子时，意气清明，活子时的景象才更容易出现。如果还没有体会过活子时，暂且可以在正子时中去体验，当正子时到来时，那么活子时的景象就显得更加神妙了。

【注释】

① 斗柄：《道藏续编》本作"斗枢"。原注：斗枢即北斗第三禄存贞星君。德合北极辰星。辰星者，镇星也。动而不出其极者，故北斗禄存星君亦自终古不移其处。斗为天心，盖以此。邵子诗曰："冬至子之半，天心无改移。"以其定若枢然，故曰斗枢。

② 璇玑：《道藏续编》本作"斗枢"。

③ 火龙真人：道士，葛仙翁的弟子，俗名郑思远。传说吕洞宾四十九岁时，在江西庐山接受火龙真人炼丹真传。

④ 慧真子注：凡人自有生以来，被嗜欲所缠，逐日心火上炎，肾水下耗，昼则若不静养，神气难以交合，非至夜间睡着，阴阳始得交泰。然神气交合已极，则一阳复生，此自然之活子时矣。斯时假呼吸运转，使神气归根，则谓之小周天矣。否则若用回光之法，使神凝气窍，久之真自生，则谓之"金华乍吐"。依前法锻炼，非静功之小周天而何？

⑤ 方寸：即天心，在两目之间。《黄庭经》说："寸田尺宅可治生。"尺宅就是脸面，寸田就是天心，亦称"方寸"。

⑥ 闵一得注：不可无此棒喝。不真即妄，毫厘而亿万亿也。治身得真，医世在其中矣。寂而体之，祖即以天时验内功。旨哉旨哉！

【解读】

本章介绍周天功法。周天分为小周天和大周天。小周天又称为"子午周天""坎离交媾""取坎填离""水火既济""心肾相交"，是内丹三关修炼的初关，目的是炼精化气。大周天又称"卯酉周天""乾坤交媾""天地交媾""阴阳交泰"，是内丹三关修炼的中关，目的是炼气化神。小周天在于将精与气合炼成为气，达到"三到二"；大周天在于将气与神合炼，使气归神，达到"二归一"。

小周天是有为阶段，在炼化过程中必须真意为媒，使二五妙合，铅汞成丹。大周天则是由有为过渡到无为阶段，化气为神，使二化为一，使元神纯阳可以出景。此大周天阶段，又喻为养胎，入十月关后大周天功夫，实际即是入定功夫。气由微动到不动而尽化，真意运用由双目观照到无觉，此时由定生慧，入六通灵境，果能慧而不用，转识成智，则胎圆可证，阳神可成。

所谓周天修炼，就相当于天穹的回旋过程，是一刻也不能停止的。周天的运行是讲究"火候"的，"火候"有"文火"和"武火"的区别。所谓"文火"，就是指在意念作用下，呼吸微缓，不使其间断，若守若存，勿亡勿助。所谓"武火"，是指呼吸紧重，匀细深长，绵绵不断，息息归根。文火用于温养，用于沐浴；武火用于采取，用于烹炼。等到功法纯熟自然，也就不必去深究什么坎离、乾坤，什么大周天、小周天了。

本章还提到了"活子时"和"正子时"。"活子时"和"正子时"是修炼周天功法后出现的景象。小周天讲究用"活子时"，大周天讲究用"正子时"。"活子时"与"死子时"相对，"死子时"指夜半23时至1时一阳初生的景象。"活子时"则指修炼中一阳随时而生之时，因不受自然年月日时的限定，以见验为

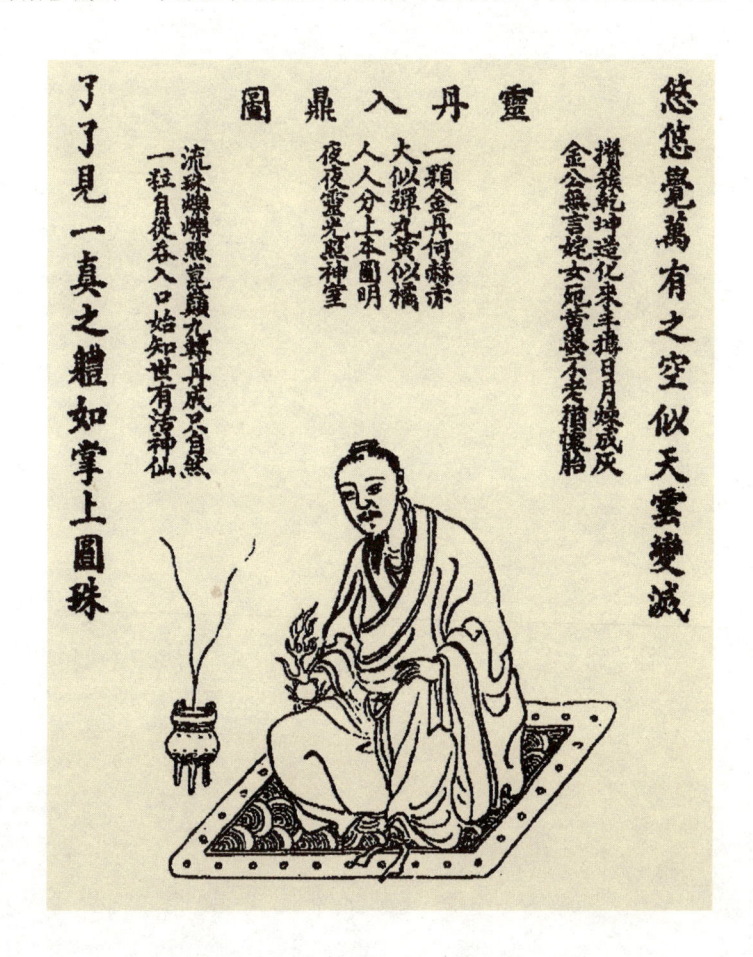

准，故名。此时，恍兮惚兮如在梦冥之中，感到光透眼帘，周身和畅、气穴暖融、阳物勃举。"正子时"指大周天功法中，大药将生之时，此时机体产生"六根震动"景象，人体丹田火炽，两肾汤煎，眼吐金光，耳后风生，脑后鹫鸣，身涌鼻搐，表明将得大药。

"活子时"表明小周天运转之初由内而生的先天真阴祖气即将来临，此时务请注意，要让先天精气充盈之时自然来到，不可刻意追求，不可揠苗助长。一旦来临，要及时采药入炉，不可有丝毫邪念沾染，不能烦扰元神祖气，以防走火入魔。"正子时"表明大周天修炼中金丹大药即将产生，此时要采药入炉升鼎，所用火候，更以"绵密寂照"为上乘功法。其法，就意念言，最要心中寂寂观照，常定常觉，听凭中丹田和下丹田鼎炉里的"大药"上浮下沉，氤氲灵活；就呼吸言，亦须一任自然往来，密密细细，沉而调匀，来不得半点儿的粗急。如此日久功深，待至神气成"圣胎"，就可过渡到"炼神还虚"的"上关"阶段了。

第十三章　劝世歌

　　吕帝曰：吾因度世丹衷热，不惜婆心并饶舌。世尊①亦为大因缘，直指生死真可惜。老君②也患有吾身，传示谷神③人不识。吾今略说灵真路，黄中通理④载大易。正位居体是玄关，子午中间堪定息。光回祖窍万神安，药产川源一炁出。透幕变化有金光，一轮红日常赫赫。世人错认坎离精，搬运心肾成间隔。如何人道合天心，天若符兮道自合。放下万缘毫不起，此是先天真无极⑤。太虚穆穆朕兆捐，性命关头忘意识。意识忘后见本真，水清珠现玄难测。无始烦障一旦空，玉京降下九龙册。步霄汉兮登天关，掌风霆兮驱霹雳。凝神定息是初机，退藏密地为常寂。

　　吾昔度张珍奴⑥二词，皆有大道。子后午前，非时也，坎离耳。定息者，息息归根，中黄也。坐者，心不动也。夹脊者，非背上轮子，乃直透玉京大路也。双关者，此处有难言者。地雷震动山头雨者，真气生也。黄芽出土者，药生也。小小二段，已尽修行大路，明此可不惑人言。

　　[昔夫子与颜子登泰山顶，望吴门白马，颜子见为疋练，太用眼力，神光走落，故致早死。回光可不勉哉！]⑦

　　回光在纯心行去，只将真息凝照于中宫，久之自然通灵达变也。总是心静炁定为基，心忘炁凝为效，炁息心空为丹成，心炁浑一为温养，明心见性为了道。

　　子辈各宜勉力行去，错过光阴可惜也。一日不行，一日即鬼也。一息行此，一息真仙也。勉之！勉之！

【译文】

吕祖说：我因为度世济人，一片丹心，一副热心肠，不惜苦口婆心饶舌说教。昔日世尊如来为了大因缘，直指生死轮回之道，真是令人钦佩；太上老君担忧人存其身，传示谷神之理，但人们却不理解；我现在大略说说修炼求真之路，《易经》上有句名言叫"黄中通理，正位居体"。"正位居体"就是玄关一窍，子午之时可以调息定神。回光返照在祖窍，万神得以安宁；丹药产在坎水下丹田，修炼下丹田可以化精为气。丹药产生之时就会放射出金光，好像一轮红日赫赫发光。世人误认为它就是坎离相交，搬运心火肾水反而使坎离分隔。不如用人道来合天心，天心如果符合，人道也就自然符合了。放下万缘，使尘心丝毫不起，这才是先天的真正无极。先天太虚静穆而泯灭一切征兆，性命关头要忘却意识。意识忘却以后才能照见本真，此时水清珠现，玄妙难测。无始的烦恼一旦空无，就好比玉清神宫降下九龙捧珠，纯阳之气勃发；又好比升上云霄登上天阙，能够掌握风云驱赶霹雳。要达到这一境界，凝神而定息才是初机起点，退藏于密地才能常寂常静。

我从前引渡吴兴歌妓张珍奴时，曾写过两首词给她，其中含有金华大道。词曰：

"道无巧妙，与你方儿一个：子后午前定息坐，夹脊双关昆仑过。这时得气力，思量我。"

"坎离震兑分子午，须认取自家宗祖。地雷震动山头雨，待洗濯黄芽出土。捉得金精牢闭固，炼甲庚要生龙虎。待他问汝甚人传？但说道先生姓吕。"

词中的"子后午前"，不是指时间，而是指坎离。"定息"，就是息息归根于中黄部位。"坐"，是指心不动。"夹脊"，不是指背上的督脉，而是指修炼成真的道路。"双关"，这里面有难以明说的奥妙。"地雷震动山头雨"，说的是真气生成的景象。"黄芽出土"，说的是真药生成的景象。我这短短的两首词，已经概述了修行的大道，明白了其中的道理就不会被别人的谬论所迷惑了。

[从前孔子和颜回一同登上泰山顶峰，望见东吴地界有一匹白马，颜回以为是一匹白布，因为他太浪费眼力而走漏了神光，所以过早地夭折。大家练习回光功法，可要引以为戒呵。]

回光，全在于专心致志去修行，只需将真息凝照在中宫，久而久之，自然会通灵达变。总之，要以心静气定为基础，以心忘气凝为效验，以心空气静为丹成，以心气合一为温养，以明心见性为悟道。

你们应该各自努力去修行，如果错过了光阴，那就太可惜了。一天不修行，那么一天就做了鬼；一息去修行，那么一息就成了仙。各位要勉力、再勉力啊！

【注释】

① 世尊：即释迦牟尼佛。"世尊"是佛的十大称号之一。

② 老君：即老子。老子《道德经》第十三章说："吾所以有大患者，为吾有身。及吾无身，吾有何患？"

③ 谷神：语出《道德经》第六章："谷神不死，是谓玄牝。玄牝之门，是谓天地根。绵绵若存，用之不勤。"《性命圭旨》说："人头有九宫，中一宫名曰谷神，神常居其谷。若神长居其谷，人乌得而死乎！"

④ 黄中通理：语出《周易·坤·文言》："君子黄中通理，正位居体，美在其中，而畅于四支，发于事业，美之至也。"

⑤ 无极：指人未生以前的一片太虚，为"先天"，此时未有形骸。与"无极"相对的是"太极"，即人始生之初一点灵光，为"后天"，此时主持形骸。

⑥ 张珍奴：为宋代吴兴歌妓，曾赠吕洞宾一词，词曰："闷损我·望师不至：逢师许多时，不说些儿个。安得仍前相对坐？懊恼韶光空自过。直到如今，闷损我！"吕洞宾作两词赠答，以作为引渡。第一首："思量我·吴兴妓馆答张珍奴韵：道无巧妙，与你方儿一个：子后午前定息坐，夹脊双关昆仑过。这时得气力，思量我！"第二首："步蟾宫·再过珍奴馆唱此度之：坎离震兑分子午，须认取自家宗祖。地雷震动山头雨，待洗濯黄芽出土。捉得金精牢闭固，炼甲庚要生龙虎。待他问汝甚人传？但说道先生姓吕。"这两首词载《纯阳先生诗集》，并记有一段有关张珍奴的事："黄觉能，景德（1004—1007）中名士也。尝饯客于东都门外。见一羽士，颜貌清华，邀共饮之，叩其姓，羽士以指染酒，书一'吕'字。且曰：'明年江南见君。'既，果调官江南，为湖州守。喜听道情。询诸妓：'有能为道情词曲者否？'俱无以应。独珍奴以前词奏之。黄

讶曰：'吕先生曾过汝乎？'珍具述馆中遇师，恳求了脱之事。觉能遂判其脱籍焉。后珍奴伴狂市中，投僻地密修。逾三年，尸解。黄亦解任还家。"

⑦ 括号内文字原文无，据《道藏续编》本补。

【解读】

本章通过吕祖的一首长诗和两首引度歌妓的短词，对金华大道作了一个总结，劝勉世人要注重金华大道的修炼。首先，说明金华大道的理论基础是《易经》和《老子》，然后总结金华大道的基本公法就是"正位居体""子午定息""光回祖窍""药产川源""坎离媾精""搬运心肾"，关键就是"太虚穆穆朕兆捐，性命关头忘意识"。只有忘却意识之后，才能现出本真。诗词中提到了"玄关""金光""天心""无极""太虚""夹脊""双关""昆仑""定息""中黄""黄芽"等术语，有的还进行了解释。虽然金丹大道术语繁多，理论深奥，方法复杂，可是关键性的要领却很简单明了，那就是以心静气定为基础，以心忘气凝为效验，以心空气静为丹成，以心气合一为温养，以明心见性为悟道。只要珍惜光阴，专心致志，坚持不懈，久而久之，自然就会修成金华大丹。

下 篇
内丹养生大法

　　内丹与外丹相对，是以人的身体为炉鼎，精、气、神为药物。经过一定时间的修养锻炼，以神运炼精、气，达到三位一体，凝结成丹，称为"圣胎"。修炼过程分为筑基、炼精化气、炼气化神、炼神还虚四个阶段，复归于道。由道产生神、气、精，凝聚成形而为"人"，这是"顺行"的过程。炼内丹却是从人的精、气、神通过修炼复归于"道"，这是"逆行"的过程。内丹学说是吸取了中国古代气功、医学及中国古代哲学思想，综合提炼而成。

　　内丹这个称谓，最早出现在六朝，南朝陈天台宗二祖慧思《立誓愿文》："借外丹力修内丹，欲安众生先自安。"内丹的流派颇多，主要分为南北二宗。北宗张伯端传丹道于南方，演化为南宗。金王重阳创立全真道，传于北方，演化为北宗。有关内丹的著作有数百种，重要典籍有魏伯阳《周易参同契》(兼言外丹)、张伯端《悟真篇》及《钟吕传道集》《入药镜》等。

第十四章　万古丹经王

《太乙金华宗旨》的"金华"就是"金花","金花"是对"金丹"的形象说法,"金丹"最早指的是"外丹"。外丹,原指以丹砂等矿物经多次烧炼而成的丹药,据说可使人祛病禳邪长生不老。而以烧炼外丹为主的方术,就叫"外丹术"。这种方术始于秦汉,承于魏晋南北朝,盛于唐,而衰于宋元。

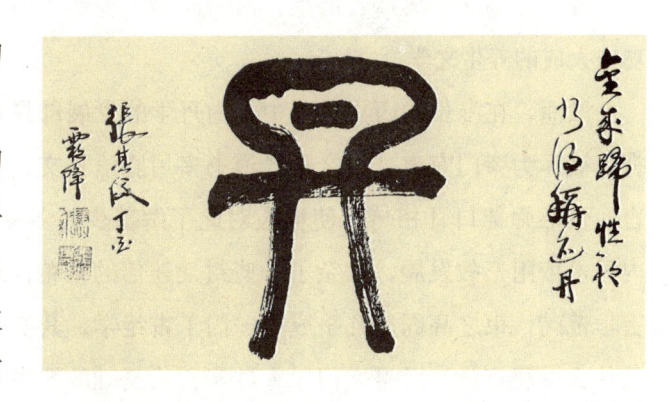

炼丹术士以朱砂、雄黄、云母、硫黄、硝石、芒硝、铅、汞、金、银等作为炼制金丹的原料,以八卦炉、太乙炉、阳炉、阴炉、未济炉、既济炉作为炼制这些矿物金属的器具。烧炼丹药的方法,有小丹法、玉柱丹法、作黄金法(黄白术)、肘后丹法等等数十种之多。炼丹家炼成的丹药,著名的有七返丹、九丹、九转之丹等等。

然而炼丹家们终于没有也不可能炼成长生不死的仙药,而炼丹术在宋代以后也被日益发展的内丹术所取代。不过炼丹家们的功劳还是有的,火药的发明便是他们对人类文明重要的贡献。外丹学为身外的矿物化学,内丹学为身内的修炼之学。

因内丹源于外丹——金丹,故内丹学形成以后,往往也被称为"金丹"。这样一来,"金丹"一词可指"外丹",可指"内丹",也可兼指内外丹。

内丹,是中华科技文化的结晶,是中华道教炼养术的精华。内丹学和外丹学都源于先秦诸子百家中的神仙家,后融入道家,先是方仙道家,后是黄老道家,至汉末则融入道教。东汉末魏伯阳等人所著的《周易参同契》是第一部金丹学著作。

《周易参同契》的问世标志着内丹学的初步形成，自唐宋以来，此书深受道家重视。南宗初祖张伯端在《悟真篇》中誉其为"万古丹经王"，后世又喻其为"丹经之祖"。

在两千多年的历史岁月中，历代内丹家以自己的身体为丹炉，进行了大量的内炼实验，逐渐摸索到一套系统的性命双修功夫。其程序之严谨、印证之细微、理论之高深、典籍之浩瀚，常令涉猎者惊赞，内丹学堪称一门集古代炼养功夫大成的养生之学。

然而，在漫长的历史进程中，内丹学的发展却是坎坷的，内丹学曾备受压抑，被斥为旁门左道。加之丹经道书多用隐语秘文，在关键下手方法上不予明言，仅靠师徒口耳相传，使世人对此了解甚少，多存偏见。尤其是宋元以后，内丹术依附三教发展，掺杂了一些封建迷信的糟粕，近一百年来，被划入神秘玄学范畴，束之高阁，几乎成了一门千古绝学。其实内丹术从一开始创立就不是什么神秘玄学，而是一门以人体实验为基础的严肃的生命科学，是一门独立的炼养学科。

《太乙金华宗旨》托名唐代高道吕洞宾，实为明清以来全真道教内丹修炼的教传心法。《太乙金华宗旨》继承《周易参同契》的传统，融合黄老、《周易》、丹道三者于一体，但与《周易参同契》又不尽相同。《周易参同契》不仅以黄老、《周易》思想为指导，而且以《周易》卦爻象数以及日月运行的符号作为说理的工具和理论框架，因此一般读者难以理解；《太乙金华宗旨》则自然地运用黄老、《周易》以及佛家、儒家之义理，没有过多地采用《周易》卦爻象数以及日月运行的符号，因此读起来比较易懂、亲切。

为了能更好地把握《太乙金华宗旨》的金丹（内丹）大法，本书特别对内丹修炼的门派、原理、程序以及层次作一介绍。而要介绍内丹大法，又不得不从"丹经之祖"《周易参同契》说起。

一　魏伯阳与《周易参同契》

作为第一部金丹学著作，《周易参同契》给我们留下了太多的谜：这么一部奇特的书究竟是谁创作的？它在"词韵皆古，奥雅难通"的外表下究竟隐藏了什么秘密？《周易》的"乾坤""坎离""八卦"在这本书里究竟暗示什么？被养生家视为秘而不传的"炉鼎""药物""火候"究竟是什么？这些问题不仅是千古论争的焦点，而且是引起人们探索欲望的奥妙之处。

关于《周易参同契》的作者，旧题"东汉魏伯阳撰"。但关于其生平，所有正史均未提及。在《周易参同契》末尾，魏伯阳以自叙口气略述了自己的生平："郐国鄙夫，幽谷朽生。挟怀朴素，不乐权荣。栖迟僻陋，忽略令名。执守恬淡，希时安平。远客燕闲，乃撰斯文。"寥寥数语，反映了他淡泊名利、不爱荣耀、隐居从道、潜默修真的形象。葛洪《神仙传》载有他进山修炼、服丹成仙的传说。

据说魏伯阳是高门望族之子，虽世袭簪缨，却生性好道，不肯仕宦，闲居养性，时人莫知之。曾跟从阴长生修习并得受金丹大道，后带着三个弟子入山炼丹。丹炼成后，发现弟子中有守道未笃者，于是将丹喂白犬，白犬暂死，自己也服丹暂死。这时只有一个姓虞的弟子说："吾师非凡人也，服丹而死，是不是有意试探我们呢？"说完，也服丹暂死，其余二弟子不肯服食而出山离去了。二人去后，魏伯阳立即起身，将真丹放进暂死弟子及白犬口中，弟子和白犬都活了过来，一起仙去。后来遇到有人进山伐木，魏伯阳于是写了一封信请伐木人交给两个弟子，这两个弟子才懊悔不已。

《周易参同契》是不是魏伯阳一人所作呢？从《周易参同契》一书的文体、内容来看，不像是一人所著。这本书由四言句、五言句、散文体等不同

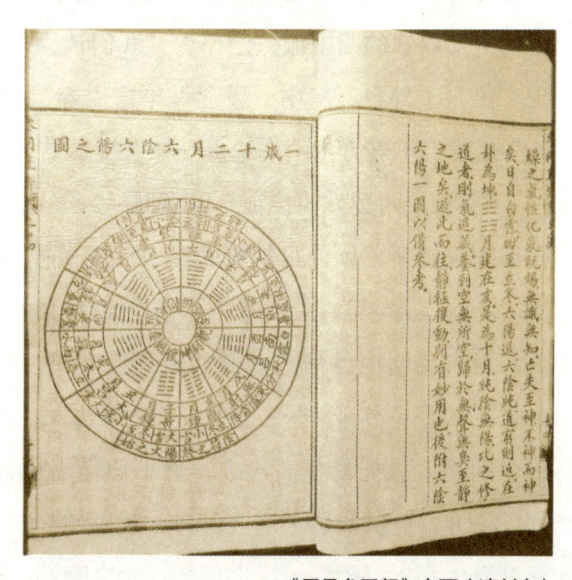

《周易参同契》内页（清刻本）

的文体组成，各文体在内容上有相互矛盾之处，可见魏伯阳并非《周易参同契》的惟一作者。今有学者考证，这本书的作者可能还有徐从事和淳于叔通。

《周易参同契》原书已佚，只存各种注本，各种注解本多达二十余种，在《四库全书》中就收入了六种，在《道藏》中则收入了十一种。在这些注本中，最流行的是彭晓的《周易参同契通真义》，最详尽的是宋末元初俞琰的《周易参同契发挥》，而最有名的则首推理学家朱熹的《周易参同契考异》。再加上著名炼丹家陈致虚、陈显微等人的推荐，《周易参同契》成为道家尊奉的重要"经典"。

《周易参同契》一书约六千余字，分上、中、下三篇及《鼎器歌》一首，基本是用四字或五字一句的韵文及少数长短不齐的散文体和离骚体写成的。其书名的含义是《周易》、黄老、炉火三者参同为一，实为假借《周易》、黄老之理来论述炼丹修仙大法。

对于其性质，也是观点不一，有人认为它是一本专论外丹的书，有人认为它是专论内丹的书，也有人认为它是兼论内外丹，贯通清修丹法和外丹炉火，隐含男女双修的阴阳派丹法秘诀。我们认为，《周易参同契》一书实以论内丹为主，包含了外丹、房中、服食等丰富内容，是对秦汉以来神仙家、炼养家各种长生之道、炼养方术的理论提升与系统总结。

《周易参同契》的特征是以《周易》象数学的卦爻作符号，以日月运行的规律作理论框架，以外丹炉火的铅汞反应做模型，来论述阴阳交感男女合炁的秘术。《周易参同契》主要采取了汉代象数易学中的纳甲说、卦气说、十二消息说，用以说明内外丹之鼎器、药物、火候、变化即成丹过程、阴阳变易原理。彭晓在《周易参同契分章通真义》序中说："公撰周易参同契者，谓修丹与天地造化同途，故托易象而论之，莫不假借君臣以彰内外，叙其离坎，直指汞铅；列以乾坤，奠量鼎器；明之父母，系以始终；合以夫妇，拘其交媾；譬诸男女，显以滋生；析以阴阳，导之反复；示之晦朔，通以降腾；配以卦爻，形于变化；

随之斗柄，取以周星；分以晨昏，昭诸刻漏。故以乾坤为鼎器，以阴阳为堤防，以水火为化机，以五行为辅助，以真铅为药祖，以玄精为丹基，以离坎为夫妻，以天地为父母，互施八卦，驱役四时。分三百八十四爻，循行火候；运五星二十八宿，环列鼎中。"

《周易参同契》借用乾坤坎离四卦、屯蒙六十卦、纳甲六卦、十二辟卦，以说明金丹大道。朱熹说："按魏书首言乾坤坎离四卦橐龠之外，其次即言屯蒙六十卦，以见一日用功之早晚；又次即言纳甲六卦，以见一月用功之进退；又次即言十二辟卦，以分纳甲六卦而两之。盖内以详理月节而外以兼统岁功，其所取于《易》以为说者，如是而已。"其中以"乾坤"喻"炉鼎"，以"坎离"喻"药物"，屯蒙六十卦、纳甲六卦、十二辟卦则表示一日、一月、一年的炼功过程以及"周天火候"。《周易》中的乾坤配合之理，天道中的日月出没盈亏之象，炉火烧炼中的采铅伏汞五行生灭实验，都隐藏着宇宙中阴阳交感的根本规律，这构成了《周易参同契》的理论核心。《周易参同契》对修炼的基本物质、内炼过程等内容作了象征性的表述，其核心思想体现在"炉鼎""药物""火候"之中。

二 乾坤——炉鼎

炉鼎是炼丹的基本器具，包括鼎和炉两种。炉鼎本是外丹名词，后借作内丹术语。《周易参同契》以乾坤两卦喻炉鼎，法天则地，鼎上釜为乾、下釜为坤，乾坤——炉鼎是"易"的门户，"易"在这里指丹药。乾坤天地好比一个大炉鼎，阴阳万物变化都在其中；人身是个小天地，也是个小炉鼎，精气变化、采药炼丹也在其中。

《周易参同契》下篇《鼎器歌》中对炉鼎有详尽的描述，介绍了安炉立鼎、运火炼丹的法象。"炉鼎"是《周易参同契》为后人提供的一种外炼和内炼的通用模式。就外丹而言，"炉鼎"指烧炼外丹的鼎器；就内丹而

西汉铜炼盒

言,"炉鼎"指人体之丹田。

其中上顶泥丸宫为鼎,脐下腹部为炉。烧炼外丹需要将鼎炉安置端正,要使鼎项、腹、底三者不歪不斜,稳固端正;炼内丹同样要求鼎炉内的精、气、神三品药物齐备,要使首、腹与脐下丹田三个部位端直,两目微闭,向下垂视,以眼对鼻,鼻对心,通身庄严整齐,收视返听,万缘俱消。此

西汉丹鼎

时,肾水上升,心火自然下降,一意独守,温养药物于下丹田之中。

三 坎离——药物

药物是炼丹的基本原料。就外丹而言,指铅、汞等烧炼金丹的原料;就内丹而言,指维持人的生命的先天元素。《周易参同契》以乾坤为炉鼎,以坎离为药物。因为维持人的生命的先天元素是一股活泼的人体能量流,具有阴阳奇偶相配合,成对成双、刚柔相易、上下无常的特点,所以《周易参同契》常用坎离、水火、铅汞、龙虎、日月、兔乌、戊己等对称词语表示药物、己身大药。

坎、离——元神为离,元气为坎。体现阴中含阳、阳中含阴之真义。

水、火——元神为火,元气为水。

龙、虎——外丹以汞为龙,以铅为虎。内丹以龙喻元神,虎喻元精。

铅、汞——外丹指炼金丹的两种主要原料,内丹以铅喻元精、元气,以汞喻元神。

戊、己——戊为坎,为元气;己为离,为元神。

戊土、己土,雄土、雌土——戊土为雌土,属阴,

丹砂

为元气、元精；己土为雄土，为元神。

日、月——日属阳，阳中含阴，即离，外丹称作"砂中有汞"，内丹指元神；月属阴，阴中含阳，即坎，外丹称作"铅中有银"，内丹指元气、元精。

兔、乌——兔即玉兔，为月，为阴，喻元精、元气；乌即金乌，为日，为阳，喻元神。

金蛤蟆、玉老鸦——金蛤蟆即玉兔，指月，喻元精、元气；玉老鸦，即金乌，指日，喻元神。

五、十——五为阳，十为阴；五喻元神，十喻元精、元气。

魂、魄——日魂、月魄。魂，又称日魂，指元神；魄，又称月魄，指元精、元气。

上述这么多药物名称，"其实只是精气二者而已。精，水也，坎也，龙也，汞也；气，火也，离也，虎也，铅也。其法以神运精气，结而为丹，阳气在下，初成水，以火炼之，则凝成丹"（《朱子语类》）。就内丹而言，就是指精（元精）和气（元气），或称为"元精"（元气）和"元神"。在元精和元神这一对药物中，元神为主，元精为客；元神为阳，元精为阴。在上述所有的名称中，以"坎离"最为形象简易，因为"坎离"二卦体现了阴中含阳、阳中含阴、阴阳不相离的意味。

在彭晓所编的《周易参同契》旧本中，有"水火匡廓图"和"三五至精图"。

水火匡廓图中，左半为离（火）卦，右半为坎（水）卦。就炼外丹来说，此是"谓药物，坎是金公，离是朱汞"。当中小白圈，指丹药。实际上，这是无极图之一变，乾升于坤为坎，坤降于乾为离。离卦谓太阳，谓火，是生命产生之必要条件；坎卦谓月，谓水，谓爱欲。坎离交合，生命便随之产生，大千开始活跃。

水火匡廓图

根据五行相生相克法则，"金水合处，木火为侣，四者混沌，列为龙虎"，中央"土"为"黄芽"，最后融为一体，升华为丹药（最下小白圈），体现了

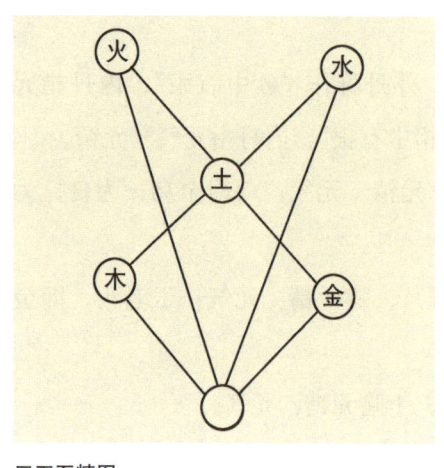

三五至精图

"三五与一、天地至精"的道理。如果说"水火匡廓图"用龙虎相吸、雌雄交媾象征金丹药物形成的根本在于阴阳配合之理，那么"三五至精图"则强调的是金丹的至高无上性。无论是外丹还是内丹，都不可缺乏"药物"。内丹家所谓的"药物"并不是五金八石，而是自身的精、气、神。内丹家修炼注重"采药"。所谓"采"就是"采取"，所谓"药"是指在修炼时所发动的体内真气，即"元精""元炁"。"采药"实际上就是采取"元精""元炁"。当然，"采"只是一种形象说法，是指以意念来引导，使之归于丹田本穴。

采药必须注意两个关键：首先是"知时"和"火候"。采药的时机在"一阳来复"，复卦一阳而五阴，表示阳气初生，就一日来讲就是半夜子时。不过，这个"子时"并不是绝对的时间概念，而是炼丹过程中阳气开始发动时的一种内在感受，因此是"活子时"。其次，"采药"还必须掌握火候。什么是适宜的火候，向来是师徒口头传授的秘诀，故而内丹修炼，需要有名师指点，否则，很难真正炼成。

四　卦爻——火候

"火候"之说本出于外丹黄白术的炼制活动，指的是炼药石过程中的用火技巧、程序、温度变化、火力的旺衰调节过程。火候操作的流程，其基本思想就是效法日月交替、阴阳转换的节律来掌控火候的进退。又以五日为一候，若干候为一转，至九转便成丹。后来这种理论也引入了内丹修炼活动之中，内丹所谓"火候"是一种形容，是指意念和呼吸的运用程度，元神与精气相合于任、督两脉运转烹炼的过程。"火"比喻元神，"候"指炼内丹的阶段。清代著名内丹家刘一明在《悟真直指》中指出，"火"指的是修持之功力，"候"指的是修持之次序。火候涉及时间、方法、质量变化、"场"的转换，涉及人体内部在常态下难以觉察的能量流的变化等问题，所以炼丹过程中最难把握。因为人身能量流的运动是十分微妙的，既看不见，也摸不到，因而不可能用时钟、刻盘来计量，《周易参同契》借用了《周易》卦爻符号及有关的象数符号来表示，这种象征性比喻不仅形象、生动地标记了"火候"，而且巧妙地解决了时空、质量、"场"的转换等问题。《周易参同契》常以昼夜四季和月圆月缺的循环来比喻人体内能量流的周期与变化。

白玉蟾　金丹火候诀

攒簇乾坤造化来，手持日月炼成灰。
金公无言姹女死，黄婆不老犹居胎。
铅炉慢养真金液，土釜先乾活水银。
汞心炼神亦龙性，铅身凝气白虎命。
内外浑无一点阴，万象光中玉清镜。

掌握火候，是金丹炼制能否成功的决定性一环。在道门中，有"药物易知，火候难准"的说法。火候有几种不同的情况，有文烹火候（文火），有武炼火候（武火），有下手火候，有止歇火候，有还丹火候，有大丹火候，有增减火候，有温养火候，等等。火候的秘要，在于意念，所谓"念"就是杂乱的心思念头，"意"指驾驭呼吸的自我之"神"。杂乱的念头不可妄起，如果妄起了，那就会致使火躁；而神意则不能散失，如果散失了，那就会致使火冷。掌握火候的法则，在于效法天时进退，应该明了其动静，审察其寒温。例如以一日而言，有子午卯酉之转换；以一年而言，有亥子之交替，惟有知晓阴阳变迁，才能与天时共进退，炼成大丹。

金丹火候修炼分为"进火"与"退符"两个过程。"进火"又称"进阳火"，顾名思义，就是在炼丹过程中将燃烧物送进炉中点火燃烧。内丹术以外丹烧炼为比喻，将以神驭气称作"进火"。"退符"又称"退阴符"，就是"退火"，是与"进火"相反的一种修炼方式。丹法中把内丹修炼小周天时元气上升叫作"进阳火"，火逼金行；到泥丸后，元气下降叫作"退阴符"。《周易参同契》常用卦爻——八卦、十二消息卦表示"火候"。

1. 八卦

《周易参同契》用月象圆缺及方位来说明身中火候的方位，用卦象纳甲比喻炼丹时火候的运用。八卦纳甲法是将一个月亮的盈亏——晦、朔、弦、望四个阶段分为六节：三日，八日，十五日，十六日，二十三日，三十日，恰好与八卦中的六个卦（去掉坎离二卦）卦画的消长相吻合。六卦为震、兑、乾、巽、艮、坤，表示一月的月象，震为一阳始生之象，表示月之初三上弦；兑为二阳之象，表示初八；乾三爻皆阳，表示十五之满月；巽为一阴萌生之象，表示十六日；艮为二阴之象，表示二十三日之下弦；坤三爻皆阴，表示三十日之晦。配上天干，就是"纳甲"。

月体纳甲说被用来表示炼丹过程中火候的运用。当虚极静笃、入定入静之际，静极生动，阴穷阳生，元阳初现，丹田温温，即为一阳之震卦；接着元气沿督脉上行，进而得二阳之兑卦；过三关，入泥丸上丹田，元气至盛，即为纯阳之乾卦。至此，阳极转阴，元气随任脉而下降，阳火转为阴符，为一阴之巽卦；此后真阴益生，阳气又消，为二阴之艮卦；最后，阳尽纯阴，为三阴之坤卦，此时修炼者刚气退藏，养到空无所空，归于无声无臭至静之地，为阴符穷尽之候。

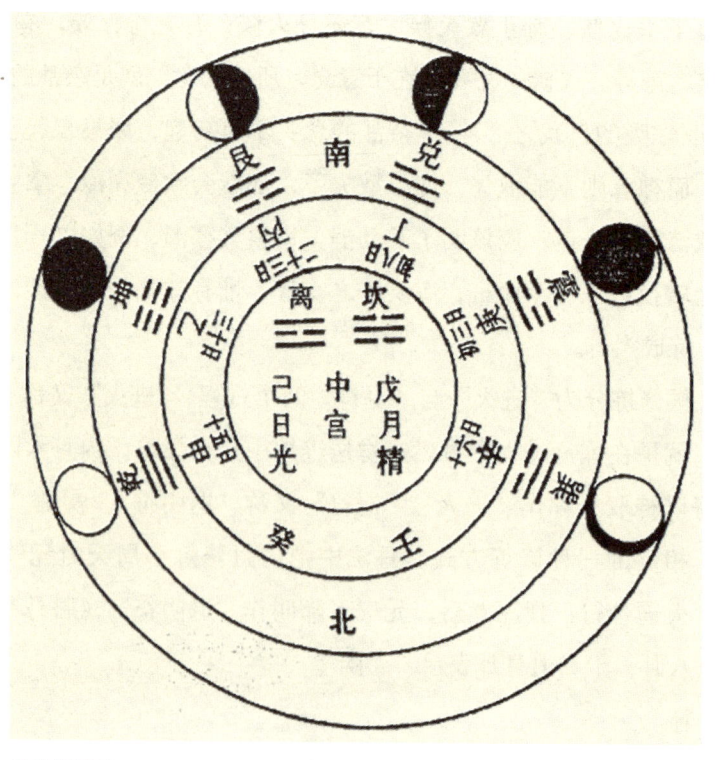

月体纳甲图

《周易参同契》以卦爻变化为基本模型，目的不在于说明月象的盈亏，而是说明人身能量流的消长，即内气的运行、内丹运炼的一个完整过程。

2. 十二消息卦

《周易参同契》借十二消息卦代表一年十二月，或一日十二辰，表示人身能量流的阴阳变化，即炼丹火候的阴阳消长变化。十二消息卦又称"十二辟卦"：复、临、泰、大壮、夬、乾、姤、遁、否、观、剥、坤。

《周易参同契》论炼丹，借此十二消息卦，说明一岁或一日之火候。十二消息卦从复至乾的六卦，为阳长阴消的六个阶段。一阳复生之时，为复卦一阳五阴，在一年中为十一月（子月）阳进之际，在一日中为夜半子时，在音律为黄钟，乃还丹之初基，此时一阳之动，其气尚微，常温养潜龙，不可遽然进火，以至日闭关，内不放出，外不放入，皆所以炼为表卫，护此微阳。继之为临卦二阳四阴，为十二月或丑时，此时阳气渐进，喻身中阳火渐渐条畅，而黄道渐渐开明，光耀渐进，日以益长。继之为泰卦三阳三阴，在年为正月，在日为寅时，此时阳气出地，喻身中三阳上升，渐渐起，渐渐仰，当急驾河车，搬归鼎

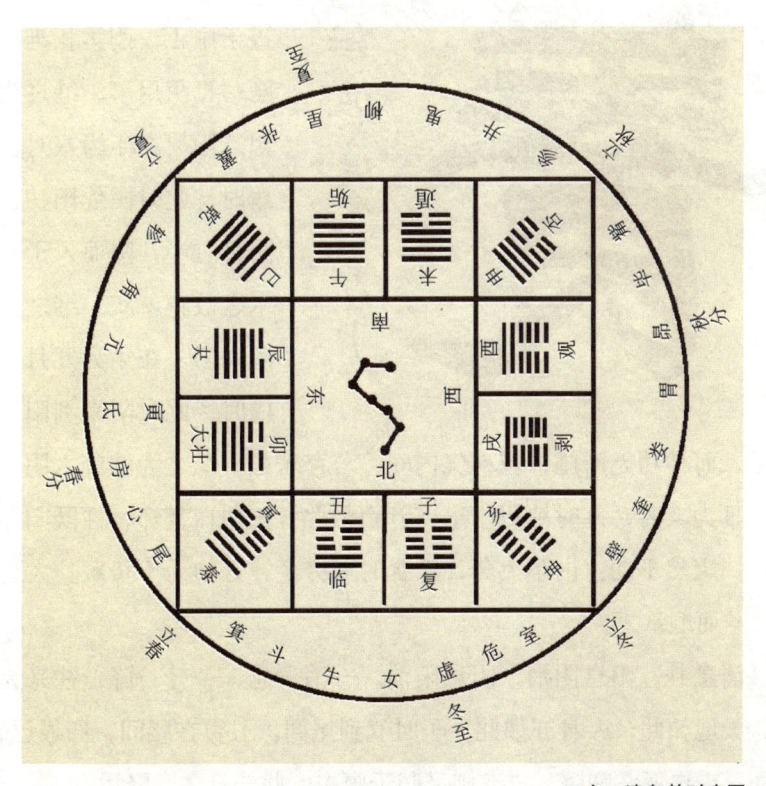

十二消息卦时序图

内,火候之运至此不可留停。继之为大壮卦四阳二阴,在年为二月,在日为卯,昼夜从此而分,日渐长而夜渐短,此时阴佐阳气,聚物而出,喻身中阳火方半,气候停匀,候其阴气自退,阳气自长,不可强制以招客气,勿忘勿助。继之为夬卦五阳一阴,在年应三月,在日应辰时,此时阳气既盛,势必决而去之,河车到此,不敢停留,过此则运入泥丸上丹田所在的头顶。继之为乾卦六阳之卦,在年为四月,在日为巳时,此时阳气盛极,周遍宇内,喻身中阳光圆满,而丹光发现,山头神瀵,分为四垮,注于山下,经营一国,无不周遍,如一轮红日,照于天中,万般阴邪,尽皆消灭,此进阳火之事,此后则阴符随之用事。

从姤到坤的六卦,为阴长阳消的六个阶段。姤一阴居下,一阴五阳,在一年为五月,在一日为午时,为阴生之际,喻身中阴符起始之地,灵丹既入口中,回来却入寒泉,当驯致其道,送归丹田,不可慌忙急速。继之为遁卦二阴四阳,在年为六月,在日为未时,阴气渐盛,阳气渐衰,要收敛真精以待将来,韬明养晦,不使有客气乘间而伤。继之为否卦三阴三阳,在年为七月,在日为申时,为闭塞不通之象,此时阳气渐衰,喻身中阴符愈降愈下,犹三阴肃杀之时,草本黄落,刚道退于中正,柔道进于中正,刚柔相当,以柔养刚,真阴用事。继之为观卦四阴二阳,在年为八月,在日为酉时,此时阴佐阳功,喻身中阴符过半,降而入于丹田,如木之敛花就实。继之为剥卦五阴一阳,在年为九月,在日为戌时,此时阴来剥阳,喻身中阴符将尽,而神功无所施,应神气内守,若存若亡。继之为坤卦六阴,在年为十月,在日为亥时,此时纯阴用事,万物至此皆归根而复命,性既归命,元神潜归气中,寂然不动、内孕大药,正犹时至穷冬,万物无不蛰藏,大气降入地中,地气从而顺承之。

十二消息卦,阳息阴消,阴息阳消,一消一息,一升一降,往来无尽,循环无穷。天地如此,人身亦如此。子时气到尾闾,丑寅在腰间,卯辰巳在脊膂,午在泥丸,未申酉在胸膈,戌亥则又归于腹中,此一日之升降运行。

十二消息卦是"进火"与"退符"的形象符号。其中前六卦是阳长阴消，为"进火"；后六卦是阴长阳消，为"退符"。十二消息卦与十二地支配合起来，以表示火候操持过程中的阴阳转换刻度，"进火"从子时开始，子时以后是阳长阴消，所以应该注意以阳主事；"退符"则从午时开始，午时以后是阳消阴长，所以应该注意以阴主事。当然，就内丹学而言，子午时刻是活的，其要领在于自身心神对真气发动之后的内在感受，并非固定的时间刻度。《周易参同契》还以一日为喻表示"进火"与"退符"，子、丑、寅、卯、辰、巳六个阳时为"进阳火候"，午、未、申、酉、戌、亥六个阴时为"退阴符候"。

《周易参同契》还以"复临之间""东北之乡""子丑之会""月明之时""箕斗之乡"等表示丹药逆而上行的时位，象征"进火"；以"乾巽之际""西南之乡""巳午之会""既望之时"等表示丹药顺而下行的时位，象征"退符"；以"坤复之际""西南之乡""亥子之交""晦朔之间"表示丹药产生的时位，象征"采药"。

总之，《周易参同契》以八卦、十二消息卦符号象征丹道火候。每组符号指一个周期，即"一周天"，可称"周天火候"。《周易参同契》的"周天火候"不仅指时间，而且指方位。《周易参同契》是时空统一的思维模式。也可以说，能量流运动的方位可以用时间表示，能量流运动的时间也可以用方位表示。用《周易》象数符号还解决了"场"的转换问题。人体能量流是一个矢量，并不总是朝同一方向运转，在不同的时间，其流注的方向也不相同，《周易参同契》认为子时开始的一瞬间与午时开始的一瞬间会"坎离易位"。

《周易参同契》是"活子时"体系，即人体能量流产生和运行周期的时间，不是死的、绝对的、无条件的，而是活的、相对的、有条件

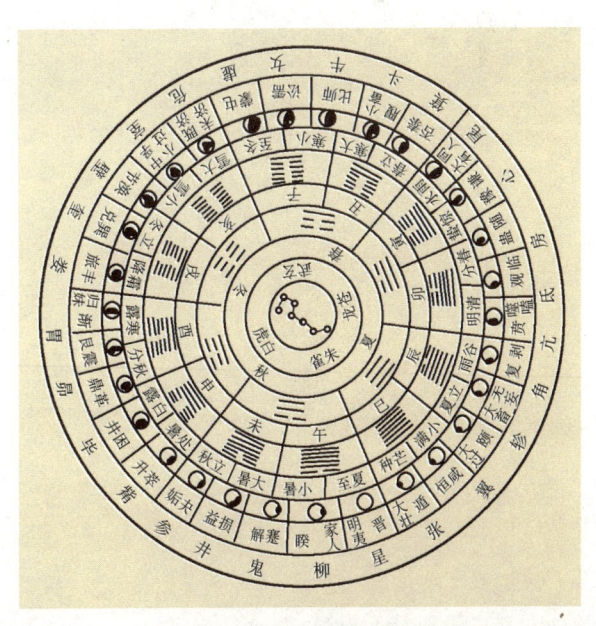

周易参同契金丹鼎器药物火候万殊一本之图

的，不是不变的，而是可变的，随锻炼程序和人体内部机能的变化而变化。能量流在子时开始和午时开始所运转的方向恰恰相反，这种相反的能量流运动必然导致"场"的转换。

《周易参同契》体系中的时间不是顺流之波，而是可正可反，可顺可逆的。时空的可逆性是生命科学的奥秘之所在。正如方士所强调的："顺为人，逆为仙，只在其中颠倒颠。"

《周易参同契》认为鼎器、药物、火候三者之间是有密切关系的。彭晓作《明镜图》形象表明了这三者的关系，俞琰在此基础上绘成《周易参同契金丹鼎器药物火候万殊一本之图》，收载于《易外别传》中。此图以四象、六卦（八卦中去掉坎离二卦）、十二消息卦为模式，融十二地支、十二月、二十四节气、六十四卦、二十八宿为一体，实际上是表示鼎器、药物、火候等内炼学说。

第十五章　内丹修炼的门派

内丹学从东汉道教创立开始萌芽，至隋唐正式形成，唐末五代成熟和完善，宋代以后产生出许多门派。

一　内丹养生学说的形成

自魏晋时期葛洪力倡金丹服食以达仙道始，道教炼丹服食，代有传人。但是，随着时间的推移，众生因服食丹药至亡屡见不鲜，给服食金丹以求神仙不死的信仰带来了危机。从科学角度来讲，无论是魏晋之时用紫石英、白石英、赤石脂、钟乳、石硫黄等炼就的五石散、五石更生散、紫石寒食散，还是后来用水银、铅以及雄黄一类砷的化合物、金银一类贵金属炼就的金丹，或毒性强烈，或穿破胃肠，使服食者五毒攻心，终身残疾，欲死不得，更有甚者失去性命。

东汉魏伯阳的《周易参同契》，是我国第一部专门论述内丹法诀的仙学著作，是内丹学形成的标志，被后世丹家尊为"万古丹经王"。魏晋时世的《黄庭经》中已有"子丹""玄丹"这样的文字，其中重点研习了存神、意守三丹田、内视、调息为主的清修丹法。

唐末五代时期，外丹术由于实践失败而销声匿迹，内丹养生学说渐渐得到发展，使得传统的丹鼎道教改变了其贵族专利品的性质，成为社会各阶层人士普遍接受的东西。

丹家认为的"内丹"，就是在人体内炼成的丹，这是相对于用他物炼成的"外丹"而言。内丹学旨在追求一种人生的最高艺术境界，讲求修炼者对自身精、气、神三大要素的修炼。这是一种参天地、同日月、契造化、返自然的开发人体潜能的工程，它的理想境界是希望修炼者通过长期修炼能够达到天人合

一，后天与先天合一，人与道的一体化的境界。这种境界就是丹家常说的"仙人境界"，因此，内丹学也称为"仙学"。内丹学是道家和道教文化的精华，也是道士传法、修炼的基本内容。内丹学作为道教炼养术中的显学，在唐宋以后对中国思想文化的影响是巨大的，它已成为中国传统文化中颇具特色的一部分。

二　钟吕——内丹学的开山祖师

宋代以来，内丹学在发展中产生出许多流派，逐步达到炉火纯青的境界。任继愈主编的《中国道教史》考论两宋传习内丹的人物时说："两宋内丹修炼者既有陈抟、张无梦、蓝元道、张继先、王老志、曹文逸等名道士，有王溥、晁迥、张中孚、李观、曹国舅等名公巨卿，有种放、李之才等隐士名儒，有张伯端、夏宗禹等幕僚，也有市井百工之流如缝纫为业的石泰、箍桶盘桄为业的陈楠、涤器为业的郭上灶等劳动人民，乃至乞儿、妓女、和尚，无所不有，可谓遍于社会各阶层。"

成熟的内丹学，由内丹家钟离权、吕洞宾、陈抟、刘操等人传开并发扬光大。钟吕金丹道风行宋元，在社会上有很大影响。后世各丹家均尊钟吕二人为开山祖师，对二人事迹加以扩充敷衍，位列仙班，享受民间世代香火。尤其是吕洞宾，在民间，他是一位与观音菩萨、关公一样妇孺皆知、香火占尽的人物，他们合称"三大神明"。

吕洞宾弟子众多，施肩吾为其中得意者，其《钟吕传道集》《西山众仙会真记》便详述钟吕二人丹法，对后世影响甚大。钟吕丹法之所以吸引众多修道者，原因在于其以凝结精、气、神为基本功，以摄取先天一炁为要诀，次第分明，步步有验，性命双修、形神交炼，较之外丹学对人体更加安全可靠。

吕洞宾（公元798—?）名岩，字洞宾，号纯阳子，自称回道人。生于农历四月十四日巳时，五月二十日上升。宋徽宗封为"妙通真人"，元世祖封为"纯阳演正警化真君"，元武宗加封为"纯阳演化孚佑帝君"。道教北五祖之三。世称吕祖。唐河中府永乐县（今山西永济）人氏，一说京兆（今西安）人。幼年已有仙道，慕清虚恬淡，不好华饰富荣。后赴长安应举，于一酒肆中遇钟离祖师，被以黄粱一梦感化（一说唐会昌中，两举进士不中，六十四岁遇钟离权授以丹法），得其金液大丹之功，龙虎金丹秘文。又得大道天遁剑法，遂归道门，赐号纯阳子。乃潜心修道，弘扬道法。后于鄂州（湖北）黄鹤楼白日飞升。为传说的八仙之一。其门人张伯端、王重阳分别开道教内丹派南北两宗。

吕祖的传奇可说是道教神仙人物中最多者，只北宋的《夷坚志》一书就收录了近三十条。其他诸如救人济世、拔剑助弱、斩妖除魔、点化迷途等等，多不胜数。《吕祖志》中说，其师钟离权将上升，吕祖曰"岩之志异于先生，必须度尽天下众生方上升未晚也"。就是说，他自愿放弃成为上仙的机会，自愿做一个地仙。从此，历史上关于吕祖现身度化、济困助人的传说络绎不绝。《宋史·陈抟传》记吕祖"关西人，有剑术，年百余岁步履轻捷，顷刻数百里，数来抟斋中"。南宋初人吴曾所撰的《能改斋漫录》卷十八中，记有吕祖自传："世言吾卖墨，飞剑取人头，吾甚哂之。实有三剑，一断烦恼，二断贪嗔，三断色欲。"

汉钟离十试吕洞宾

八仙之一的吕洞宾，少年时就熟读经史，涉猎百家，学问十分渊博。可不知怎的，他一连考了二十三年进士，都名落孙山。他终于看破红尘，浪迹江湖，做了道士。相传在吕洞宾四十六岁的时候，他的父母又叫他去应考。尽管他心中十分不乐意，但父母之命不可违，他还是去了。在长安的一家小酒店里，他遇到了八仙中资格最老的汉钟离道士。汉钟离点化了他，让他做了"黄粱梦"，用梦境破除了他的功名利禄之心，使他坚定地求道修行。同时，汉钟离又"十试"吕洞宾，对他进行了一番考验，看他求道的决心究竟有多大。汉钟离对吕洞宾说："你这个人骨节不坚，志行未定，若想成仙，还得几辈子。"说完就走了。

吕洞宾怏怏不乐地回到家中，发现家里人全死了。吕洞宾却毫不悲哀，转向去买棺材。但回到家一看，全家人又都好好地活了过来。这是第一试。吕洞宾到市场上去卖东西，价钱说定了，买主忽然又翻悔了，只肯给一半的价钱。吕洞宾也毫不争执，连那一半钱也不要，丢下货物就走了。这是第二试。吕洞宾在元旦那天出门，遇到个乞丐站在门口，要求他施舍。吕洞宾把自己身上的钱和东西都给了他，可他贪得无厌，而且口出恶言辱骂吕洞宾。吕洞宾面无怒色。乞丐又抽出刀来指着吕洞宾的胸口，吕洞宾索性解开衣襟让他刺，于是，乞丐哈哈大笑而去。这是第三试。有一天，吕洞宾在山上放羊，一只凶猛的老虎向羊群扑来。他竟无半点惧色，用身体挡住老虎，保护着羊群，老虎一见如此便转头就走了。这是第四试。吕洞宾深夜在房中读书，忽然走进来一位绝色美女，对他百般挑逗，吕洞宾正襟危坐，毫不动心。这是第五试。吕洞宾家里遭抢，无以为生，非常贫穷。有一天，他到地里锄地，突然发现锄头下有许多金子，他马上用土埋上，没拿半点。这是第六试。吕洞宾在市上买了一些铜器，拿到家里一看，全是金的，他便寻访卖主，全都退了回去。这是第七试。吕洞宾在市上遇到一个卖药的道士，声称吃了他的药十日内必定得死。吕洞宾便买了他的药吃了下去，居然无事。这是第八试。吕洞宾乘船渡河，行至河中，突然河水上涨，风狂浪大，船都要翻了，可是他端坐不动，置生死于度外。这是第九试。吕洞宾独坐一室，忽见无数鬼怪，有的打他，有的骂他。吕洞宾一动不动。又来了几十个厉鬼押着一个血淋淋的死囚，号哭着说："你前世杀我，现在我要你偿命！"吕洞宾说："杀人偿命，理所当然。"说完便寻找刀索，准备自尽。这时，忽听空中一声大喝，诸鬼销声匿迹，一人从天而降，便是汉钟离。这是第十试。经过了十试，汉钟离才正式收吕洞宾为徒，终于他成了神仙。

"狗咬吕洞宾，不识好人心"的传说故事

传说在蓬莱八仙里有个吕洞宾，他原是读书人，但两次参加科举考试都未中举，从此以后，他就不再读书，而是依靠祖辈留下的家产，会客访

友，游山玩水，过着逍遥自在的日子。吕洞宾在成仙之前有个同乡好友叫苟杳，他父母双亡，家境十分贫寒。吕洞宾很是同情他，和他结拜为金兰兄弟，并请他到自己家中居住，希望他能刻苦读书，以后好有个出头之日。

一天，吕洞宾家里来了一位姓林的客人，见苟杳一表人才，读书用功，便对吕洞宾说："吕先生，我想把愚妹许配给苟杳，你看如何？"吕洞宾怕耽误了苟杳的前程，连忙推托，但苟杳得知后便动心了，就对吕洞宾表示同意这门亲事。吕洞宾说："林家小姐貌美贤惠，贤弟既然主意已定，我也不拦阻了，不过成亲之后，我要先陪新娘子睡三宿。"苟杳一听不禁一愣，但思前想后，还是咬牙答应了。

苟杳成亲这天，吕洞宾喜气洋洋，而苟杳却无脸面见人，干脆躲到一边不见面。晚上，洞房里新娘子头盖红纱，倚床而坐。这时，吕洞宾闯进屋来，也不说话，只管坐到桌前灯下，埋头读书，林小姐等到半夜，丈夫还是不上床，她只好自己和衣睡下。天明醒来，丈夫早已不见，一连三夜都是这样，可苦坏了林小姐。苟杳好不容易过了三天，刚进洞房，见娘子正伤心落泪，连忙上前赔礼，林小姐只管低头哭着说："郎君，为何三夜竟不上床同眠，只对灯读书，天黑而来，天明而去？"这一问，问得苟杳目瞪口呆，半天，他才醒悟过来。他双脚一跺，仰天大笑，说："原来是哥哥怕我贪欢，忘了读书，用此法来激励我。哥哥用心，可谓太狠心啊！"林小姐被苟杳说得丈二和尚摸不着头脑，待苟杳说明经过，夫妻两个才双双欢喜起来，齐声说道："吕兄此恩，我们将来一定报答他！"几年后，苟杳果然金榜题名做了大官，夫妻俩与吕洞宾一家洒泪而别，赴任去了。

一晃八年过去了，这年夏天，吕家不慎失了大火，偌大一份家产化成一堆灰烬。吕洞宾只好用残留的破瓦烂砖搭了一间茅草屋，和妻小在里面躲风避雨，日子十分艰难。夫妻俩商量，决定去找苟杳帮忙。吕洞宾一路上历尽千辛万苦，终于找到了苟杳府上。苟杳对吕洞宾家遭大火的事非常同情，并热情招待他，可就是不提帮忙的事情，一连住了一个多月，一分钱也没有给吕洞宾，吕洞宾以为他忘恩负义，一气回了家。吕洞宾回家一看，原来家里盖了新房，很是奇怪。他刚要迈进家门，却见大门两旁贴着白纸，知道家中死了人。他大吃一惊，慌忙走进屋内，见屋内摆放着一口棺材，妻子披麻戴孝，正在号啕大哭，吕洞宾愣了半天，才轻轻叫了一声娘子。娘子回头一看，惊恐万状，颤颤抖抖地叫道："你，你是人还是鬼？"吕洞宾更觉诧异，问："娘子，何出此言，我好好地回来了，如何是鬼呢？"娘子端详了好久，才认出真是吕洞宾，说："吓死我了！"原来，吕洞宾走后不久，就有一帮人来帮他盖房子，盖完房子就走了。前天中午，又有一大帮人抬着一口棺材进来了，他们说吕洞宾在苟杳家病死了。吕洞宾一听，知道是苟杳玩的把戏。他走近棺材，气得操起一把大斧把棺材劈开两半，只见里面全是金银珠宝，上面还有一封信，写道："苟杳不是负心郎，路送金银家盖房。你让我妻守空房，我让你妻哭断肠。"吕洞宾看完信后如梦初醒，他苦笑了一声："贤弟，你这一帮，可帮得我好苦啊！"从此，吕苟两家倍加亲热，这就是俗话常说的"苟杳吕洞宾，不识好人心"，因为"苟杳"和"狗咬"同音，传来传去便成了"狗咬吕洞宾，不识好人心"了。

黄鹤楼的由来

一天，吕洞宾来到了武昌城，兴冲冲地登上了蛇山，心想：要是在这蛇头上再修一座高楼不是更妙吗！可这山又高，坡又陡，谁能在这上面修楼呢？他正在发愁，忽然听到空中传来一阵奇怪的鸟叫声，他连忙抬头一看，只见鲁班师傅正朝着他呵呵地笑呢。吕洞宾急忙迎上去，把自己的想法说了一遍。鲁班师傅想了一会儿说："咱们明天早上再商议吧。"第二天早上，吕洞宾就急急忙忙地爬上蛇山，只见一座飞檐雕栋的高楼已经立在山顶上了。他大声呼喊着鲁班的名字，可连鲁班的影子都没有看到，只看见鲁班留下的一只木鹤。这木鹤身上披着黄色的羽毛。吕洞宾非常高兴，他骑到了木鹤身上，木鹤立时腾空，钻进白云里去了。后来，人们就给这座楼起了个名字，叫黄鹤楼。

吕洞宾继承了钟离祖师的金液还丹法，改丹道黄白（即外丹）为内丹修炼。内丹学思想的显著特征是"道佛双融"，其处世上又有儒士作风，认为"以心传心，不立文字"和"饥来吃饭，困来即眠"也是修道之道，主张性命双修，主张断烦恼、贪嗔、色欲。

吕洞宾著有《指玄篇》《肘后三成篇》《直指大丹歌》《敲爻歌》《灵宝篇》《百问篇》《谷神歌》《太乙金华宗旨》。还有《吕祖全书》《九真上书》等，多为后人托名之作。《全唐诗》收有吕祖的作品二百多首，有名句"等闲倒尽十分酒，遇兴高吟一百篇""逍遥碧嶂青松下，坐看残花逐水流""绿酒醉眠闲日月，白苹风定钓江湖"等，不愧于后世民间及道门弟子"三仙"之称——酒仙！剑仙！诗仙！

三　内丹学的各大门派

在钟吕之后，内丹空前盛行，大批内丹家纷纷著书立说，逐渐形成不同的内炼法，以致门派林立。这些门派有南、北、中、东、西各家门派，号称内丹学五派，只有中派是以其不偏不倚的"中"之哲理立派，其他四派皆是以地域而立。

（一）南宗

金丹派南宗产生于两宋，与北方的全真道相对。因地处江南，故称"南宗"。以北宋张伯端为开派祖师，其传法谱系为：张伯端—石泰—薛道光—陈楠—白玉蟾，他们被后世道士尊为"南宗五祖"。

张伯端（987—1082）字平叔，号紫阳。自称"幼亲善道，涉猎三教经书，乃至刑法书算、医卜战阵、天文地理、吉凶死生之术，靡不留心说究"。终生研究丹书，至晚年终于悟道，而著《悟真篇》（其为承前启后的内丹学的集大成者，是道教内丹学走向成熟与繁荣的标志），并将《周易参同契》（原文见本书附录）的内丹秘诀公之于众。

石泰（公元1022—1158）字得之，号杏林，一号翠玄子。北宋末南宋初常州（今属江苏）人。以缝纫为业，张伯端曾得罪凤州太守，被坐黥窜，途中于酒肆偶遇石泰，石泰鼎力相助，张伯端得以赦免。后张伯端传授石泰道教丹法南宗的道术。

张伯端因为得罪凤州太守而被发配。路过邯州境内之时，正逢天下大雪，张伯端与押解者同在村肆饮酒。正好石泰来此，相邀同饮。石泰因而就问张伯端的案情，张伯端告诉他这是一桩冤案，并且详述案情经过。石泰非常同情他，说："州太守是我的老相识了。"答应帮他疏通。于是石泰去见州太守，告知冤情，张伯端竟然获得赦免。张伯端认为石泰有德，而且应验了海蟾师当日之言，于是将其所得金丹秘诀，倾囊传给石泰。

石泰曾言"素慕真宗，遍游胜境，参传正法，愿以济世为心"，常行医救人，不图报答，只要求受治者种植杏树一枝，人们因此称他为石杏林。著有《还源篇》五言绝句八十一首行世，以咏内丹修炼之术。

薛道光（1078—1191），一名式，字太源，鸡足山（今河南陕县西南）人，曾遁入空门，法号紫贤，人称毗陵禅师。宋崇宁五年（1106）冬，遇石泰，得授口诀真要，弃佛入道。著有《丹髓歌》《还丹复命篇》《悟真篇注》传世，歌颂内丹法要。

在宋徽宗崇宁五年（1106）冬天，薛道光住在眉县青镇（即今陕西省眉县），在佛寺听讲，遇到从扶风县来的道人石泰，当时石泰已是八十有五的高龄，黑发红颜，神宇非凡，夜里还做针线活计。薛道光知道他不是一般人物，就在谈话之中故意引用张伯端的诗句。石泰有些惊奇，问："你怎么知道张紫阳？他正是我的老师。"薛道光还不太相信，就举出《悟真篇》中的句子向他请教。石泰看他很诚心，就简略地为其讲解大要。薛道光听后大悟，平日埋藏在腹中的各种疑团，一下子打破，如同桶之脱底一般。这时他才信石泰是张紫阳的真传弟子，进而叩拜要求收在门下。石泰笑言："你不怕有叛教的嫌疑吗？"薛道光坚定地回答："生死大事，如果拘于门户，难道不是自己耽误自己吗"石泰听后连连点头，并言自从紫阳先师授道以来，将近三十年了，今日才遇到可以继承的人。于是传授口诀真要，并告诫他疾往通都大邑，依靠有力者供养修道，自己即退隐于世。从此薛道光弃僧从道，幅巾缝掖，混俗和光，以了性命大事。光宗绍熙二年（1191）道成，享年114岁。留有颂云："铁马奔入海，泥蛇飞上天，蓬莱三岛路，原不在西边。"

陈楠（？—1213），字南木，号翠虚，广东惠州博罗县人，以盘栊箍桶为生。他曾云："道光禅师薛紫贤，付我归根复命篇。""嘉定壬申（1212）八月秋，翠虚道人在罗浮……还以金丹火候诀，说与琼山白玉蟾。"也就是自称为薛道光弟子，又是白玉蟾之师。民间传说他能捻土为丸治病，故人称"陈泥丸"。有《翠虚篇》传世。他将当时流行的各种丹法加以总结整理，分为下、中、上三品，依次称之为"地仙""水仙""天仙"之道。

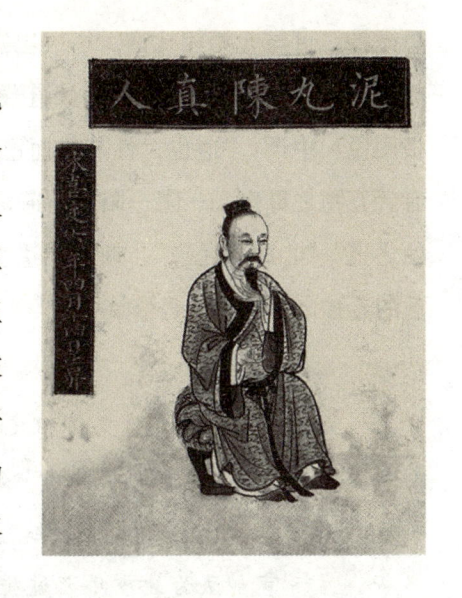

白玉蟾（1194—？），生于琼山（今属海南），是南宗的实际创立者，他同时也是诗人、画家、书法家、哲学家。本名葛长庚，因继雷州白氏为后，改今名。字如晦，号琼琯，自称神霄散吏，海南道人，琼山老人，武夷散人。定居福建闽清。

自称幼从陈楠学丹法，嘉定五年（1212）八月秋，再遇陈楠于罗浮山，得授金丹火候诀并五雷大法。他遍历武夷山、庐山等名山，时而蓬头赤足，时而青巾野服，"或狂走，或兀坐，或镇日酣睡，或夜独立，或哭或笑，状如疯癫"，寻师访友，学道修炼，经历过食不果腹、衣不蔽体的艰辛岁月。先后收元长、彭耜、陈守默、詹继瑞为徒，"四方学者，来如牛毛"，影响日益扩大，自此改变了自张伯端至陈楠以来南宗的单传历史。旋即复归武夷止止庵传道授法，正式创立金丹派南宗。

著作甚多，有《海琼集》《道德宝章》《罗浮山志》等，由其徒彭耜纂辑为《海琼玉蟾先生文集》。其内丹学说的中心为"精、气、神"说。据称："人身只有三般物，精神与气常保全。其精不是交感精，乃是玉皇口中涎。其气即非呼吸气，乃知却是太素烟。其神即非思虑神，可与元始相比肩。……岂知此精此神气，根于父母未生前。三者未尝相返离，结为一块大无边。"（《道藏》）他主张性命双修，先命后性。他在《无极图说》中谓："道也，性与命而已。性无生也，命有生也。无者万物之始也，有者万物之母也。一阴一阳之谓道，生生不穷之谓易。易即道也。"又称"圣即仙之道""心即佛之道"，前者指道教修命之术，后者指佛教养神之方，欲将佛教的养神之术纳入内丹修炼中。

> 白玉蟾自幼聪慧，又得祖父教导，很小的时候就能赋诗，背诵九经。他应试琼山县童子科时，主考命赋《织机诗》，白玉蟾随即应声道："大地山河作织机，百花如锦柳如丝。虚空白处作一匹，日月双梭天外飞。"然而，主考官却认为此少年太过骄狂，未录取。他遭受不公平待遇，感叹"世有千里马，可怜无王良"，继而厌秽风尘，改走仙道，离家云游。白玉蟾能诗善赋，工书擅画，所作篆书、隶书、草书，所画人物、梅竹，技法高超，对后代书画（特别是草书）颇有影响。现收藏于台北的故宫博物院的《天朗气清诗帖》为其传世之作。

南宗一派奉张伯端的《悟真篇》为祖经，并以之为该宗内丹修炼的理论基础。它认为行功之前，先须以"筑基炼己"为入手功夫，即对人体已亏损的精、气、神进行修复，待精满、气足、神全之后，才进入正式炼丹阶段。

南宗派的内丹理论对全真道有较大影响，并促进了符箓派的改革，将内丹修炼引入斋醮活动中。南宗派各丹家留下了大批内丹专著，对气功学、医学，以及人体科学的发展有一定的贡献，是我国优秀文化的组成部分。

（二）北宗

道家内丹学北宗创始人为北宋末王重阳。北宗丹法追求"全真而仙"，其修炼以清净为主，即以"识心见性"为首要，以炼心炼己为基础。相对于南宗"先命后性"的功法，北宗丹法以"先性后命"为特征。明朝以后，南北两宗多有相互融合。

王重阳（1112—1170年）原名中孚，字允卿，又名世雄，字德威，入道后改名喆，字知明，道号重阳子，故称王重阳。本为咸阳名门，善文也习武。中国道教分支全真道的始创人，后被尊为道教的北五祖之一。有七大弟子，即马钰、谭处端、刘处玄、丘处机、王处一、郝大通、孙不二，号为"北七真"，其中丘处机所创的龙门派影响最大。

王重阳糅合儒家和道、释的思想，主张三教合一。他提出"儒门释户道相通，三教从来一祖风"的融合学说，认为修道的根本在于修心，除情去欲，存思静定、心地清净便是修行的真捷径，即"人心常许依清静，便是修行真捷径"。著作有传道诗词千余首，另有《重阳立教十五论》《重阳教化集》《分梨十化集》等，均收入《正统道藏》。

丘处机（1148—1227年）字通密，号长春子，栖霞县滨都里（今属山东省）人。金元时期，道教全真派创始人之一。为王重阳第一位弟子。他虔诚、机敏、勤勉好学，深得王重阳器重。王重阳去世后他入穴居六年，后又赴饶州龙门山（今宝鸡市）隐居潜修七年，"静思忘念，密考丹经"，潜心于养生学和道学的研

究，创全真龙门派。弟子尹志平继承了丘处机的思想，为全真道掌门，并发展了他的思想与事业。丘处机著有《大丹直指》《摄生消息论》《磻溪集》和《鸣道集》等。

> 丘处机自幼失去双亲，尝遍人间辛苦。童年时即向往修炼成"仙"。他栖身于村北之公山，过着"顶戴松花吃松子，松溪和月饮松风"的生活。为磨炼意志，曾一次次将一枚铜钱从石崖上扔进灌木丛，然后再去寻找，不得不止。19岁时，丘处机独自去昆嵛山烟霞洞修行。翌年9月，闻陕西终南山道士王重阳至宁海州传道，遂下山拜其为师。

北宗追求"全真而仙"，其修炼以清净为主，即以"识心见性"为首要，以炼心炼己为基础，同时不废精气的修炼。马钰说："清静者清为清其心源，净为净其炁海，心源清则外物不能扰，故情定而神明生焉。炁海静，则邪欲不能干，故精全而腹实焉。是以澄心如澄水，养炁如养儿，炁秀则神灵，神灵则炁变，乃清净所致也。"其认为金丹之秘，在于"一性一命而已。性者，天也，常潜于顶。命者，地也，常潜于脐。顶者，性根也。脐者，命根也。一根一蒂，天地之元也，相也……顶中之性者，铅也，虎也，水也，金也，……脐中之命者，汞也，龙也，火也，根也"。

（三）中派

道教内丹学中派始于元代，由李道纯开创。原本无宗派名，因其丹法以"守中"为要，有别于南北丹派，故名。

李道纯，生卒年不详，字元素，号清庵，别号莹蟾子，为宋末元初道士，都梁（今湖南武冈）人。为白玉蟾再传弟子。其学以全真南宗为主，兼取北宗。其《中和集》论及性命之说和内丹要旨。他主三教合一，援儒入道，内丹理论以"守中"为要诀，故后人称其为内丹学中的中派。他认为守中要归根复命，"炼丹者，全天夺天地造化……返本还原，归根复命，功圆神备，凡脱为仙，谓之丹成也"。主要著作有《中和集》《三天易髓》等。

黄元吉（1271—1355），名裳，字元吉，为元代净明道士。其传世著作《道门语要》详论守中采取之义，运小周天之法，行大周天之功，重炼虚之学，明炼虚之理，继承了传统丹道的修炼之法体。《乐育堂语录》和《道德经讲义》则依据李道纯"抱元守中"的中道理论，浑然大定于中宫，复还未有天地以前的混沌状态。并以此为最上一乘丹法，称之为"天元丹法"。它亦被称为"中黄直透法"。 他认为"只要除去欲念便是净，就里除去邪恶之念，外而便无不好的行检"；并认为居处端庄、斋戒沐浴、以崇香火，仅是外貌之净，应内外交养，以达真净。

（四）东派

内丹学东派始于明嘉靖、隆庆年间，由陆西星开创。陆西星（1520—1601），字长庚，号潜虚，又号方壶外史，扬州兴化人。他自称在修炼中感应吕洞宾降临所居北海草堂，授丹法要诀，即著书立说。其丹法实类似于内丹学南宗刘永年一系，主阴阳同类双修，从筑基炼己、摄心修性入手。其实，阴阳丹法就是早期黄老家的房中术与道教炼丹理论结合的产物。如其代表作《金丹就正篇》明确指出："金丹之道，必资阴阳相合而成。阴阳者，一男一女也，一离一坎也，一铅一汞也。此大丹药物也。"

陆西星将宋元以来阴阳双修派的理论系统化，并对双修的具体方法有较为详明的描述，使之更易于入手修行。阴阳丹法作为内丹重要流派之一，其中虽不无糟粕，但双修派对男女两性生活中生理结构和心理感受的探讨，亦有类似现代性科学的合理因素。

（五）西派

内丹学西派创于清朝嘉庆至咸丰年间，创始人李西月。李西月（公元1806—1856），清代道士。字涵虚，号团阳。四川乐山长乙山人。李西月称于峨眉山遇吕洞宾，得授内丹术。因其活动于四川一带，故称"西派"。李西月为人仿效道教"东派"的陆西星，虽然继承陆西星、张三丰及全真派的炼养之道，却不受全真、三丰教团的约束，自成一家。其集撰《三丰全书》对历史的贡献颇大。并作吕洞宾年谱《海山奇遇》和《太上十三经注解》《三车秘旨》等。

西派丹法的特点是清净与阴阳合用，不仅理论阐述更为详细通俗，也使操作形式更为兼容，利于推行，故在清朝内丹学界影响很大。

（六）其他门派

明末龙门派第八代弟子伍守阳（号冲虚子），得张静虚真人经李虚庵至曹还阳所传之丹诀，著《天仙正理直论》《仙佛合宗》，倡导一种儒、释、道三教圆融的清修丹法。到清代柳华阳出佛入道，著《金仙证论》《慧命经》，对伍守阳丹法加以系统化的整理与发展，世称"伍柳派"。直至近世又有赵避尘著《性命法诀明指》，得柳华阳之徒了空禅师和刘名端之传，开创千峰派。

元明间道士张三丰创隐仙派。张三丰是可和吕洞宾、张伯端相比肩的著名内丹家，他的丹法据称传自火龙真人，其法诀采清修派与阴阳派之长。著有《无根树词》《大道论》《玄机直讲》等，亦传陈抟的"蛰龙法"丹诀。张三丰丹法在阴跷穴调息，这正是阴阳功夫炼气的特点。（《道学通论·仙学篇》）

（七）三元丹法

丹道修炼的划分不仅有内丹和外丹之分（上面所讲的都是内丹门派），还有天元、地元、人元之分，即所谓的三元丹法。天地人三丹，每一元又分三品，为三元九品。其中天元丹法指清净功夫——天元神丹，立地飞升，百年难遇；地元丹法指炼丹服食——地元灵丹，点化黄白；人元则是指阴阳双修功夫——人元大丹，性命双修，超凡入圣，了却生死。

最高最上乘的功夫当然是天元丹法，以性炼命。陈撄宁说："命功止境则是性功纯处，何等直捷。"对于内丹修炼，现代社会谈得最多的也是天元清净功夫。

古代丹经所载的入手功夫大都属于天元丹法：如《性命圭旨》以"退守夹脊"为入手功夫，《性命法诀明指》以"意守祖窍"为入手功夫，《太乙金华宗旨》以"回光"为入手功夫。

（八）三家四派

就内丹学——人元大丹而言，又分为若干门派。陈撄宁先生将内丹修炼分为清净孤修和阴阳双修两派，王沐先生也将丹道分为阴阳派和清净派。

胡孚琛先生在《丹道法诀十二讲》中从修炼实践上将丹道分为"三家四派"。

"三家"，即炼养自身阴阳、同类阴阳、虚空阴阳途径。修炼自身阴阳者，即清净派丹法；修炼同类阴阳者，即阴阳派丹法；修炼虚空阴阳者，即虚无派丹法。

在修炼同类阴阳的丹法中，又分两种。其中有借彼家为鼎男女双修的同类阴阳丹法，为双修法门，称作彼家丹法；还有以乾坤为鼎器、灵父圣母、生龙活虎、三家相见的同类阴阳丹法为栽接法门，称作龙虎丹法。因此，人元大丹又有清净丹法、彼家丹法、龙虎丹法、虚无丹法四派之分。

三家四派人元大丹亦相互承接。自身阴阳可上接虚空阴阳，同类阴阳亦须清净筑基，虚无丹法也盗取龙虎二弦之气，各自手段不同，原理则相通。

第十六章　内丹修炼的原理

从先秦到西汉，华夏大地出现了三家养生流派，这就是医家的吐纳导引功、老庄道家的守静致虚功，参同大易、黄老、炉火派的内丹术。三峰鼎立，各有建树。其中内丹术与前两种流派有着质的不同，前两种流派顺应人体阴阳生化之机，调正阴阳平衡，促进气血运行，以起到健身祛疾、尽享天年的效果。而内丹术则逆人体阴阳生化之机，行阴阳颠倒之术，通过性命双修、内炼精气神，逆转人体衰老机制，使人体寿命大大超越自然寿命的极限。中国内丹术源远流长，至今仍勃发着新的生命力，因为其术不尚玄学，而以自然哲学和生理变化为依据，建立了与内炼实践相应的内炼原理。

一　性命双修

内丹学实际上就是以"性命双修"为特征的学问。内丹学文献特别强调"性命"问题。内丹学就是性命之学，在学问上分为性学与命学，在修炼上分为性功和命功，以修炼人元大丹为基本功法。

《周易·说卦传》讲"穷理尽性以至于命"，这句话实际上是中国性命之学的纲要，是人体生命系统工程的基本步骤，是内丹学的修炼法诀。中国传统文化的儒、释、道三教，其核心皆是"穷理尽性以至于命"之学，不过层次深浅

有所不同而已。儒家罕言性命，其重点只在"穷理"，故只能以儒家伦理规范其行为，以"内圣"的道德修养而求治国平天下的"外王"之道。佛教禅宗以"明心见性"为究竟，比儒家深入一步，达到了"穷理尽性"的境界。道家内丹学在"见性"之后，还有大事做，将性功修炼称作"玉液还丹"，命功继之完成才叫"金液还丹"，由此完成了"穷理尽性以至于命"的丹道程序。以上所论，实是一般而言，因为三教中皆别有真传，从"穷理"中切入性命之学，如忠孝净明道以"忠孝"之儒家伦理切入丹道，亦可达真人境界。李涵虚《道窍谈》云："性命双修，此本成仙、作佛、为圣之大旨。或谓佛修性，仙修命，儒治世，分别门户，盖不深究其宗旨也。愚按佛重性，而其中实有教外别传，非不有命也，特秘言耳。其重性功者，盖欲人从性立命，能使性量恢宏，照十方而无边无际也。"自其同者言之，三教一家；自其异者言之，毕竟各有偏重，然都离不开"穷理尽性以至于命"的大纲。（《丹道法诀十二讲》）

内丹学中，性指神，命指炁。人体生成，为父母初交时一点先天元炁而立命；至十月胎圆，又得先天祖气一点元阳而得性。此时元炁为命，元神为性，性命不分，处于混沌的先天状态；降生之后，元神归于心，元炁归于肾，由性命不分的先天状态变为性命分离的后天状态。内丹修炼的目的就是逆炼成仙，将性命分离的后天状态逆返回到性命不分的先天状态。在具体修炼方法中，性潜于头，为上丹田；命系于脐，为下丹田。张松谷《丹经指南》云："灵光一点，浩气常存，本来面目，性也。玄关一窍，先天至精，真一之气，命也。性即神也，命即气也。神凝则气固，气聚则神灵。性无命不立，命无性不存。真人云：神是性兮气是命，神不外驰气自定。本来二物互相亲，失却将何为把柄？"其中"凝神"之法，则是由性功转入命功的关键。

丹道的目的就是通过内在性命的修证达成天道的超越，"从道受生谓之性，自一禀形谓之命"。人作为命是有限的，但人的有限的命却源自那无限的道，命乃是道之命，于是命就有道之性，"性起于道，形生于德"。人是既有限又无限的性与命的统一体。人的性命与天道相贯通。内丹性命学属于道教的心性学，但和儒、释两家的心性学说有明显的区别。儒家和佛教显教都只重心性修养的功夫，对人的身体缺乏关注，更没有对身心关系做深入的探索。在三教修道体系中，只有道教内丹学和佛教密宗对人体的身体气脉、性命修炼有一套系统的理论与实践功夫。

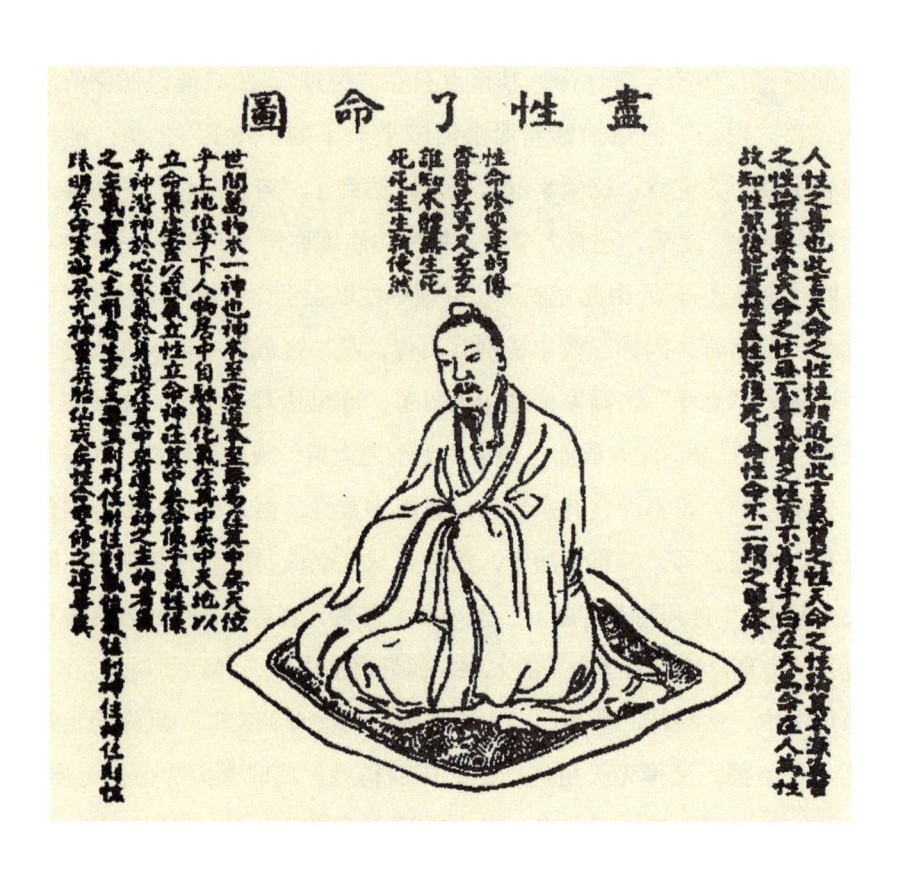

内丹学认为，人身是一个小宇宙。人是宇宙的精灵，人身上包含着无穷宇宙的信息，人既然从"道"中来，就可以回到"道"中去。人是由性和命组成的有机整体，性是人类亿万年形成的思维优势的全部信息的结晶，命是人类繁衍各阶段的有形物质精华的结合。"内丹学性命双修、还虚合道的最高目标，就是从有限的自我返回无限的道体，在那个'合道'的境界里是至美至真、至虚至实的圆满境界。内丹学的天人合一境界建立在充分的身体气脉的修炼的基础上，它不仅仅是一种精神性的觉解，更是一种真实的'一气相通'，人体生命这个巨系统和宇宙这个超巨系统有一种和谐共振的关系，人的生命系统与宇宙系统进行了充分的物质和能量的交换。"修炼的主旨，就是从修性修命上，将人的境界从有形和禁锢中解脱，进入无幻的真实境地。"无人无我"是指修炼性命之中的"真阴真阳"合和显真的高级层次，性命与天地完全融为一体，成为宇宙中的自然分子。"性命与天地完全融为一体"就是人的大性命、真性命，证成这样的大性命、真性命，就是内丹学性命双修的最终目标，也是性命双修的最终极的意义。（戈国龙《论内丹学"性命双修"的思想》）

二　逆转阴阳

从"顺凡逆仙"的角度看，儒、释、道三教都体现出某种"返本还源"的修养功夫，都希望从我们有限的身体"命"返还于无限的道本体"性"，希望使生命获得永恒与超越。内丹学创立了一套博大精深的理论和方法。内丹学认为，人的一生不外阴阳二气消长变化，而"阴阳之道不外顺逆"，一般人和医家都认为"顺阴阳则生，逆阴阳则死"。丹家在长期的实验中认识到："顺之有死，皆逆死。"（《外经微言》）这是因为顺阴阳生化，人体必然由生而壮而老死，在生长中孕育着死亡的机制，在阴阳顺化中孕育着不可挽回的逆化。而如果逆转阴阳之化，则可以导致长生。

如何逆转人体阴阳生化呢？丹家以取坎填离的手段来实现。易学认为，宇宙万物由阴阳二气演化而成，命之元阴元阳，归属先天之气，用乾和坤两个符号表示。元阴元阳变成水和火，水为阴，阳为火，归为后天之气，用坎和离两个符号表示。水和火进一步化合，可以产生木类、土类、金类各种物质，此为阴阳顺化。如果将水（坎卦）中的一点元阳与火（离卦）中的一点元阴互相置换，则水、火可返回到先天元阴元阳的状态，将这一化学原理运用于内炼，即通过炼精化气，炼气化神，将人体生殖之精（丹家命之坎水、真铅）中的元阳物质与生命中枢（丹家谓之离火、真汞）中的元阴物质互相置换，则人体生殖之精和生命中枢的神，均可返还到媾胎之初的原始生命物质状态，生命得到再造，衰老机制得到逆转。丹家此说尽管缺乏实验室内的实验证实，但不悖生理化学基本原理，既可证实，也可证伪，属科学假说范畴。

对此原理，历代丹家有许多论述。如张伯端的《悟真篇》曰："不识玄中颠倒颠，怎知火里好栽莲。"张三丰的《无根树》曰："顺则凡，逆则仙，只在其中颠倒颠。"他们的认识，不仅源于哲理，更重要的是源于内炼中的返观内视。

三　致虚守静

如何逆转人体的阴阳之化呢？历代丹家认为，在这个问题上，人们的意愿、理论认识及种种有为，不仅无济于事，而且有碍于事。逆转阴阳生化的惟一途径，就是行至静之道。《老子》说此道为"致虚极，守静笃，万物并作，吾

以观复。夫物芸芸，各复其根"。《庄子》云此为"心斋""坐忘""无视无听，抱神以静，形将自正。必清必静，无劳汝形，无摇汝精，乃可以长生"。《胎息经》云："固守虚无，以养神气……心不动念，无来无去。不出不入，自然常往。勤而行之，是真道路。"《阳符经》指出至静之道的重要性在于："自然之道静，故天地万物生。""至静之道，律历不能契。"历代丹家不烦其详地反复告诫人们，内炼时应排除一切杂念和试图有所作为，应如感觉已经离开形体一般恬淡虚无，让生命力自然发挥作用。《外经微言》将这一内炼基本原理总结为："心死则身生，死心之道，则逆之之功也。"

内丹学告诉我们，身心合一的关键在于进入一种"虚静"的状态，就是使意念静定下来，由执着于外在对象的分别意识返照内观，进入无分别的非对象化的意识本源，即无限的虚意识，在虚意识中，身心就失去了界限，天人就达到统一。在通常的状态下，人"遗忘"了自己的身体，而在虚静状态中，人也没有身体的意识，但这两种状态是完全不同的，前者是被动的，后者是自觉的；前者是不及于身体，后者是超越于身体。在身心合一的虚静中，人也没有意识到自己有限的身体，但却体验到那些无限的"大身"，有限的身体被无限的"大身"所升华，处于无限的虚意识之光的照亮之中。虚静的状态不同于任何意义上的"思想"，它不是一种"思考"的状态，思考本身就意味着意识的对象化，不是那个纯粹意识的本身；虚静必须超出人的头脑之外，进入无思想的纯粹的存在。著名科学家钱学森院士在研究人体系统科学的时候提出了一个重要的概念"人体功能态"来表示一个人所达到的整体性功能态，以区别常规性的生命状态和特异性的生命状态。练气功的关键是进入一种特殊的人体功能态。我们可以说，内丹学的"虚静"状态就是一种特异性的人体功能态。说它"特异"，是指常人难达到而言，其实它并不特异，它是人的一种本来就有的状态，人的一生中都会经历那样的境界，只是由于后天的污染而使人越来越远离这种自然状态，再也难以放下头脑的执着而回归无念的虚静状态了。虚静无我的境界本是"天造地设"的，而自我反而是人的自大和虚构，人拼命地去维持一己之小我，才使我们远离了不可离的"道"。"道不可离，可离非道也。"我们只需觉悟自我的虚幻，还归本来的家园。美国的拉·莫阿卡宁在《荣格心理学与西藏佛教》中指出："作为人类，我们具有触发更高意识、播下使精神成长并获得最终解脱的善良种子那种宝贵机会和无限玄机，它完全取决于我们的心灵。"（《论内丹学"性命双修"的思想》）

西汉引经陶奁——气功入静图

固守虚无，相当于现代心理学中的无意识状态。近百年来，无意识状态心理机制及其作用一直是西方心理学界研究的热门课题，也是近年来国外科学界联合攻关研究的前沿课题。业已发现人体在无意识状态下可以呈现许多反常的功能和超能力。如人体在被催眠状态下，对冰块的刺激可以呈现烧灼般的起泡反应；人在无意识的状态下，可以理解或讲述自己既往完全陌生的语言，可以在蒙眬中创作动人的乐章。其次，现代心理学研究发现，无意识活动可以促进人们高效率地学习、自疗疾病、获得创造灵感，是人类潜在的巨大智能。当代人类一般只利用了大脑全部能力的4%，其余96%都处于贮备状态。无意识状态有可能激发大脑贮备的智能。

对照现代心理学对无意识的研究，可见中国内丹学的至静之道有着深刻的科学背景。当然，西方心理学采用催眠、暗示等方法制造无意识状态，远比不上丹家经年累月习静导致的虚极静笃状态完美，后者完全有可能产生古代丹家所执信不移的逆转衰老的生理变化。

由以上分析来看，古代内丹家修炼有着切实的依据，丹经道书所描述的内炼景象，也多非虚妄之语。

内丹学是道家内炼技术的集中体现。它先后吸收了医、儒、佛等各家技术的精华，按精化气、气化神、神返虚的基本程序建立了博大精深的修炼体系。其成熟的表现是从张伯端、王重阳开始的内丹派别纷立、内丹著述繁荣和表述方式的直接浅白。同时，三教合一的学术氛围，直接促使各家修炼者以内丹技术为核心，将各家的理论与方法有机融合，呈现出集大成之势，甚至可以说，至明清之际，内丹体系是中国人对生命修炼技术的精华总汇。

除了自然生产劳动创造人的本身外，真正本质地刺激人类智慧提高的，则是生命内在的修炼与实践。实际上，这种炼养活动对我们现代的意义并非单纯的修身养性，祛病弃疾，它更大的意义在于，可以以某种具体操作转换生命气质，脱胎换骨，并使这种生命智慧的积累过程产生突变，最后导致人类的进化。

在中国，这最后的结果被称作"仙"或者是"真人""至人""圣人"。他们在各方面都超越了我们现实中的人，你可以说那是一种幻想，但在中国古代文化中，这种超越了我们所谓的极限的奇妙事物不仅在理论上形成了一整套的理论学说，而且人类的超越和进化在东方人的眼中，被认为是一种生命的简单的事实。

第十七章 内丹修炼的程序

一 筑基

筑基为内丹修炼的准备阶段，也可看成是第一阶段。它要求填亏补虚，炼好身体的精、气、神三宝，炼养得充盈，达到精足、气满、神旺的"三全"世界。这就好比建筑高楼首先要打好地基，一般要经过一百天的时间，故称"百日筑基"。其实不一定每人都须"百日"，有人可能长一些，有人可能短一些。

筑基的关键在于"炼己"，就是要把自己思想上的杂念尘垢，拂拭得干干净净，一尘不染。明代伍冲虚在《内炼金丹心法·炼己》中指出："己即我静中之真性，动中之真意，亦为元神之别名也。"

炼己的方法是断除声色，省却应酬，使耳目归于清净，杂念消于未萌。炼己的过程，即是筑基的过程。只有收视返听，清心寡欲，才能培炼元精、元气、元神，达到"三全"境界。

二 炼精化气

炼精化气，又称"小周天""百日关"，即将精与气合炼而成为气，达到"三归二"，是内丹修炼的第二阶段。其法初步是贯通任、督二脉，打通"小周天"。即用意念的力量使精化气，复使气自会阴、尾闾溯夹脊上达泥丸，再下降至丹田，如此反复运转，称为"河车通"。

炼精化气又称"初关"。具体功法即"小周天"。因小周天以意领气的循行和后天八卦有关，而后天八卦又以坎离代表人体心肾、水火，在十二地支为子午，在方位为南北，所以"小周天"又有"坎离交媾""取坎填离""水火既

济""心肾相交"等名称。小周天亦称"子午周天"。

小周天功就是要通过子午周流，打通任、督之脉，取坎填离而为乾坤，恢复先天八卦元气。小周天功法又分以下层次。

1. 调身

修炼周天功一般采用坐姿，又分双盘坐、单盘坐、自然坐几种。

调整坐姿后，挺直腰背，放松全身骨肉，微闭眼睛，合上双唇，舌抵上腭，调匀呼吸，处于自然状态。

亦可采用仰卧身姿，枕头不宜太高，以2寸为宜。其他要求同坐姿。

2. 调药

"药"指精、气、神，调药即调精、调气、调神。精气调，则精满自然化气，气满自然生精，精满气足则神自然旺。

调药的关键在于"凝神入气穴"，凝神即澄神息心，使意念若有若亡，气穴即下丹田。意念、神气澄息后凝聚于下丹田。

凝神入气穴，且感到活子时来到，说明药物已在下丹田产生，后天之精转为先天之精。

3. 产药

周天功所产药物，一般分为外药、内药、大药三种。

外药和内药为经过炼精化气阶段先后产生的药物，大药为化神阶段由内外两药相合凝成的药物。

活子时到来，说明外药已经产生。与活子时相对的有死子时、正子时。死子时指夜半二十三时至一时一阳初生之时。正子时为小周天功法纯熟进入大周天功法之时机体所产生的"六根震动"的景象。活子时为小周天功法中随时随地恍兮惚兮的梦冥之中，感到光透眼帘、周身和畅、气穴暖融、阳物勃举之时。

外药活子时是小周天运转之初由内而生的先天真阴祖气。要注意，活子时要在先天精气充盈之时自然来到，不可刻意追求，不可揠苗助长。在活子时还要及时采药入炉，不可有丝毫邪念沾染，不能烦扰元神祖气，以防走火入魔。

4. 采药

外药一旦产生，就需要及时采药入炉，急速用武火使外药归于气穴，即用加强意识的方法，使种子（外药）及时归于炉中，不使走失。采药之诀，即"火逼金行"。火指神，即意念，金指肾中的精气。简言之，即加强意念作用，使产生的内气暖流感觉向下向后行。加强意念的方法，又称"聚火之法"，用"撮、抵、闭、吸"四字诀，使内气走上督脉。其诀为："撮提谷道，舌抵上腭，目闭上视，鼻吸莫呼。"

同时，还要掌握意念运行的火候，不可太过亦不可不及，要使所采之药老嫩适中，以利于进一步炼制成丹。

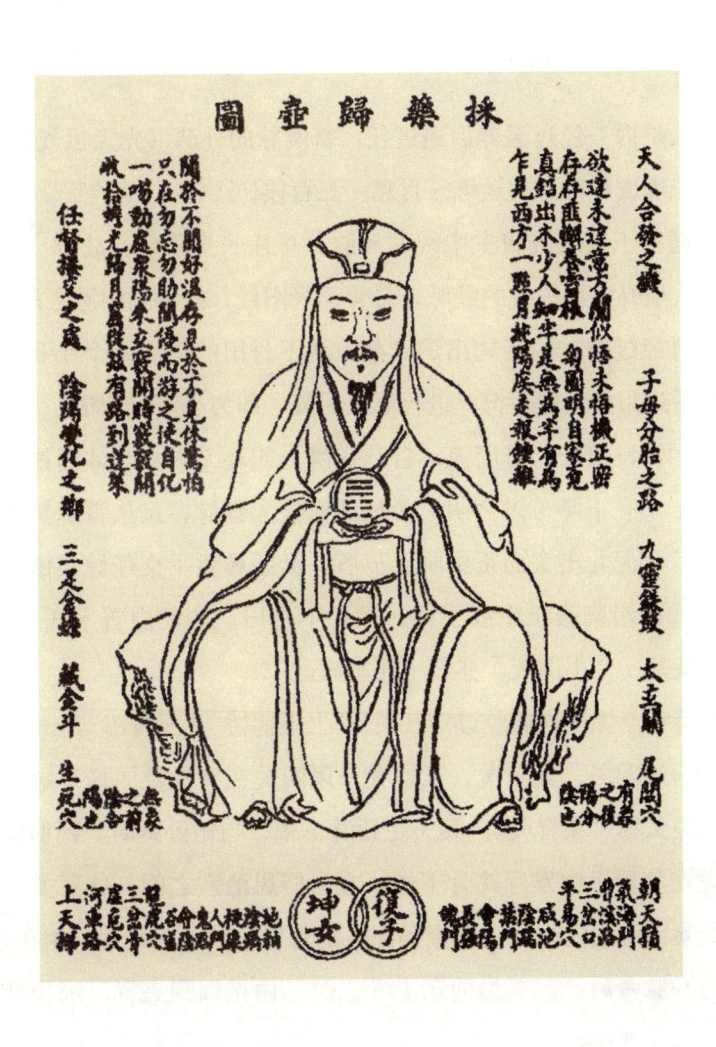

5. 封炉

小周天功法，多以下丹田为炉，泥丸宫为鼎，合称炉鼎。经过采药之法，把外药采进下丹田的炉中之后，需要及时封固，不使外驰。

封固不仅在于封固被采入炉中的外药，而且要及时温养，温养需要文火，将神、气俱伏于气穴。然后再次"火逼金行"，运药烹炼，待其有行动之机，则周天武火，自此起伏。

文火，指在意念作用下，呼吸微缓，不使其间断，"若守若存，勿亡勿助"。所谓武火，指呼吸紧重，匀细深长，"绵绵不断，息息归根"。文火用于温养，用于沐浴；武火用于采取，用于烹炼。

外药入炉封固温养，再次"火逼金行"。此次"火逼金行"以呼吸为主，对药物进行起运烹炼，而上次"火逼金行"，则是以意识之火为主，把"药"及时采进炉里。两者有所不同。

6. 运炼

即把采入炉内、经过温养后逼进任、督两脉的外药（先天祖气），用进火退符的周天之法炼成丹母，共运炼三百息、三百候。

任脉为循行于颈喉胸腹主中线的经脉，总任一身阴经，故称"阴脉之海"。督脉为循行头项脊背正中线的经脉，总督一身阳经，故称"阳脉之海"。

用武火将经过温养的药物出炉升鼎，从下丹田的炉后两个小孔，经尾闾送进督脉，然后进阳火、退阴符，进行周天运炼，即为小周天功法。

小周天运炼，使任、督周流，督升任降，如环无端，具体路线为：药物经下丹田后两个小孔下降，过会阴，经尾闾而接入督脉，又从督脉贯脊上行，入泥丸宫，然后从泥丸出头面正中降至鼻唇，又经鼻唇下交任脉，由下唇凹陷处的承浆穴下颈，沿胸腹正中线下行，回到下丹田。如此由督入任，督升任降，周流一周，就是一个小周天，亦名"河车搬运"。

小周天药物烹炼过程要经过"三关""上下鹊桥""三丹田"。

三关——尾闾关、辘轳关、玉枕关。尾闾关在脊柱骨的最下端，其地有长强穴；辘轳关又称"夹脊关"，其关在背脊正中，当俯卧睡时，两肘尖连线的正中；玉枕关在脑后正中发际枕骨下端，在两侧风池穴之间。此三关为药物运炼过程中三处险而难通之处，由尾闾到泥丸的督脉，运药时称为"河车之路"（张紫阳《奇经八脉考》）。三关为河车上升之路，由尾闾到夹脊，细步慎行，如羊

順逆三關圖

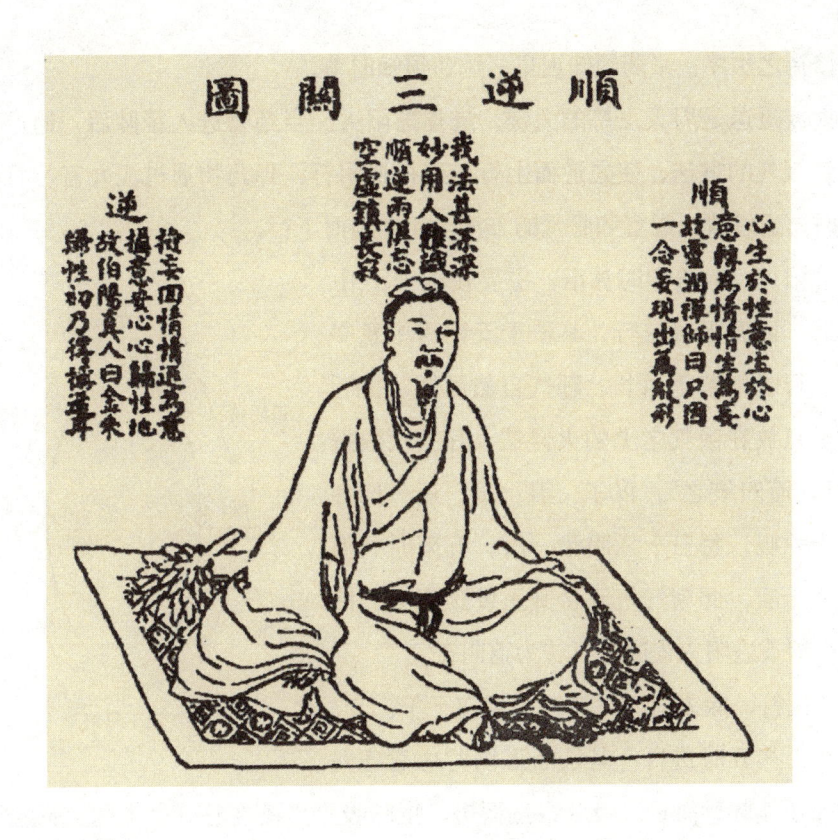

順
心生於性意生於心
妙意轉為情情生為妄
故投靈潤禪師曰只因
一念妄現出萬般形

我法甚深深
妙用人難識
順逆兩俟志
空虛鎮長殺

逆
持妄回情情返為意
攝意安心心歸性地
故伯陽真人曰金來
歸性初乃得稱還丹

驾车之轻柔；由夹脊至玉枕，巨步急奔，如鹿驾车之迅捷；由玉枕至泥丸，大力猛冲，如牛驾车之奋进。"三车"与"三关"所指位置略有不同。

"上下鹊桥"——"上鹊桥"有两个，一在两眉之间的印堂，一在鼻窍处；"下鹊桥"也有两处，一在尾闾，一在谷道处。两者都是一实一虚，行小周天功法。当药物流经上鹊桥时，要舌抵上腭，如此则任、督架通，周流不息。而其药物容易走失之处，则为"下鹊桥"的谷道处。其走失的信号为肛门矢气（放屁）。当药物运经"下鹊桥"时，不要忘了撮提谷道，以防走漏。

"三丹田"——位置都处在任脉通道上。脑为髓海上丹田，心为绛宫中丹田，脐下三寸为下丹田。下丹田为藏气之府，上丹田为藏神之府。

7. 火候

在内丹功中指用元神与精气相合于任、督二脉运转烹炼，亦指用元神、精气运转烹炼的时机与程度。

在内丹修炼中每一步都有火候。《修真后辩》将其分为：内火候、外火候、炼药火候、合丹火候、修性火候、文烹火候、武炼火候等。

刘一明在《悟真直指》中指出，金丹全靠火候修持而成，火为修持之功力，候为修持之次序，采药须知迟早，炼药须知时节。

火候进退是周天烹炼的关键。进指进阳火。当药物进入督脉后，通过加强意念和吸气的方法，使之逆而上行。退指退阴符，当药物通过泥丸宫行将交入任脉时，通过放松意念和呼气的方法，使之顺而下行。

进阳火，除去卯时沐浴，主要在于子、丑、寅、辰、巳五阳时进行，其法于五阳时中意守丹田，行吸气着重而长、呼气自然而短，把呼吸的重点放在吸气之上的火候法，呼吸次数按"乾用九而四策之"，以子、丑、寅、辰、巳各升三十六吸，每三十六吸为一时，五阳时共得一百八十吸，此刻气机正合升至乾顶泥丸，即完成小周天进阳火程序，可转为退阴符。

退阴符，除去酉时沐浴，主要在于午、未、申、戌、亥五时进行，其法于五阴时中意守丹田，行呼气着意而长、吸气自然而短，把呼吸重点落在呼气之上的火候法。其呼吸次数是按"坤用六而四策之"的原则进行，以午、未、申、戌、亥各降二十四呼，每二十四呼为一时，五阴时共得一百二十呼，此刻气机正合由泥丸回降至下丹田，则"小周天"退阴符事告毕，完成了一小周天的气机升降。

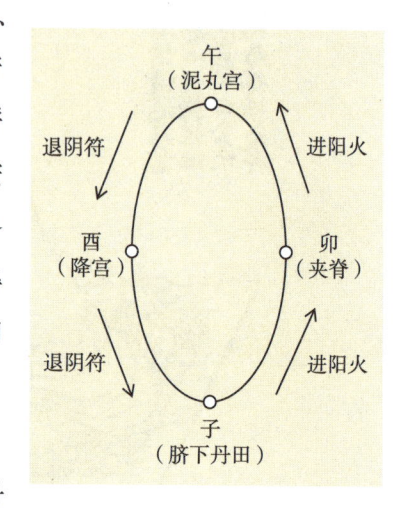

8. 沐浴

指在炼药进火退符过程中的"息火"和"停符"，是调节火候的一种方法。"卯时沐浴"和"酉时沐浴"即进阳火至卯宫时，不进火；退阴符至酉宫时，不退符。不进火、不退符即呼吸无心，略事休息，以便温养。

具体方法为：活子时来到，先天祖气从丹田经由尾闾循督脉逆行上升，行吸气着意而长、呼气无心而短的进阳火候时，当进阳火的功法由子历丑，经寅达卯，至卯时则神往夹脊，把吸武呼文的火候调和为毫不经意的自然呼吸，待自然呼吸三十六次后，"卯时沐浴"之功告毕，此时又须把毫不经意的自然呼吸改为吸武呼文的进阳火候，直至最后完全进阳火的辰、亥火候，使气抵泥丸宫（午时）而交入退阴符候。退阴符候时，气从泥丸循任脉下降，行呼气着意而长、吸气随意而短，当退阴符候的功法由午历未，经申达酉，至酉时则神往黄庭，把呼武吸文的火候调和为毫不经意的自然呼吸，待自然呼吸二十四次后，

"酉时沐浴"之功告毕，又把毫不经意的自然呼吸改为呼武吸文的退阴符候，直至最后完成退阴符的戌、亥火候，使气归抵于下丹田。

9. 停火

又称"止火"，指炼运火候百日（如加上卯酉沐浴则为三百六十候）届满，阳光三现（两眉印堂三次出现闪光）之时，要及时停止火候，停止河车运转。火候已足，下丹田结成珠黍样的丹田黄芽，如不撤去火候，就会药老丹伤。

止火以后，即转入炼气化神的大周天阶段。

小周天功法九个层次，可简单归结为"采""封""炼""止"四个过程。完成炼精化气小周天功一般需一百天，故称"百日关"。

三　炼气化神

炼气化神又称"大周天""中关""十月关"，是内丹修炼的第三阶段。

小周天在于将精与气合炼成为气，达到"三到二"；大周天在于将气与神合炼，使气归神，达到"二归一"。

大周天又称"乾坤交媾""卯酉周天"。经后天八卦取坎填离之后，由离南（午）坎北（子）转变为乾南（午）坤北（子），而原来后天八卦的坎离两卦，已分别转到了东卯西酉的方位。由于丹术重视坎、离两卦，故以此位置称大周天为"卯酉周天"，称小周天为"子午周天"。与小周天用后天八卦相对，大周天采用先天八卦图式。

小周天是有为阶段，在炼化两过程中必须真意为媒，使二五妙合，铅汞成丹。大周天则是由有为过渡到无为阶段，化气为神，使二化为一，使元神纯阳可以出景。此大周天阶段，又喻为养胎，入十月关后，大周天功夫实际上就是入定功夫。气由微动到不动而尽化，真意运用由双目观照到无觉，此时由定生慧，入六通灵境，果能慧而不用，转识成智，则胎圆可证，阳神可成。

大周天具体做法：自然坐姿，或盘膝坐式，坐定之后，调节意识活动，从左前人体内运于脐轮，神与气合，真气流盈于丹田，由小而大，由大而小，不断精炼。

然后精气流在意念导引之下，上至璇玑穴，向左臂而下，至曲池，经内关逆掌以及指尖，出手臂至手臂外关，上肘逾肩井，上大椎而下，出尾闾。

由下复上，过玉枕，达昆仑泥丸至面部，过鹊桥，降重楼，经胃口过脐，至玉柱，复到气海，行于右腿，历膝关，穿足背至趾间转涌泉踵后，上运过阴谷，通过尾闾，复至顶门。

如前"下鹊桥"，依次到左腿，如循右腿经脉一样，下落涌泉，贯尾仓而下摄元海，如上真气循经贯注一周。

大周天炼气化神即把在小周天中炼成的丹母送进十二经脉、奇经八脉，将它炼成精、气、神三宝合一，能量无比的大药。

内丹炼化精气，应掌握一阳之气生发的天然时机，于"正子时"起身炼精，采药归炉，此为产大药之时，亦即大药完成的生理信号。《仙佛合宗》说：须知大药生时，六根先自震动。这时丹田火炽，两肾汤煎，眼吐金光，耳后风生，脑后鹫鸣，身涌鼻搐一类，为得药之景，所得即为大药，这一时刻即叫"正子时"。

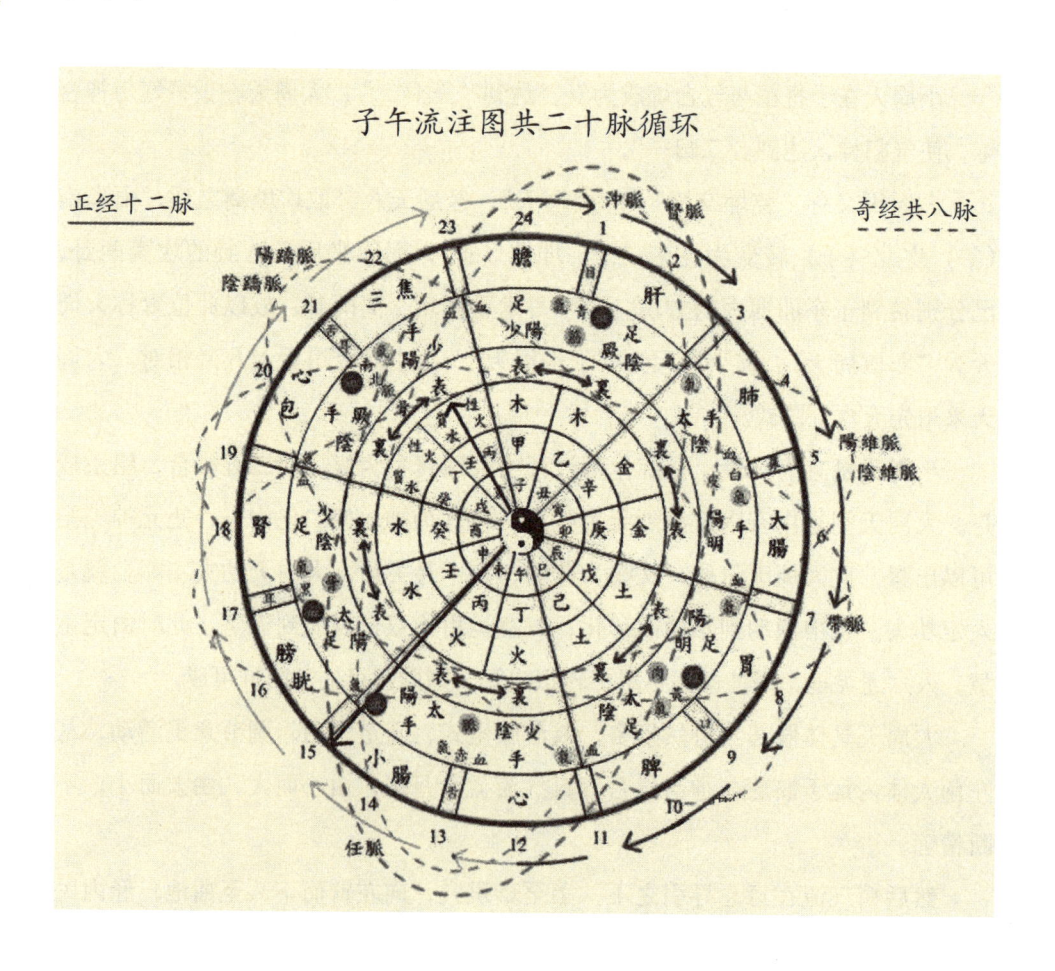

子午流注图共二十脉循环

"正子时"是与小周天功法中"活子时"相对的内丹术语。"正子时"中的"炉鼎"与小周天"炉鼎"不同。小周天以下丹田为"炉"（大炉），上丹田为"鼎"（大鼎）；大周天以下丹田为"炉"（小炉），中丹田为"鼎"（小鼎）。

当大周天正子时采药入炉升鼎后，所用火候，更以"绵密寂照"为上乘功法。其法，就意念而言，最要心中寂寂观照，常定常觉，听凭中丹田和下丹田鼎、炉里的大药上浮下沉，氤氲灵活；就呼吸而言，亦须一任自然往来，密密细细，沉而调匀，来不得半点儿的粗急。如此日久功深，待至神气成"圣胎"，就可过渡到"上关炼神还虚"的最后阶段了。

内丹功法精气运行的过程称为"河车搬运"。河车分为小河车、大河车、紫河车。小河车为元气从肾传肝，从肝传心，从心传脾，从脾传肺，从肺传肾的五行循环，周而复始，"龙虎交战"而变"黄芽"的过程。

大河车为元气从尾闾开始，历经督脉的下、中、上"三关"，任脉的下、中、上"三田"，"抽铅填汞"而成大药的过程，亦即小周天收功、大周天起始阶段的功夫。紫河车为"紫金丹成"时的高级阶段循环功法。此时"纯阴下降，真水自来；纯阳上升，真火自起。一升一沉，相见于十二楼前，颗颗还丹，而出金光万道，为紫河车也"（《西山会真记》）。

完成中关炼气化神一般需三百天，故称"十月关"。

四　炼神还虚

炼神还虚为上关，又称九年关，是内丹修炼的第四阶段。

炼神还虚为道教全真修炼法的最高境界，有融合儒、释、道之妙。

炼神还虚的"虚"指超越语言思虑，与道合为一，与宇宙同体，入于虚空，故在丹经中常以"○"代虚。所谓"九年"，借用佛教禅宗达摩面壁九年的典故，以喻此阶段纯入性功，常定常寂，一切归元。

在这一阶段，应将意守的重点由中丹田转到上丹田泥丸宫，以天地宇宙为鼎，以上丹田为炉。其时炉中自守，主要为由大药而化成圣胎的"婴儿"。"婴儿"需要哺乳、抚养、训练，故而对于此时一连串的功法，纯由意想而成，以达出神而趋于物我同化、常定常寂、一切归元的目的。

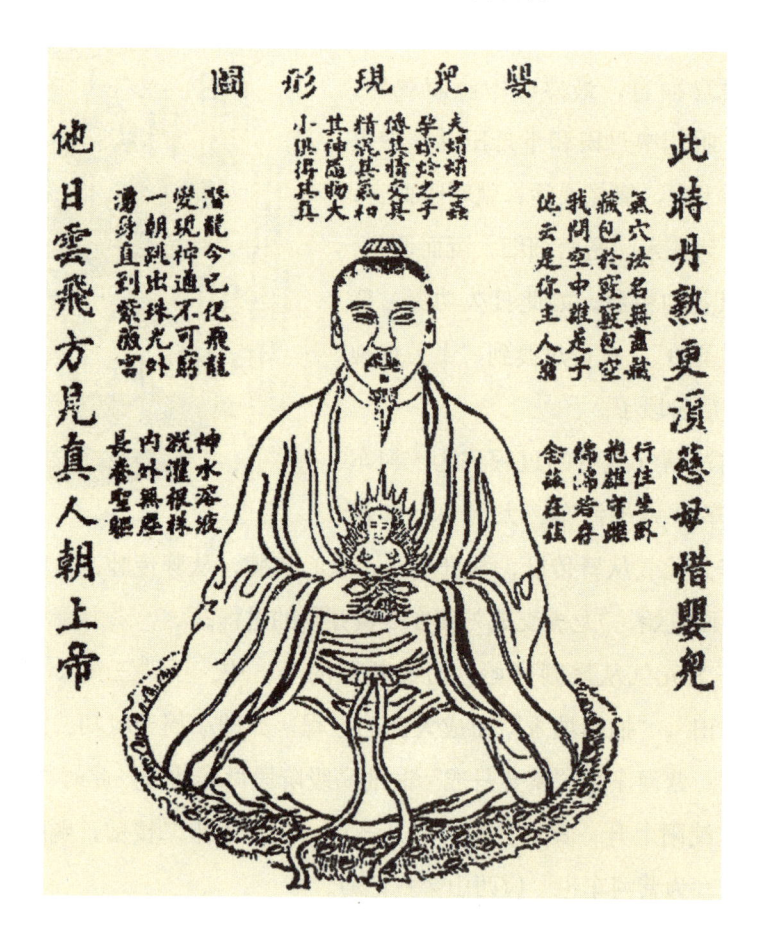

第十八章 内丹修炼的层次

根据入手的起点和预期的目标的不同，各种养生方法也有了层次的差异。同时，指导思想不同，侧重点不同，也使养生方法的类别更加五花八门。尤其值得关注的是，由于宗教迷信等多种消极因素的影响，历史上曾有大量邪法歪术混于其中，有些方法在某些特定历史时期还曾广泛流传，教训非常深刻。如何从古老的养生体系中去伪存真，全面评价传统内炼方法的科学价值，是非常必要的。

一 法有三乘

养生学的修炼功法，因各个时期的功法特点、师承传授等不同，同样经历了形成、发展与成熟的过程。以下仅以内丹养生为例加以说明。内丹修炼步骤的划分，有简单的，有繁杂的；有粗分的，有细分的；有主短期突击完成的顿法，有主缓慢渐进的渐进法。但多数丹家主张分为三个步骤进行。如在《西山群仙会真记》中，把内丹术分为炼形化气、炼气成神、炼神合道。陈抟的《无极图》中列炼精化气、炼气化神、炼神还虚。《金丹四百字序》中提出：以精化为气，以气化为神，以神化虚，故名三花聚顶。后来丹家似乎都同意这三步。如《中和集》《金丹大要》都用炼精化气、炼气化神、炼神还虚的三步名称。《金丹大成》中用炼形化气、炼气化神、炼神合道。《规中指南》中用坎离交媾小周天、乾坤交媾大周天、忘神合道的名称。《大丹直指》中用小成法、中成法、大成法的名称。

较早提出"法分三乘"思想的是钟离权。

《钟吕传道集·论真仙第一》云："用法求道，道固不难。以道求仙，仙亦甚易。"因此，能知亦能行。问题的关键在于，"仙有五等，法有三成（乘），修持在人，而功成随分"。

这里所谓的"三成（乘）"之法，实际上就是钟离权的"灵宝毕法"。这是钟吕内丹学的根本大法。钟离权在《灵宝毕法·自序》中说，他曾在中南山的石壁中得到《灵宝经》三十卷，上部为《金诰书》，元始所著；中部为《玉宝经》，元皇所述；下部为《真原义》，太上所传。这显然是一种假托之词，以标明自己所传的内丹之道，是太上、元始所创立的正道真法，有别于各种旁门邪道小法。钟离权自述从《灵宝经》中"悟阴中有阳，阳中有阴，本天地升降之宜；气中生水，水中生气，亦心肾交合之理。此物之象，道不远人。配合甲庚，方验金丹之有准；抽添卯酉，自然火候之无差。红铅黑铅，彻底不成大药；金液玉液，到头方是还丹。从无入有，常怀征战之心；自下升高，渐入希夷之域。抽铅添汞，致二八之阴消；换骨炼形，使九三之阳长。水清浊，辩于既济之时；内景真虚，识于坐忘之日。玄机奥旨，难以尽形，方曰灵宝妙理，可用入圣超凡，总而为三乘之法，名《灵宝毕法》"。

内丹学发展至元代时已较为成熟，学术体系也日趋健全，此时由李道纯从功法角度对"三乘"分法进行了完善，除"三乘"外，另增加"最上乘"。依据《试金石》一文记载，其四乘分类标准如下表所示。

	下乘	中乘	上乘	最上一乘
鼎炉	身心	乾坤	天地	太虚
药物	精气	乌兔	阴阳（为化机）	
水火	心肾	坎离	日月	定慧
五行	五藏	精神魂魄意	铅汞银砂土	清静为丹基，无为为丹母，性命为铅汞，明心为应验，见性为凝结，三元混一为圣胎
龙虎	肝肺	身心	性情	
真种子	精	气	念	
火候	年月日时	一年寒暑	以心炼念	
沐浴	咽津	法水	和气熏蒸	洗心涤虑
三要	口鼻	太渊、绛宫、精房	身心意	戒、定、慧
玄关	肾前脐后	泥丸	天心	中
丹成	五行混合	精神混合	情来归性	性命打成一片
目标	安乐养命	长生久视	可证仙道	与道合真

从表中可看出，在三教合流的时代背景下，李道纯以道家内炼框架为线索，将儒家中和思想及佛家戒定慧思想融为一体，试图把各家所有修炼之法都纳入

一个层次井然的体系之中，虽有简单化之嫌，但毕竟对传统各家养生方法进行了颇具高度的概括。

二　正道、旁门与邪法

按传统观点，正道之法是能彻底解脱生死问题的方法，而旁门多为一法一术，虽非害人之法，但只能解决人生的局部问题，带有极强的功利性；邪法则带有明显的危害，不仅对养生无益，反而自误和误人。

到晚唐为止，中国古代种种养生修身方法与方术，真是五花八门，难以计数。钟、吕认为，就是由于各种旁门小法败坏了正道真法，才使得"大道难知难行"。《钟吕传道集·论大道第二》云："以旁门小法，易为见功，互相传授，至死不悟，遂成风俗，败坏大道。有斋戒者，有休粮者，有采气者，有漱咽者，有离妻者，有断味者，有禅定者，有不语者，有存想者，有采阴者，有服气者，有持净者，有息心者，有绝累者，有开顶者，有缩龟者，有绝迹者，有看读者，有烧炼者，有定息者，有导引者，有吐纳者，有采补者，有布施者，有供养者，有救济者，有入山者，有识性者，有不动者，有受持者。旁门小法，不可备陈。"（《钟吕传道集》）

不过，钟吕并没有完全否定以上各种旁门小法的作用，因为它们毕竟在内丹学成熟以前曾广为修行者所运用，并有一定的实际效果。比如，采气结丹，可以疗病。绝念忘言，可以养性。但是，这些旁门小法毕竟是些"养命之下法""集神之小术"。古往今来，许多奉道之士居然苦苦留心、往往挂意，"以咽津为药，如何得造化？聚气为丹，如何得停留？指肝为龙、肺为虎，如何得交合？认坎为铅、离为汞，如何得抽添？四时浇灌，望长黄芽。一意不散，欲求大药。差年错月，废日乱时。不识五行根蒂，安知三才造化？寻枝摘叶，迷惑后人，致使大道日远日疏。异端并起，遂成风俗，以失先师之本意"（《钟吕传道集》）。世上许多人之所以终生修真而只成就人仙，就在于他们只知大道之中的一法之一术，并没有把握太上之正道真法，因而只能"多安少病"，不能长生不死，更不能超凡入圣。

在《西山群仙会真记》和《破迷正道歌》中，钟吕也对旁门小法进行了与上面相类的辨析，说明"三千六百旁门法"与内丹学的正道真法相比，都是迷人惑世的下法，有的甚至使世人误"以神仙之法为诳"。

三　旁门九品：中国古代养生方法分类大全

李道纯则将正道以外的所有养生方法总结为"九品"，即囊括了"渐法三乘"和"最上一乘"以外所有层次的方法，统称为"旁门九品"，堪称中国古代养生方法分类大全，极具参考价值，现分类介绍如下。

1. 下三品，为贪嗜利者行之

下品之下：邪道。包括：御女房中，三峰采战，食乳对炉，女人为鼎，天癸为药，产门为生身处，精血为大丹头。铸雌雄剑，立阴阳炉，谓女子为纯阴，指月经为至宝，采而饵之，为一月一还；用九女为九鼎，为九年九返。令童男童女交合而采初精，取阴中小米为玄珠，至于美金花、弄金枪、七十二家强兵战胜、多入少出、九浅一深，如此邪谬谓之泥水丹法。

下品之中：外道。包括：八十四家接法，三十六般采阴，用胞衣为紫河车，炼小便为秋石，食自己精为还元，捏尾闾为闭关，夫妇交合使精不过为无漏，采女经为红圆子或以五金八石修炼为丸，令妇人服之，十月后产肉块为至药，采而服之。

下品之上：外道。包括：炉火烧炙，五金八石，点茅烧艮，拨灰弄火，至于灵砂外药，金石草木，服饵之法。

2. 中三品，可渐入佳境

中品之下。包括：休粮辟谷，忍寒食秽，服饵椒木，曝背卧冰。日持一斋，或清斋，或食物多为奇特，或饮酒不醉为验，或减食为抽添，或不食五味而食三白，或不食烟火食，或饮酒食肉，不藉身命，自谓无为。

中品之中。包括：吞霞服气，采日月精华，吞星曜之光，服五方之气，或采水火之气，或存思注想遨游九州为运用，或想身中二气化为男女，像人间夫妇交采之状为合和，一切存想种种虚妄之法。

中品之上。包括：传授三皈五戒，看诵修习，归空十信，三际九接，瞻星礼斗，或持不语，或打勤劳，持守外功。

3. 上三品，中士之人行之可祛病

上品之下。包括：定观鉴形，存思吐纳，摩抚消息，六字气，视顶门，守

脐蒂，吞津液，搅神水，或擦身令热为火候，或一呵九摩求长生，或炼稠唾为真种子，或守丹田，或兜外肾，至于煮海观鼻，以津精涎沫为药乃上品之下也。

上品之中。包括：闭息行气，屈伸导引，摩腰肾，神守印堂，运双睛，摇夹脊，守脐轮。以双睛为明，或以眉间为玄关，或叩齿为天门，或想元坤从顶门出入，或梦游仙境，或默朝上帝，或以昏沉为入定，或数息为火候，或想心肾黑白二气相交为既济。

上品之上。包括：搬精运气，三火归脐，调和五脏，十六观法，固守丹田，服中黄气，三田还返，补脑还精，双提金井夹脊，双关握固，内视种种搬运。

根据李氏的总结，我们至少可以得出如下结论：

第一，除邪道外，任何一种方法都有其养生的价值，但问题的关键在于，我们不应偏执于任何一法一术。

第二，具体的操作虽有小术之嫌，但可作为入手之法，有祛病延年的效果。养生的境界至高至远，每一个有志于此的人，都应逐步放弃个别和局部，尽可能地向外扩展身心，从整体、从宏观上把握自己的生命。

第三，自然无为是养生的根本。一切刻意而求的反常之举都是不可取的。随着养生境界的提高，养生的行为也应是一个从有所作为到无为而治的过程。

第十九章　内丹修炼与止观双修

道教内丹性命双修与佛教止观双修有异曲同工之妙。特作一简要介绍。

佛教诸乘诸宗的禅定方法，总计有数百数千种，仅藏传佛教的密法，据称就有两千多种。从宗旨、见地、修习方法及与此相应的教乘划分，所有禅法可分为小乘禅、大乘禅、密乘禅三大类，而定慧双修以般若慧为主导而修止观，是佛教大小显密诸禅法的共同特质。

各宗禅学认为，修止得定仅为世间共外道法，只有用佛教独有的出世间智能修观得慧，才能断灭烦恼，见证本来真性，与真如相应而彻底解脱。因此各家禅法都强调止观双修、定慧平等。就止观双修的次第而言，可分为三条途径。

一　从止入观

这是大、小、密乘佛典中所说修习止观的通途。修习者从止门择一而入，渐渐入定，于奢摩他定心中修观，获得对真实的定解，平等位于定慧不二的止观双运境。大乘念佛禅从持名、观想入实相念佛；密乘行都法从有相瑜伽进入无相瑜伽，无相瑜伽从生起次第入圆满次第，于圆满次第中观菩提心；禅宗北宗由念佛名入一行三昧，大手印渐道从专一瑜伽入离戏瑜伽等。虽方法各异，但从止入观而证止观双运的路线，大体一致。

二　从观入止

这可谓次第禅的顿入法，一开始便径直修观，观至于无我真实义生起定解，并由此引发身心轻安，名为毗婆舍那。定心于此。定慧平等之境持续而住，即止观双运。汉传佛教诸宗，多有此说。如智𫖮认为："从初发心即修慧行，发电光三昧得四果，未具诸祥。"电光三昧，即刹那顿悟无我义，这在最初的欲界定中便有可能发，依照顿悟的智能修心，便可断尽烦恼成"慧解脱阿罗汉"。五门禅的十二因缘观、天台宗的一心三观、圆顿止观、禅宗及大手印的观心等，皆从此门而入。真言宗一行、空海也都主张密法修习须从有相瑜伽入手，证奢靡他，然后在止心中修观，入无相瑜伽。

三　止观双修

定慧不二法门，既不系心于修止，又不以闻思慧分析而修观，惟径直调心令与真如相应，明心见性，得般若正见，然后定于所见证心性上而修定慧一体的一行三昧，入止观双运境。《阿含经》所说不依一切而修禅定的"空三昧"、密乘先明大手印顿入法、大圆满彻却、禅宗南宗等皆属此类。《坛经·定慧品》中慧能说："我此法门，以定慧为本。""定慧一体，不是二，定是慧体，慧是定用，即慧之时定在慧，即定之时慧在定。"这便是对此类禅法的最好说明。

天台宗智𫖮对修禅的次第有独特的看法，认为修行者不必定一个次第分明的死框，而应根据自己的特点，先依方便法门而修。他把各类修禅次第归纳为四种：

（1）次第。依从止观入门，循序渐修。

（2）非次第。顿入观门或定慧不二之顿悟禅门、顿观顿悟，不必依止观次第。

（3）次第非次第。从止门入手修习时，从任何一定心中修观者有可能顿悟得慧，慧必助长定，这是次第中的非次第。

（4）非次第次第。顿悟之后，须依次第渐修止，即使依顿悟所得慧修持，成"慧解脱阿罗汉"，仍须依次第修止，证入四禅八定，发六神通。

从止观二门入定，若定中观慧微少，应修观；修观时虽智能清明，却定心微少，则应修止。以止观二门随时调心，令定慧均等。所以禅法的修习，定慧双修为其基本特质，但修持次第却可随机而行。

此外，智𫖮把修炼理论纳入天台宗止观学说中，著《童蒙止观》《六妙法门》等专著，详细地论述了禅修时调食、调睡、调身、调息、调心五事的要点。

他强调止观二法的修炼应以调食、调睡、调身、调息、调心五事为基础。陶师造器必先调泥，琴师弹琴须先调弦，"行者修心亦复如是，善调五事，必使和适，则三昧易生"。《童蒙止观》第四章论述了如何调和五事，以助禅修。

调食——饮食本为滋身进道所需，但食之过少，则身体羸虚，意虑不固。多食少食都非得定之道。还有吃了杂秽之物，令心识昏迷。若吃与自身不相宜的食物，则触动旧病，使四大相违，身心不安，也不利于修定。所以说："身安则道隆，饮食知节量，常乐在空闲，心静乐精进，是名诸佛教。"

调睡——睡眠本是无名惑覆，不可纵之。若睡眠过多，非惟废修圣法，亦复丧失工夫，令心暗昧，善根沉昧。要经常思念无常，调伏睡眠，令神气清白，念心明静，如是方可栖心圣境，三昧现前。经云："初夜后夜，亦勿有废。无以睡眠因缘，令一生空过，无所得也。"

调身——坐禅时要调整自己的身体。先需厚铺坐具，使身体能安稳久坐，无所妨碍。次当调整定势，坐法有两种：一是结半跏趺坐，即以左脚置右脚上，牵来近身，令左脚指与右膝齐，右脚指与左膝齐。二是全跏趺坐，先将右脚置于左膝上，再左脚安于右膝上。

调息——息有四种相：一风、二喘、三气、四息。前三种是不调相，后一种为调相。坐时鼻中之息，出入有声，叫作风相；坐时鼻息的出入虽无声音，而息出入结滞不通，是为喘相；坐时息已无声，亦不结滞，但出入不细，是为气相；坐时鼻息出入无声，不结滞，不粗浮，出入绵绵，若存若亡，资神安稳，情抱悦豫，此是息相。守风则散，守喘则结，守气则劳，守息则定。静坐时若欲调息，当依三法：下住安心，即把心放于气海丹田，把心镇静下来；放宽身体，不要矜持，放舍一切，使身体轻松愉快；想气从遍身毛孔出入，通行无障。息调则众患不生，散心易定。总之，无声音，不结滞，不涩不滑，是息调相。

调心——调心之法有两种：调伏乱想，令心与参究相应，不令越逾；当令沉浮宽急适得其所。何谓沉相？若坐时心中错暗，心非明历，无所参究，头好低垂，是为沉相。这时当系念于鼻端，或安心于发际、眉间，或令心明历，专注本参，无分散意，此可对治沉相。何谓浮相？若坐时心好飘动，身亦不安，念外异缘，寻思杂事，这是浮相。这时应安心向下，最好安住在气海丹田或肚脐中。更主要者，振奋精神，心住本参，止住散念，心即定住，则心易安静。总之，心无乱想，不浮不沉，是心调相。

以上"五事"为静坐时的基本功，现代气功学常讲的"三调"（调身、调息、调心）即来源于此，另外，饮食、睡眠的调和养生也占有重要地位，两者意义重大，不可忽视。

附 录

卫礼贤论金丹养生
荣格论金丹养生
《周易参同契》原文
《太乙金华宗旨》序跋
《太乙金华宗旨》阐幽问答
柳华阳《慧命经》节选

卫礼贤论金丹养生

卫礼贤（Richard Wilhelm，1873—1930），德国人，1895年毕业于图宾根大学神学系，1897年成为普鲁迪斯坦特教会副牧师，1899年来中国，成为青岛教会牧师，1920年回国。他在中国连续生活了21年。1922年又被德国政府任命为驻北京公使馆学术顾问，再度来华。1924年回国，后在法兰克福大学任教授，主讲中国学，并担任中国研究所所长，主编《中国学术与艺术杂志》，1930年3月病逝于图宾根，享年57岁。

卫礼贤是一位罕见的热爱中国、了解中国文化的西方人。"与一般的牧师不同，（他）深深地被中国文化的魅力所吸引。当时的中国知识分子崇尚西方文明，对中国固有文化弃置不顾，但他却潜心钻研被中国人遗弃的儒教和道教，他如此地热爱中国，以至于其写字姿态和说话的方式以及外表风度完全像一个中国人。"（荣格）卫礼贤大力传播中国文化，为中国文化的西传做出了杰出的贡献。第一次世界大战前，卫礼贤就将《老子》《庄子》《列子》翻译成德文出版，此后又将《易经》《太乙金华宗旨》《慧命经》翻译成德文出版。其中对《易经》和《太乙金华宗旨》的翻译和评述，使他名声大振。

卫礼贤慧眼独具，将《太乙金华宗旨》这部内丹学奇书进行翻译介绍，反映了卫礼贤对道教内丹经典有相当的鉴别能力。在此书的众多版本中，卫礼贤选取了慧真子《长生术》本作为底本。这一版本将《太乙金华宗旨》与《慧命经》合刊，卫礼贤翻译了《太乙金华宗旨》13章中的前9章和《慧命经》20章中的前8章。分析心理学大师荣格为此书写了很长的述评，于1929年出版。

卫礼贤的德文译本很快又被贝恩斯（Cary F. Baynes）翻译成英文本，于1931年出版，于是《太乙金华宗旨》在西方广为流传。此后德文版又出了多版，1957年德文第5版加入了《慧命经》。1962年贝恩斯在德文第5版的基础上出版了修订本。该书译印以后很快成为畅销书。1980年日本汤浅泰雄、定方昭夫将此书翻译成日文。

20世纪90年代后,《太乙金华宗旨》英译本又被回译成中文出版,主要有通山翻译的《金华养生秘旨与分析心理学》(东方出版社,1993年版)、王魁溥翻译的《太乙金华真经》(中国医药出版社,1993年版)和《纯阳吕祖功理功法诠释》(外文出版社,1994年版)、冯广宏编译的《太乙金华宗旨今译》(四川科技出版社,1995年版)、张超中翻译的《太乙金华宗旨今译》(中国社会科学出版社,1996年版)、杨儒宾翻译的《黄金之花的秘密》(台湾商鼎书局,2002年版),等等。在这些译文中,通山的译文属上乘。以下依据通山译本对卫礼贤的观点做一简要介绍。

一 《太乙金华宗旨》的源流

本书来自中国的一个秘教领域,长期以来一直是口头传承,后来才有了文字形式。这本书的重印和发行是在中国的政治经济危机中宗教复苏的产物。在中国已经形成了一系列神秘的教派,他们努力实践古时的神秘传统,以期达到某种心灵状态,摆脱人生的苦海。他们实践的方法有画符、祈祷和祭祀等等,除此以外,还有在中国广泛流传的跳大神一类的巫术,这是与神仙及死者建立直接联系的一种手段,用乩板,中国所说的飞舞的精神之笔,他们也做了一些实验。同时,与这些实践内容相映成趣的是一个秘密开展的活动,它们致力于使用心理学的方法,即禅定,或瑜伽功法。

以本书为例,他们传授这样一种方法,把存在于人们心中的精神本原结合成相互关联的心理起源的力量,然后,人们就可以为死后生命还能存在的可能性做好准备了。这种存在不是一种注定要消失的影子般的存在物,而是一个有意识的精神体。所以这样一种方法甚至可以超越死亡,使死亡成为生命的一个和谐的终点,也就是说,从自身的能量系统中创生出来的精神元素,已经能够在精神体中作为一个独立的生命延续物而继续存在。

这部书极其全面地阐述了金丹教的教义,书中的内容借吕岩之口说出。这部书的相当多的思想来源于老子《道德经》。吕岩的活动标志着一种改革,这种改革与老子的本意更为接近。而老子的本意则完全是自由的精神。在吕岩的学说中有某种信仰和宗教倾向。他相信外部世界是虚幻的。这里虽然有佛教的影响,但显然又与佛教不同。吕岩的全部努力在于在纷飞的现象世界中找到固定的一极,使他可以由此获得永恒的生命。这与否定有任何自我之实体的佛教绝对是毫不相关的思想。然而,这部书中佛教语录频繁出现,这种影响甚至要超过"金丹教"一般情况下可以接受的程度。

如果不抱有什么成见,就会发现,道教和佛教这两个思想源流还不足以覆盖本书的全部思想,在形式上,以《易经》为基础的孔教也在书中出现了,《易经》中的八个基本卦象在几个章节中屡次出现,成为某些内心历程的象征。在后面,我们将尽量对这些象征的作用加以解释。其余的,由于道教和孔教有着极其广泛的共同基础,这两个思想体系的结合并不会破坏逻辑的内在一致性。

或许,一个欧洲读者会感到格外诧异,这部书中的许多话都使他感到似曾相识,与基督教义如出一辙。但是,这些相似的名言警句在欧洲大多数不过是教士的辞藻,而在这里则表现出迥然不同的内涵,因为它们被用到心理关联上去了。我们找到了如下的直觉体验和观念,这只不过是随便选了几个特别显著的例子:光是人的生命,眼睛是身体的光,人从精水与神火中再生,必须添加意土(精神),作为原胚或苗床。让我们对比一下施洗约翰所说:"我是用水给你们施洗,但那在我以后来的,要用圣灵与火给你们施洗。"还有:"人若不是水与圣灵生的,就不能进上帝的国。"二者真有异曲同工之妙。例如"水"的意象在这部书中成了种子般的物质。还有"外泄",这种因生儿育女而耗尽自身的活动(从肉身生的,就是肉身)与"逆回"(metanoia)之间泾渭分明的界限。

沐浴在这种再生中有它自己的作用,正如它在施洗约翰所传的洗礼和在基督徒洗礼中不可缺少一样。书中几次出现了一种神秘的婚配,这在基督教传说中也有举足轻重的地位。文中还提到了婴儿,在我们身内的婴儿(基督,他必生自我们且是灵魂的新郎)。还有我们身内的新娘(妊女)。那么,所有这些最显著的是什么呢?或许,即便是一个显然不足一提的小节,比如要在灯中添油才能使它燃烧得更亮一些,在我们这部书中也被赋予一种全新的并且举足轻重的心理学意义。值得一提的是"金华"这个表达在秘教的语义中,隐含了"光"这个字。如把这两个汉字彼此相叠地写在一起,上面那个字的下边和下面那个字的上边就构成了一个"光"字。显然,这个暗号是在被迫害期间发明的,为了传教,给自己蒙上一层神秘的面纱,这是很有必要的。出于同样的原因,它的传承总是在有限的范围内秘密进行，甚至到了今天，信徒总数也远远比公开的要多得多。

如果我们想知道这种光教是从哪里来的，我们首先会想到波斯。在唐代，中国很多地方都有波斯庙宇。不过，尽管某些观点与查拉图斯特拉的宗教，尤其是与波斯神秘主义有些共同之处，它们的差异还是十分巨大的。另一个观点认为有基督教的直接影响。在唐代，有一个归顺唐天子的突厥部落，属维吾尔人，他们的宗教是基督教中景教的一支，曾经风靡一时。781年在西安立的那块声名显赫的景教纪念碑就是一个明证。碑上有中文和古叙利亚语两种文字的铭文，因而景教和金丹教之间有某种联系是十分可能的。蒂莫西·理查（Timothy Richard）走得更远，他甚至认为金丹教不过是古景教的残迹。他的根据是金丹教中有某些代代因袭的东西与基督教十分接近。某些仪式也有一定的相近之处。后来，P.Y.萨基（P. Y. Saeki）又一次老话重提，他已经发现一系列更进一步的对应因素，并从伯希和（Pelliot）在敦煌发现的景教礼拜仪式中得到了旁证。他甚至异想天开，认为金丹教的创始人吕岩就是撰写景教纪念碑文的亚当（Adam），因为亚当签署了一个中文名字吕秀岩。根据这个假说，吕岩，这位金丹教的开山鼻祖，竟然是景教一系的基督徒。萨基踌躇满志，在他的考证之中陶醉了，他的所有推论几乎都无懈可击，然而美中不足的是，他一直没有找到能够一锤定音的决定性论点。部分不能说明整体，但是我们起码应该承认，在金丹教中确实混有浓厚的景教思想，这部书稿就可以作为一个例子。在这些思想中，有一部分被披上了陌生的外衣而显得有些古怪，而另一些则被赋予了非凡的、全新的生命。这里我们看到了这个屡次应验的真知灼见："西方与东方，不会再各自一方。"（歌德）

二 《太乙金华宗旨》的心理学和宇宙学背景

为了使后面的译文容易理解，有必要对其功法所依据的哲学基础再讲几句。这个哲学，在某种程度上，是所有中国哲学思潮的共同财富。归根结底，它是建立在宇宙和人遵从同一规律这一前提之上的。人是个小宇宙，任何障碍也不能把他同大宇宙分开。这种同一的规律居高临下，支配两者，并由此及彼，由彼及此。心灵和宇宙彼此就像内部世界和外部世界一样互为表里。所以人自然而然地参与了全部宇宙事件，并里里外外地与它们交织在一起。

"道"怎样支配可见与不可见的自然（天和地），也就怎样支配人。"道"这个字的最初写法包括一个意为"头"的首字，在此似乎一定要作"开始"讲，一个"走"字的转写，也是"轨迹""行走"的意思，下面还有一个意为"静立"的字，在后来的写法中被省略了。因而这个字的本意就是：其自身固定，而由开端直达终点的轨迹。道其自身虽然不动，但它是所有运动的根本，并使之有法可依，这是最基本的概念。天道是星辰运行所要遵循的，人道则是人生之旅所必须遵循的。老子在形而上学的意义上使用了这个词，把它作为世界的终极本原，这个终极本原在太始之初就已存在了，它混沌一片，并且不会因为对立因素的对立而分化，也就不能于实在中现形。在本书中，这个术语的意义是不言自明的；在儒家哲学那里，这个术语的意义有了一定的变化，在那里"道"这个字有一种内在世界的意义，意为"正确的方法"，是天道，也是人道。在儒家思想中，不可分的一之终极本原是太极。"极"这个字在本书中也时常出现，其意与"道"相同。

　　实在的本原自道或太极中发展起来，其一极为阳，另一极为阴。现在，有些欧洲学者开始把它们解释成为性别关系，但这两个汉字实际指的是自然界中的现象。阴就是荫的意思，所以山北河南谓之阴（因为白天里太阳的位置使河流的南岸显得阴暗）。阳，其本来的形式代表飞舞的旌旗，与阴相对，它代表山南水北。单由"光明"和"黑暗"这对意义出发，这个本原就可以扩展到所有互相对立的事物上，包括性别。另外，因为阴阳两者同源于不可分的一，且只在现象领域中起作用：其中阳表现为主动的本原和条件，而阴作为被动的本原，是被导出的、受制约的，所以很明显，玄学二元论并不是这些概念的基础。比阴阳具象一点的概念是源于《易经》的创生和包容，即乾和坤，它以天和地作为其代表物。通过天和地的结合，加以这种活动的双重原初力量的作用（它们由一个原初法则，即道所支配），就衍生了"万物"，也就是外部世界。

　　从外表上看，还可以看到人在这些事物之中的物质表现形式，这种物质表现形式无论从哪个角度看都可以说是一个小天地。所以，根据儒家思想，人的内在属性来自天。如以道家的方式表达，则说它是道的一个外在形式。在现象界中，人演化成为极其繁多的个体，其中每一个个体都封存着核心单子作为其生命本原。但是在卵子受精的那一瞬间，它立即分裂成性和命这一相对的两极。这在出生之前就已经发生了。"性"这个字由"心"（心脏、心思）和"生"

(产生、出生)组成。依中国人的理念，"心"（心脏）是感情之所在，其所感所触源于五官对外界印象不自觉的反应。顾名思义，没有任何感情时的基底（substratum）就是性，也可以说，在超验、超意识状态中徘徊的就是性。根据这个概念更精确的定义，如以恒常之心的观点来看，性是善的（孟子）；如以经验历史进化的观点看，它是恶的，顶多是中性的，只有通过社会风气的长期熏陶，它才可成为某种善的东西（荀卿）。

"性"这种观念显然与理性（Logos）有关，在进入现象界时，它与命紧紧纠缠在一起。"命"这个字表示一个至高无上的命令，如，命运、天命、人运以及寿命、生命力，由此可见，命与生之本能（eros）密切相关。可以说，这两种本原都是超个体的。人，作为一种精神存在，正是其"性"使之成为人的，而不是别的什么。每个个体都拥有它，但是它已远远超出了个体的界限。命也是超个体的，因为人只能被动地接受他的命运，而不能依他自己的意志使命运有所改变。儒家思想认为，命是一个人必须顺从的天定法则。道家把它看作是自然的一部丰富多彩的戏剧，它不能逃避道的法则，而这部戏剧不过是一种纯粹的巧合。中国佛教则把它看作是业（Karma）在虚幻的世界中作用的结果。

与这些两重性相对应，在肉体的人中存在着如下两极张力。身体的活动是由于两种心灵结构造成的，其一是魂，因为它属阳，我把它译为animus，其次是魄，属阴，我把它译为anima，这两个概念源于对死亡现象的理解，所以这两个字都含有一个"鬼"字，意为隔世之人。魄总是与身体的过程密切相关，死后，它沉入地下慢慢死亡。而魂则是较高级的灵魂，死后，它升到空中，依然动静如常，一段时间之后，才消散在虚空之中，或者说是流回生命之母源。人之生时，这两者在某种程度上分别代表脑神经系统和太阳神经丛系统。魂居于两目，魄则在腹部；魂朝气蓬勃，而魄则阴森晦暗为俗欲所束缚；"魂"这个字由"鬼"和"云"组成，而"魄"则由"鬼"和"白"构成，顾名思义，它与我们在别处见到

的影魂和体魂有些类似。毫无疑问，这个中国概念本来也是有这类含义的，但我们还是要对转引出来的含义保持谨慎。不过，因为在远古的文字中没有"鬼"这个字的形象，我们所谈到的这个字形也许正是原初的未经改变的形态。总之，无论如何，魂属阳，是阳性的灵魂；魄属阴，是阴性的灵魂。

一般来说，"顺流"亦即"下流"是这样一个生命过程，两种灵魂分别作为理性的和肉体的因素在此时发生联系。胜利者往往是魄，这个被情欲所驱使的不分好歹的意志，它将迫使魂即理智为它服务。魄的所作所为至少会使理智专注于外界，于是魂魄的能量悄然而逝，生命也就衰竭了。积极的结果是创造一个新的存在使生命在其中延续，而原来的存在则使自身"外化"，并"最终在物的作用下成为物"，这个结果就是死亡。魄沉堕，魂飞升，而自我（ego）被夺去了其自身的能量而留在了一个若有若无的状态之中。

如果自我对"外化"表示默许，它就会堕落到死后凄凄惨惨的境地之中，它只能可怜兮兮地被生命的虚幻影像所滋养。即使是这样的幻象，它也只能干巴巴地看着，而不能主动地参加任何活动（这就是地狱、恶鬼）。但是，如果自我在"外化"过程中努力奋斗，[事实上，只要它被残存体（surviors）牺牲自己所贡献出的能量所补充、所加强。]它就会在死后保持一段相对幸福的生命，具体情况则依其自身的功过而定。在这两种情况中，人格的元素畏缩不前，在"外化"的过程中退化了。这种存在不久会变成一个无能的幽灵，因为它缺乏生命的能量，它的劫数到了。事到如今，它就只好到天堂或地狱去享受善行或恶行的报应了，然而这些天堂或地狱并不是客观的存在，而是纯而又纯的内心状态。一个生命越是进入这些状态，就越是退化，直到最终从任何它可能的存在层次中消失，然后，进入一个新的子宫，开始了一个由他从前的幻象所维持的新的存在方式。这就是鬼魂、精灵、死者和离世者的存在状态。汉语称这种存在状态为"鬼"，常被误译为 devil（恶魔）。

反过来说，如果有可能在活着的时候就施行"逆行"之法使真（life-energies）上升；如果能使魄的能量落到魂的掌握之中，生命就会从外部事物中解放出来。这是可遇而不可求的，这时幻象无力活动，体内真炁向上回转，自我从外部世界的缠绕中脱身而出。在死后，它仍然能保持生命的活力。因为"内化"防止了"真炁"在外部世界中的浪费。这些生命存在不再一消而散，而是在单子的内转中创造了一个独立于肉体存在的生命核心，这样的一个自我就是神（deus）。"神"这个字意为伸展、创造，总而言之，它是与"鬼"相对的，它最古老的字形是一对波形的图案，也有雷、闪电、电击等意。只要内转绵延不绝，神这样的一个生命存在就永不消亡。而且，尽管人们看不见它，它仍然影响着人们，激励着人们的伟大思想和高尚行动。古时的圣人和贤者就是这样的生命存在。几千年来，他们一直在鞭策人们、教育人们。

但是，它也要受到某种限制，这些生命存在依然保留着人的特点。因此它要受到时间和空间的约束，它们不是不朽的，正如天地不会永恒一样。唯有金华——它摆脱了万事万缘，超然而生——是永恒的。达到这种境界的人使其自我脱胎换骨，它不再被单子所限制，而是跳出圈子，超越所有现象的两极即二元性，返回到不可分的———道。这里，佛教和道教有所不同。在佛教中，涅槃要求自我的彻底消灭，因为自我和世界一样也是虚幻的。即使涅槃也不能理解为死亡、终止，它仍然是绝对超验的。在道教中，其最终目标仍然在一种变形中保存着人的思想，或者说是经验留下的痕迹。这个目标就是带着命返回自身的阳，在本书中，这个目标以金华作为象征。

最后，我必须对书中出现的《易经》八卦再说几句。震卦，是雷，是苏醒（Arousing），是从深深的土地中爆发出来的生命，是一切运动的开始。巽卦，是风，是木，是轻柔（Gentle），它代表实在的能量（Reality-energy）向理念形态的流动。正如风可以弥漫到每一个角落，巽的性质是全面的渗透，并创造出认识（Realization）。离卦，是太阳，是火，是明亮（Lucid），是坚持（clinging），在这个"光的宗教"中作用极大，它居于两目，产生一个有保护作用的圆周，并且是再生的必要条件。坤，是地，是接受（Receptive），是两个基本元素之一，也就是表现为地祇的阳，它是土壤，如耕过的田野，接受天的种子并赋予它形体。兑，是湖，是泽，是快乐（Joyous），是阴的最后形态，所以它属于秋天。乾，是天，是创造（Creative），是强壮，是阳的化身，它在坤中播种。坎卦，是水，是深渊（Abysmal），它与离相对，这从卦形上也可以看出。坎代表爱欲，而离则代表理性。离是太阳，坎是月亮，坎离交合就是那个神秘而又有魔力的创生婴儿新人的过程。艮卦，是山，是静立，是禅定冥想的象征，使外部事物静止，赋予生命一个内在世界，所以艮是生死相会之所，在那里完成了新陈代谢。

荣格论金丹养生

荣格（Carl Gustav Jung，1875—1961），杰出的分析心理学（analytical psychology）大师，当代西方最具影响力的思想家之一。1912年，荣格与弗洛伊德在学术志趣上分道扬镳，在此后的十多年中，他对东方的宗教和哲学产生了极大的兴趣，东方思想是荣格学术"转型"与"重构"的关键因素。在借鉴和吸收东方思想的过程中，有三个人对荣格起到了至关重要的作用，他们是托尼·伍尔夫（Toni Wolff，1888—1953）、凯萨琳（Hermann Keyserling，1880—1946）、卫礼贤（Richard Wilhelm，1873—1930）。

荣格的分析心理学深受东方思想的启迪和影响，这种影响表现在四个方面：易学、道教、禅宗、藏传佛教。荣格因此写了很多有关东方思想文化的著述，其中，他为卫礼贤《太乙金华宗旨》德文译本所写的长篇评述最为引人注目，这篇文章是荣格阐释东方思想最具系统、篇幅最长的文字，从中可以看出卫礼贤和《太乙金华宗旨》对荣格的巨大影响力。荣格说："卫礼贤的毕生工作对我具有如此巨大的重要性，因为它大大地澄清和确证了我在努力缓解欧洲人的精神痛苦时所一直寻找、追求、思考和致力的许多东西。以清楚的语言从他的身上听见那些我曾隐约地从欧洲人的无意识中猜测到的东西，这对我是一次了不起的经验。我确实觉得他极大地丰富了我，以致在我看来仿佛我从他那儿接受的东西，比从任何人那儿接受的都多。"（《荣格文集》，冯川编，改革出版社1997年版，第305页。）"我只能强调这样的事实，即《金华的秘密》首次为我指明了正确的方向。"（Jung, C. G. Psychology and the East. Princeton University Press, 1978，第6页）《太乙金华宗旨》正是让荣格深切地感受到了中国精神的原发性，"它不是诉诸头脑而是诉诸心灵"。"它能够在简单的语言中表达深刻的东西。它揭示出某种伟大真理的单纯性，揭示出具有深刻意义的真相。它给我们带来金花的优雅香味，它轻缓地渗透在欧洲的土壤中植出柔嫩的新苗，给我们以新的生命知觉和生命意义，使我们远离欧洲人紧张而骄横的意识。"（《纪念卫礼贤》，见《荣格文集》，第303页）所以荣格称《太乙金华宗旨》是"卫礼贤给我们带来的福音"。

荣格的评述共分为五部分。第一部分是引论，概述了欧洲人理解东方文化的困难之处以及现代心理学对突破这一困境所能起到的积极作用。荣格认为，"西方人的方式是把人的心灵藏到所谓的科学理解的外壳后面"。"西方对东方的模仿是一个双重悲剧，因为它的产生是由于一种非心理学的错误理解。"的确，近代以来西方哲学从笛卡尔的身心二元论（mind-body dualism）开始，主体和客体严格分离，主观和客观截然划分，普遍的反映论和认识论模式往往忽略了精神自身的主体意义和精神现象的复杂性质。对人的精神现象的把握总是置于对人的认识活动的探究和描述之中，置于客观的实证性的理性分析之下。在这样的背景下，西方人对东方文化自然觉得是一片迷离混沌，而难以理解。荣格认为现代分析心理学使东西方的沟通成为可能，西方基督教所表现的更多是意识层面的对峙和紧张，东方则表现为对无意识的重视，重视无意识是东方人格保持均衡与完满的重要基础。与其用反映论的模式、用意识的活动来评论东方人的哲学，倒不如用无意识的情感活动和直觉的内省工夫来理解它。他认为分析心理学可以在解读东方心灵方面发挥作用。荣格认为与"意识"层相对的是"无意识"层，这是一片更为广阔的心灵空间，"无意识"决定"意识"。而"集体无意识"则是"人的心灵拥有一个超越所有文化和意识的共同基底"。荣格正是在"无意识"尤其是"集体无意识"层面上论说道教内丹的。在这个层面上，荣格找到了联结东方思想的道路，找到了评论《太乙金华宗旨》的途径。

第二部分论述了金丹道的基本概念。首先是"道"，荣格认为，"道"可以看作是"集体无意识"最为完满的一种原始意象，它相当于"曼荼罗"，是自性（self）圆满的象征。然后是"曼荼罗""金华""慧命""回光","曼荼罗"是一个环,而且是一个魔环。"金华"就是光,光就是道,"金华"也有一个曼荼罗图案。"慧命"就是性命,性与命的结合就是道,它的象征物是中心的白光。"回光"就是使光"沿周身运转",就是"环流","环流"不仅仅是指沿圆的运动,而且是对圣境的界定,同时也意味着止观。《太乙金华宗旨》所谓的"光",不属于感觉世界,更不是物质性的存在,而是一种精神意境和深刻的内心体验。荣格用"光"的意象,展现了集体无意识的心理深层状态,特别是自性的圆满境界。道教的"道"印证了曼荼罗象征的圆满性,无意识层在认识论的视域中是一片昏暗的世界,荣格采用了象征的手法来说明,如用情结(complex)来揭示个体无意识,用原型(archetype)来展现集体无意识,用曼荼罗展现无意识层的最高完满和原始意象所共有的依据,用"光"来照亮无意识层的昏暗世界。

第三部分从意识的分裂和"魂魄"关系两方面分析了道的现象。按照荣格的体系,"心灵"(psyche)一词与"精神"(spirit)一词相当,上承接"灵魂"(soul),下涉及"心理"(mind)。"心灵"包括了一切思想、情感和行为,分为三个层次:意识(consciousness)、个体无意识(personal unconscious)、集体无意识(collective unconscious)。荣格分析了精神错乱的原因,不仅仅是弗洛伊德所谓的无意识的性压抑,而且还有"灵魂的迷失",意识所不能吸收的内容能够自发地从无意识中发展出来,这种内容对意识有一种分裂作用。精神错乱是被某种无意识内容攫取,因而使人着魔的精神状态,这种无意识内容是尚未而且也不可能被意识所吸收的。荣格的集体无意识理论是围绕着对原型的分析而展开的,在众多的原型之中,具有特别重要意义的是阿尼玛(anima)和阿尼姆斯(animus)。这对原型与道家的魂魄、阴阳观念十分相近。《太乙金华宗旨》将人的生命根芽分为"元神"和"识神","元神"寄居"魂","魂"属阳;"识神"寄居"魄","魄"属阴。荣格依照卫礼贤的译法,将"魄"看作是阿尼玛,将"魂"看作是阿尼姆斯。

"魂"对应着逻各斯（logos）的"性"，"魄"对应着爱洛斯（eros）的"命"。阿尼玛代表男子心灵之中潜藏的女性意象，关联着爱洛斯，呈现爱欲与生命的一面，象征着生命的原型（the archetype of life），基本等同于内丹中阴性（如阴魄、识神、识性、识光、下心）的性质、特征和原则。阿尼姆斯代表了女子潜意识层的男性意象，它关联的是逻各斯，表现抽象与超拔的一面，象征一种意义的原型（the archetype of meaning），基本等同于内丹中阳性（如阳魂、元神、元性、元光、天心）的性质、特征和原则。受丹道的阴阳和合思想的影响，荣格始终在努力寻求一种使集体无意识无限趋近于和谐与平衡的意境。

第四部分论述了意识从客体中分离。荣格引述了《慧命经》第八图（粉碎图），语云："一片光辉周法界，双忘寂静最灵虚。虚空朗彻天心耀，海水澄清潭月溶。云散碧空山色净，慧归禅定月轮孤。"他认为这种禅道合一的意境就是自我圆满和完整的自我实现的境界。这种境界可称为：意识从世界中分离，或者说，意识从现实中隐退以至超越。这时，意识既是空，又是非空。无意识不再显现出来，也不再能主宰意识了，它与事物原初的"神秘互渗"也便消失了。无意识和意识是相互起着决定作用的，位于意识和无意识之间的假想点就是"自性"（self）。"自性"是在个体无意识的状态下摆脱了情感、理智、思虑等的束缚之后的一种解放。自性在集体无意识中是另一重要的原型，是人格在无意识层的圆成和最高的和谐状态，通过投射，在日常生活中显露人性的光辉，展示人格的完美。这种完美人格的创造和诞生，就是《太乙金华宗旨》所说的"圣胎""金刚体"以及"不坏之躯"。荣格认为，内丹"不生不灭，无去无来"所隐喻的个体生命的永恒性，既是成道，也是自我实现，天人不二，更加符合原型的特征。荣格探讨了意识分离在心理治疗中的作用，认为意识分离状态极有助于心理分析。

第五部分论述了金丹炼成、功德圆满。荣格既反对用玄学方法又反对用"心理至上主义"来研究东方的丹道思想。他认为玄学的断言企图超出人性的界限，把我们心灵状态的根源归结为一个超出我们体验范畴之外的神性。"心理至上主义"与玄学的论点同样幼稚。作为功德圆满象征的"金刚体"原本是一个玄学的论断，它是从金华或寸田中发展起来的不能毁灭的气息之体。实际上"金刚体"是一个心理事实的象征，它是客观的，它首先投射为源于有机生命体验的某种形式，亦即果实、胚胎、婴儿、活体等等。在这种神奇的体验中，荣格发现了一个由于意识的超脱而导致的现象：主体的"我存在"变成了客体的"它使我存在"。这种感觉是一种与一切事物和谐一致的感觉，正如《慧命经》所说："功德圆满的人，他的目光将返回自然之美。"荣格反复强调，东方的这种宗教体验与基督教的体验是不同的，基督教让人们服从于高高在上的神，祈求受到他的保佑，而东方却认为救赎之道只有依靠自己，"功德圆满"就是最深层次的自我实现，它是可以体验的，是真实的。

以下依据通山译本对荣格的几个主要观点做一摘要式介绍。

一 对《太乙金华宗旨》的评价

我们应该老老实实地，毫不犹豫地承认，归根结底，我们并不理解本书所说的彻底超脱尘世是怎么回事，而且我们也不想理解。事实上，只有他们相当充分地满足了他们自然的本能要求，以至于没有什么能阻止他们认知不可见的世界本质时，这种使人内视的心理倾向才能导致这样的超脱，对此，我们是不是已经有了一点点微妙的感觉呢？这种内视的前提能把我们从束缚在可见世界的野心和欲望中解脱出来吗？这种解脱是由于能够感觉到的本能要求的满足呢，还是由于他们的未成熟或源于恐惧对自身欲望的压抑呢？是不是只有在遵守世间的法则时，我们的双眼才能看到精神（灵）呢？任何一个人，只要他了解中国的文明史，并且仔细研究过《易经》——这部影响了全部中国思想已达千年之久的智慧之作——都不会轻易地放过这些问题。并且他知道，从中国思想的角度看，本书所陈述的一些观点并没有什么非同小可的地方，实际上是自然而然的心理学结论。

在我们基督教文明中，精神（spirit）以及对精神的激情，长期以来一直是最高的价值和最值得追求的事情。只是在中世纪末期之后，在 19 世纪期间，精神才开始蜕化成理智（intellect），这时人们掀起了一场反抗难以忍受的唯理智主义（intellectualism）统治的运动。不过，这场运动一开始就犯了一个错误：即把理智和精神混为一谈，并且把理智的过失算到了精神的账上。当然，这个错误还是可以原谅的。当理智胆敢把精神的财富据为己有时，它就有害于灵魂（soul）了。理智绝对没有这资格，因为精神是某种高于理智的东西，它不仅包含理智，而且包含感情（feeling）。精神是生命的方向，或者说生命的本原（principle），它促使生命努力追求那光辉的、超越人性的顶峰。与之相反，站在它对面与之抗衡的是晦暗的（dark）、阴性的（feminine）、俗世的（earth-bound）本原（阴），它的情感性（emotionality）和本能性（instinctiveness）是从遥不可及的时间深渊中生长出来的，是从连绵的生理连续性的根上生长出来的。毫无疑问，这些概念是纯粹的直觉洞察的产物。但是，如果想理解人类灵魂的本质，就无法摆脱它们。如果没有这些概念，中国不知道会成什么样子。中国哲学史表明，中国从来没有远离过核心的心灵因素（cental），因此没有陷入单方面地过分发展过分自大的单一心理机能，也就保持住了自我。中国人对于生命体内部与生俱来的自我矛盾和两极性一直有着清醒的认识。对立的两方面永远是彼此平衡的——这是高等文明的象征，而片面性（onesideness）尽管提供了动力，它仍然是未开化的标志。如今在西方发端的反抗理智崇尚情感或者崇尚直觉的这个反响，我认为是文明发展的一个标志，是意识对专横的理智设定的过分狭窄之界限的突破。

我绝不想低估西方理智的巨大变迁，以此衡量，东方的理智可以说是幼稚（我们这里谈的显然不是智力"intelligence"）。如果我们能够成功地把另外那一种甚至是第三种心灵功能（psychic function）提高到与理智相平等的高度，那么西方就有希望跨越一片巨大的空白直接超过东方。而现在欧洲人却背离了自己的本性，照搬东方，甚至要全盘东化，这实在令人悲哀。如果他能以真情真性持身立世，并从其本性中发展出东方历经几个世纪从其内存在（inner being）中产生的全部成果，那么展现在他面前的前景将是十分广阔的。

一般地说，或者从理智顽冥不化的外在角度看，在东方受到高度重视的事情，似乎并不是我们孜孜以求的。单单凭借理智首先就不可能探究那些可能被我们引为己有的具有重要实用价值的东方思想，因而这些思想除了作为哲学和人类文化学的猎奇，就再没有别的了。这些东方思想在西方实在是曲高和寡，知音难觅，甚至有些博学的汉学家也不知道《易经》的实际用法，而把它看成一堆深奥难懂的鬼画符。

二　对金丹基本概念的解释

（一）道

对于欧洲人来说，理解这类著作的最大困难在于，中国作者总是从我们称为目的或目标的那个核心点作为文章的开始。简而言之，他开篇就谈他想要达到的终极境界，而这些思想需要极其出众的能力才能理解。即使是一个善于察微辨细的人，如果他企图用理性的方式来论述这种最伟大的思想对心灵的精微体验，他也一定会觉得十分荒唐，甚至是天方夜谭。例如，此书的开篇"自然曰道"，《慧命经》的第一句"盖道之精微，莫如性命"。

在西方人的头脑中根本就没有"道"这个概念，"道"这个汉字是由"首"和"走"组成的，卫礼贤译为 Sinn（意义），也有人译为 Way（道路），Providence（天道、天命），甚至有人译为 God（上帝），如耶稣会会士就是这样译的，由此可见翻译的难度。"首"可以引申为意识，"走"可以视为沿着某条道路行进，这样，道的含义就应该是：有意识地行进，或者是自觉的道路。"天光"（the light of heaven）也常用作道的同义词。"天光"与"天心"（heart of heaven）一样，"居于两目之间"，性命就包含于"天光"之中。根据柳华阳的说法，性命是道之精微所在。这里"光"象征着慧（意识），所以慧的性质就表达成与光类似的东西。《慧命经》的引子是一首诗：

> 欲成漏尽金刚体，
> 勤造烹蒸慧命根。
> 定照莫离欢喜地，
> 时将真我隐藏居。

这首诗叙述了一些炼丹的要点，就是炼就"金刚体"的方法或途径，在本书《太乙金华宗旨》中也提到了这一点。"加热"（烹蒸）是必要的，也就是说，必须要有对慧（意识）的强化，"神的居所"才可能被"照亮"。除了慧之外，命自身也要强化。两者的结合便产生了"慧命"。由《慧命经》可知，古贤人已经知道了如何填补慧命间的鸿沟，如何炼出舍利，即不朽之躯，于是

"大道乃成"。

如果我们认为道是一种方法或者自觉的道路，通过它，可以把被公开的元素结合起来，这时，我们可能接近了这个概念的心理学内涵。无论从哪一个角度来说，慧与命的分离都很难把它具体地理解成什么东西，除非按我上面讲的，把它理解成意识的某种畸变或者泯灭。毫无疑问，隐藏在无意识当中的对立面的呈现即"逆转"，意味着这两者在生命存在的无意识法则下的重新结合。其目的在于获得"自觉的生命"（慧命），以中国人的行话来说，就叫"回归于道"。

（二）"环流"："金花"与"曼荼罗"

我写这部书的宗旨就是"揭示太乙金华之秘"，金华即光，天光即道。金华也有一个曼荼罗图案，这种曼荼罗在我的病人给我看的那些东西中也常常见到。从上向下看，它像是一种规则的装饰性的几何图案，又像是从一株植物里生长出来的花朵。这株植物常常有着宝石红的色彩，如火焰一般，从黑暗的苗床上腾然而起，在它的顶端，开放着一朵光之花。这种象征与基督教的圣诞树有许多相似之处。这种类型的图案还表示金华的起源，根据《慧命经》，"原窍"（geminal vesicle）不是别的，就是"黄庭""天心""灵台""寸田尺宅""玉城之帝室""玄关""先天窍""海底龙宫"（亦称"雪山界地"）、"元关""极乐国""无极之乡""慧命之坛"。《慧命经》还说："修士不明此窍，千生万劫，慧命则无所觅也。"

天地之初，混沌未分，那将要成为最高目标的东西，此时则潜伏于无意识幽暗的深渊之下，在原窍之中，慧命（性命）本是一体，"融融郁郁如炉中之火""夫窍内有君火""故漏尽之窍，凡圣由此而起"。注意火这个形象，与欧洲相似。我见过许多欧洲的曼荼罗图案，上面画着一个被层层包围的种子样的东西漂浮在水面上，火焰从下面的深渊中蒸熏着那个种子，使它生长起来，一朵硕大的金花就从原窍中生长出来了。

这个象征系统是指某种炼丹术的提纯和修炼的过程，阴中生阳，"水乡铅"生真金，无意识内容就在生命及其生长的过程中成为意识。[印度昆达利尼瑜伽（kundalini yoga）与此完全类同]。这样慧命就结合起来了。

远在我知道这些曼荼罗的意义以及它们与东方功法的联系以前，我的病人就已经画出过这一类曼荼罗图案。他们画的时候当然没有受到过任何暗示，那时，东方对我来说还是完全陌生的东西。这些图画完全是自发地产生出来的。它有两个根源，其一是无意识，它自发地产生出这些幻念。其二是生命，全身心地投入生命，生命中就会产生对自性（self）的直觉，也就是对个体生命存在的感知。当无意识专注于生命时，个体的自性就跃然画上了。这完全符合东方人的观念。曼荼罗符号不仅仅是一种表达的手段，它还产生着某种作用，它会反过来对画它的人施加影响。因为这些符号是从"闭环"亦即"魔环"中延伸出来的，它依然保存着它远古时的魔力，它的奇迹在不可胜数的神话传说中屡屡出现。这种图像的作者显然是想要画出原始心灵特征的轨迹（sulcus primigenius），即一种环绕着某个中心的奇异条纹，还有最深层人格的 templum 或 temenos（圣境），以防止"外泄"，也就是说，想要以一种驱邪的手段防止外界的影响，以免人格误入歧途，走火入魔。这种神奇的功夫实际上就是心灵事件的投射，它又反过来作用于心灵，就像一种属于特定人格的密码。也就是说，通过这些具体的步骤可以使人的注意力或兴致回到内在的神圣领域，返回灵魂的根源和目的，慧命的结合便在其中。这种一度使我们着魔的结合已经失去很久了，现在我们必须把它找回来。

"慧命"这两者的结合就是道。它的象征物是中心的白光［参见巴德·特道尔（Bardo Thodol）有关《西藏死经》的论述］。这个光位于"方寸"或"面部"，准确地说，在两者之间。可以把它想象为一个富有活力的点，它只有强度而没有线度，它与"方寸"的空间有关，"方寸"是一个有线度的象征物。这两者的结合就形成了道。性和慧在光的象征系统中都具有强度，而命则与线度有关。前者属阳，后者属阴。上文中我曾提到一个梦游的女孩子画的曼荼罗，那时她只有15岁半，30年前我对她进行了观察，这幅曼荼罗的中心是一个没有线度的"生命之泉"，它向外喷发着，撞击一个与之相对的空间元素，这与这部中国著作的基本观念极其相似。

"封闭"或者"环行"（circumambulatio）在本书中表达为"环流"。"环流"不仅仅是指沿圆周的运动，而且它标志着对圣境的界定，同时也意味着止观。日轮开始动转，就是说，太阳获得了活力之后开始它的行程，换句话说，道开始运转，造化、主宰万物。有为就变成了无为。周围的一切都要服从中心的命令。所以说："动者，即主宰之别名也。"在心理学意义上，回光即使之"沿周身运转"。由此，显然使人格的各个方面都囊括其中。"转运阴阳"，也就是昼夜交替。

这样，这种回转的运动又有了一种精神意义，它使人性中所有光明（阳）的或黑暗（阴）的力量都活跃起来，一切在心灵上相对立的、无论是哪一类的心灵因素都随之活跃起来。这是通过自我培养（梵文 tapas）获得的自醒。完人观念的原型概念与柏拉图式人的观念十分类似，它拒斥一切，并使阴阳两性在自身之中统一起来。

（三）魂与魄

按照这部著作，无意识形象中不仅有神灵，还有魂和魄。"魂"被卫礼贤译为 animus。的确，用 animus 这个概念作为魂的译词还是比较合适的。"魂"的汉字是由"云"和"鬼"组成的，因而魂的意思就是"云中之鬼"，属于阳性本原，因而是男性的一种高级的"气息之灵魂"。死后，"魂"飞升为"神"，即能不断壮大的且能自我表现出来的神灵或神。Anima 是魄的译词，"魄"字由"白"和"鬼"组成，亦即"白鬼"，是一种低级的、缚于俗世的"体魄"，它属于阴性元素，因而也是女性的。死后，它沉没为鬼，可以把它解释为：幽灵（即在土中的鬼）、亡魂、鬼魂。魂与魄在死后分道扬镳这一事实表明，在中国人的意识中，它们是可以分辨的、显然有不同作用的心灵因素，尽管它们本来是"乾宫"之中结合在一起的"一灵真性"，它们是两种东西。"魂在天心""魂昼寓于目（即存在于意识之中），夜舍于肝""此自太虚得来，与元始同形"。另一方面，魄是"沉浊之气"，依附于有形的血肉之心。"一切好色动气"都是它的作用。"觉则冥冥焉、渊渊焉……即拘于魄也。"

很多年以前，卫礼贤还没有向我推荐这部著作的时候，我就使用了"anima"这个词，我的用法与中国人对"魄"的定义十分相似，当然，我的用法没有丝毫玄学色彩。对于心理学家来说，anima 不是一个超验的存在，而正是某种属于我们体验范畴之内的东西。中国的定义已经表明，情感的诸状态就是对它的直接体验。但是为什么人们讨论 anima 而不直接讨论情绪呢？原因在于，情感有自主的性质，因而大多数人都处于它们的权势之下。但是我们知道，情感是意识中可以定界的内容，是人格的一部分。作为人格的组成部分，它们当然具有人格的特点，因而很容易被人格化，这是一个至今仍在进行的过程，上面所引的例子就是一个明证。人格化不是无端地臆造出来的，因为一个被情感所激动的人往往会表现出与他平日大不相同、非常独特的性格，而不会平淡如故。仔细的观察表明，在男性的情感特性中有妇性的痕迹，这一心理学事实产生了关于"魄"这种灵魂的中国教义，以及我用的 anima 这个概念，深刻的内省以及忘我的体验也显示了无意识中存在着女性的形象或其他阴性称谓，如 anima，阴性的心灵，或阴性的灵魂。anima 也可以定义为意象或者原型，或者定义为男人与女人全部体验的组合。因为这个缘故，anima 通常总是投射成女人。我们知道，anima 常常是诗人描写和赞美的对象，而灵学家感兴趣的则是中国概念中魂魄的关系。

卫礼贤将"魂"译为"animus"，在我看来也很贴切，但我仍然有重要的理由用"逻各斯"来代表一个男性的精神，代表意识和理性清晰的男性特征，而不使用 animus 这种也很合适的表达方式。中国哲人跳过了许多压在西方心理学家肩上的重负，因为中国哲学及其古时所有的心灵（mental）和精神活动，仅仅是这个男性世界的一个组成部分。中国哲学的概念从来不是从心理学的意义上得来的，因而也从未检验过它适用于女性心灵的程度究竟如何。但是心理学家则不可能忽视女性及其特殊心理的存在。我更愿意把"魂"根据它的显现译为逻各斯的理由也与此有关。卫礼贤在他的翻译中用逻各斯代表了另一中国概念"性"，"性"也可译为 essence of human nature 或者 creative consciousness（有创造力的意识）。死后，魂变成神，在哲学意义上，它与性很接近。因为以我们的观点来看，中国的概念体系不具有严格的逻辑性，而是一些直觉的观念，因而它们的意义只能通过其使用方式来体悟。比如，构成该词的汉字的结构，魂与神之类的概念之间的关系等等。魂是人的意识和理智的明察秋毫的灵光，它起源于性的 logos spermatikos，死后通过神而回归道。根据这个用法，"逻各斯"这个译词该是最好不过了，因为它含有普遍存在的观念，因而它也涵盖了这样的一层意思，即人的意识的明晰性理性能力是普遍的而不是特属于某个个体的东西，它不仅不是个人的，而且从最深层的意义上来说，它是非人格的，这与魄截然相反，魄是一个属于个人的鬼魂，它完全通过个人的情绪来表现自身（因而是恶意的发泄）。

基于这些心理学的事实，我已经把"animus"这个词专门用于女子，以回答一个著名的问题："女人没有魄，但有魂"（mulier non habet animam, sed animum）。女性心理中包含有一个类似男性的魄的元素。首先，它不具有情感方面的性质，而是一个类理智的（quasi-intellectual）元素，用"偏见"这个词来描述它毫不过分。女人的意识侧面对应着男人的感情侧面，而不是"心智"（mind）。心智构成的"灵魂"（soul），亦即女人的魂，女人的魂是由低级的判断，或者准确地说，是由低级的观点构成的。男人的魄是由低级的关联物（inferor relatedness）构成的，情感丰富。（如想了解更深入的情况，读者可参考前面引过的我那篇文章，这里我只能泛泛谈一些。）女人的魂存在着极其众多的先入之见，因而它不能成为单一幻象的人格化身，而往往显现为一群或一堆。（灵学中有一个很好的例子，就是派珀夫人所谓的"皇帝"群。）在低层次上，魂是一种低级的逻各斯，一种对变异的男人心智的拙劣模仿，正如魄，在低层次上是对女人爱洛斯（eros）的拙劣模仿。把这种对应再推进一步，我们可以说，正如魂对应着卫礼贤译为逻各斯的性，因而女人的爱洛斯对应着命，命可译为天定、劫数（fatum）、命运，卫礼贤则译之为爱洛斯。爱洛斯交结一团，逻各斯则是分化的知识，层次分明，爱洛斯在于相关，逻各斯在于识别和分解。这样，女人的魂中低级的逻各斯就显现成某种毫无关联的东西，难以理解的偏见，或者是与事物的本质毫无关系的令人厌倦的见解。

我曾经常被人指责为把魄和魂像神话学那样人格化，但是这种谴责只有在证明了我用与神话学同样的方式在心理学意义上使用这些术语的时候，才是正确的。我必须再强调一次，最后一次，人格化不是我的一个什么发明，它是现象界的本质中所固有的。魄是心灵的，因而也是人的一种自主系统。对这一事实视而不见不能算是科学的态度。有些人反对我，但他们中任何一个人在说"我梦见了某先生"时都不会有半秒钟的犹豫，然而，严格地说，他只是梦见了某先生的表象。魄不是别的，正是此自主系统人格性质的一个表象，这个自主系统的性质究竟如何，则是一种超验的感觉，也就是说，它超出了我们所能体验的界限，我们无法知道。

一般来讲，我已经把男人的魄定义为无意识的人格化身，因而可以把它看作通向无意识的桥梁，亦即把它视为与无意识发生联系的机构，关于这种联系，此书提供了一个有趣的观点，书中说意识（指个人的意识）来自于魄。因为西方的思想观念完全是以意识为立足点的，因而它必然以我上面所说的那种方式来定义魄，而东方的立足点则是无意识，它把意识看作魄的效应！毫无疑问，意识本身就是从无意识中显露出来的，但我们几乎忘得一干二净，所以我们一直试图把心灵同意识等同起来,至少把无意识表示成意识的一种衍生物或意识的一种作用效果(如弗洛伊德的压抑理论)。基于上面讨论的理由,可以看到,没有什么能够脱离无意识的存在,而且,应该把无意识形象理解为富有活力的因素,这一点极为重要,理解了心灵实在含义的人不必担心他是否蜕化成原始的鬼神论者。如果我们不是严肃地把无意识影像看成自然而然的能动的因素,我们就会成为对意识思维的单方面信仰的受害者,最终会导致过度紧张的状态。灾难注定要来,因为我们忽视了隐晦的心灵力量,我们的全部意识都无济于事。并不是我们把它们人格化的,它们从一开始就有了人格的性质。只有我们彻底承认它,才有可能削弱它们的人格性,这就是我们这部书所说的"制魄"。

(四)《易经》

乍看起来,《易经》应用的基本机制与我们西方科学的因果思维方式有着尖锐的矛盾,换句话说,它完全是非科学的,甚至是我们所忌讳的东西。因此,它超出了我们的科学所能判断的范围,它的确是我们无法理解的。

几年以前,当时的不列颠人类学会的会长问我,为什么像中国这样一个聪慧的民族却没有能发展出科学。我说,这肯定是一个错觉。因为中国的确有一种"科学",其"标准著作"就是《易经》,只不过这种科学的原理就如许许多多的中国其他东西一样,与我们的科学原理完全不同。

《易经》这种科学并不是以因果律为基础的,而是以一种我们从未遇到过因而迄今尚未命名的原理为基础的,我姑且称之为同步原理。由于职业的关系,长期以来,我在对无意识过程的心理研究中发现,某些重要的无意识现象仅以因果律是无法彻底解释的。于是我觉得有必要去寻找一种新的解释方法。我发现,存在着某些心灵对应,它们之间不可能有任何因果联系,但是它们之间必定存在着别的某种联系。我认为这种联系主要在于事件间的相对的同时性,因而我称之为"同步"。这样看来,仿佛时间远远不是一个抽象的概念,而是一种实实在在地、连绵不断地流逝着的东西。它具有一些自己的特点和基本条件,这些特点和条件能够以一种因果对应所无法解释的方式在许多不同地方同时表现出来,比如同时出现的某些巧合的思想、符号或者心理状态。卫礼贤就曾指出,在中国和欧洲,某些时期同时出现了许多相合的东西,它们之间不可能有任何因果联系。占星术也是展现同步原理的一个精彩例证,当然,这还需要有足够的经得起检验的证据。不过，至少已经有一些事实经过了严格的检验，并有大量的统计材料做后盾。由此看来，对占星术做一番哲学探讨还是有一定价值的，占星术的心理学价值则是显而易见的，因为占星术代表了古代一切心理学知识的总和。

实际上，根据一个人的生辰数据判断他的性格并非完全是无稽之谈，事实也表明了占星术有一定的效力。不过，生辰数据从来不是依据真实的天文学意义的星座确定下来的，而是依据一种主观臆测的、纯概念的时间体系，由于两分点的岁差作用，春分点早已移出了零度白羊宫（Aries）。至于说占星术所做的任何准确的判断，那都不是依据天体的作用，而是依据我们所假定的时间特征。换句话说，在这一时刻，无论生出什么或做出什么，都带有这一时刻的特性。

这也是应用《易经》的一个基本方式，我们可以通过拈取蓍草梗或抛硬币而得到标志此时刻性质的六线形，这种方法完全是以纯粹的偶然为基础的。正由于是在这样一个时刻，因而那些神秘的草梗就会以这样一个方式出现。问题仅仅在于，比基督还要早一千年的文王和周公是否正确地解释了这种由草梗得到的偶然的图形？对于这一点，只有让经验说话了。

这种建立在同步原则上的思想在《易经》那里达到了顶峰。可以说，它是地道的中国思维方式的表现。而在西方的哲学史上，这类思想从赫拉克利特时代起就已经销声匿迹了，直到莱布尼茨才再次显现一点微弱的回声。但是，在此期间，它并没有彻底消亡，它仍然在日薄西山的占星术玄论中一息尚存，并一直保留到今天。

这时，《易经》正好呼应了我们进一步揭示自身的需要。神秘主义在我们这个时代获得了无与伦比的复兴。西方的思想之光也几乎因此而黯然失色。

如果我们在我们自己和真实的人性之间隔上一道人性所有的恶流和黑暗制成的帘幕，那么，东方的悟性，《易经》的智慧将毫无用处。这种智慧的光芒只是在黑暗中闪烁着，而在欧洲意识和意志剧场中强烈的探照灯下则无迹可寻。或许我们听说过关于中国的一些情况，诸如战乱、黑社会、平民百姓难以名状的悲惨生活，以及令人绝望的肮脏和罪恶，如此等等，我们几乎不会怀疑这种局面的恶劣，而《易经》的智慧正是从这片土地上产生出来的。

如果我们希望体验到东方智慧的活力，那就需要我们有一种正确的多方位的生活方式。

《周易参同契》原文

(依据彭晓《周易参同契分章通真义》本)

乾坤易之门户章第一

乾坤者，易之门户，众卦之父母。坎离匡廓，运毂正轴。

牝牡四卦章第二

牝牡四卦，以为橐籥。覆冒阴阳之道，犹工御者准绳墨，执衔辔，正规距，随轨辙，处中以制外，数在律历纪。月节有五六，经纬奉日使，兼并为六十，刚柔有表里。

朔旦屯直事章第三

朔旦屯直事，至暮蒙当受。昼夜各一卦，用之依次序。

既未至晦爽章第四

既未至晦爽，终则复更始。日月为期度，动静有早晚。

春夏据内体章第五

春夏据内体，从子到辰巳。秋冬当外用，自午讫戌亥。

赏罚应春秋章第六

赏罚应春秋，昏明顺寒暑。爻辞有仁义，随时发喜怒，如是应四时，五行得其理。

天地设位章第七

天地设位，而易行乎其中。天地者，乾坤之象也；设位者，列阴阳配合之位也。易谓坎离，坎离者，乾坤二用。二用无爻位，周流行六虚，往来既不定，上下亦无常，幽潜沦匿，变化于中，包囊万物，为道纪纲。

以无制有章第八

以无制有，器用者空，故推消息，坎离没亡。

言不苟造章第九

言不苟造，论不虚生，引验见效，校度神明，推论结字，原理为证。坎戊月精，离己日光，日月为易，刚柔相当。土旺四季，罗络始终，青赤黑白，各居一方，皆秉中宫，戊己之功。

易者象也章第十

易者，象也。悬象著明，莫大乎日月，穷神以知化，阳往则阴来，辐辏而轮转，出入更卷舒。易有三百八十四爻，据爻摘符，符谓六十四卦。晦至朔旦，震来受符。当斯之际，天地媾其精，日月相掸持。雄阳播玄施，雌阴化黄包。混沌相交接，权舆树根基。经营养鄞鄂，凝神以成躯。众夫蹈以出，蠕动莫不由。

于是仲尼章第十一

于是仲尼赞鸿蒙，乾坤德洞虚，稽古当元皇，关雎建始初，冠婚气相纽，元年乃芽滋。

圣人不虚生章第十二

圣人不虚生，上观显天符。天符有进退，诎伸以应时，故易统天心。

复卦建始萌章第十三

复卦建始萌，长子继父体，因母立兆基。消息应钟律，升降据斗枢。三日出为爽，震庚受西方。八日兑受丁，上弦平如绳。十五乾体就，盛满甲东方。蟾蜍与兔魄，日月气双明，蟾蜍视卦节，兔魄吐生光。七八道已讫，曲折低下降。

十六转受统章第十四

十六转受统，巽辛见平明，艮直于丙南，下弦二十三，坤乙三十日，东北丧其朋。节尽相禅与，继体复生龙。

壬癸配甲乙章第十五

壬癸配甲乙，乾坤括始终。七八数十五，九六亦相应，四者合三十，阳气索灭藏。八卦布列曜，运移不失中。

元精眇难睹章第十六

元精眇难睹，推度效符证。居则观其象，准拟其形容，立表以为范，占候定吉凶，发号顺时令，勿失爻动时。上察河图文，下序地形流，中稽于人心，参合考三才。动则循卦节，静则因象辞，乾坤用施行，天下然后治。可得不慎乎？

御政之首章第十七

御政之首，鼎新革故。管括微密，开舒布宝。要道魁柄，统化纲纽。爻象内动，吉凶外起，五纬错顺，应时感动。四七乖戾，誃离俯仰。

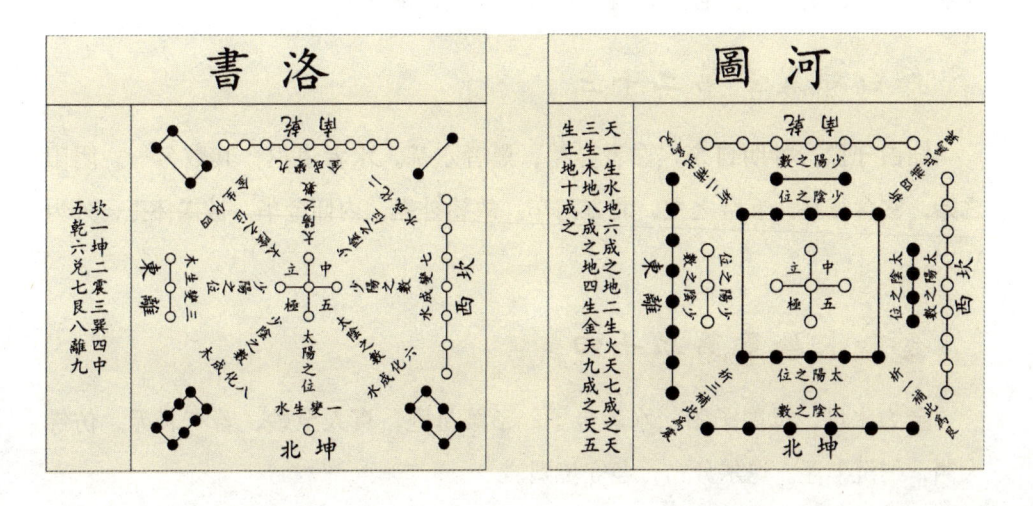

文昌统录章第十八

文昌统录，诘责台辅。百官有司，各典所部。

日合五行精章第十九

日合五行精，月受六律纪。五六三十度，度竟复更始。原始要终，存亡之绪。或君骄佚，亢满违道；或臣邪佞，行不顺轨。弦望盈缩，乖变凶咎。执法刺讥，诘过贻主。

辰极受正章第二十

辰极受正，优游任下。明堂布政，国无害道。内以养己，安静虚无。原本隐明，内照形躯。闭塞其兑，筑固灵株。三光陆沉，温养子珠，视之不见，近而易求。

黄中渐通理章第二十一

黄中渐通理，润泽达肌肤。初正则终修，乾立未可持。一者以掩蔽，世人莫知之。

上德无为章第二十二

上德无为，不以察求。下德为之，其用不休。上闭则称有，下闭则称无。无者以奉上，上有神德居。此两孔穴法，金气亦相胥。

知白守黑章第二十三

知白守黑，神明自来，白者金精，黑者水基。水者道枢，其数名一。阴阳之始，玄含黄芽。五金之主，北方河车。故铅外黑，内怀金华，被褐怀玉，外为狂夫。

金为水母章第二十四

金为水母，母隐子胎。水者金子，子藏母胞。真人至妙，若有若无。仿佛大渊，乍沉乍浮。退尔分布，各守境隅。

阴阳五行错乱图

采之类白章第二十五

采之类白，造之则朱。炼为表卫，白里贞居。方圆径寸，混而相拘。先天地生，巍巍尊高。

旁有垣阙章第二十六

旁有垣阙，状似蓬壶。环匝关闭，四通踟蹰。守御密固，阏绝奸邪。曲阁相通，以戒不虞。可以无思，难以愁劳。神气满室，莫之能留。守之者昌，失之者亡。动静休息，常与人俱。

是非历脏法章第二十七

是非历脏法，内视有所思。履行步斗宿，六甲次日辰。阴道厌九一，浊乱弄元胞。食气鸣肠胃，吐正吸外邪。昼夜不卧寐，晦朔未尝休。身体日疲倦，恍惚状若痴。百脉鼎沸驰，不得清澄居。累土立坛宇，朝暮敬祭祠。鬼神见形象，梦寐感慨之。心欢意喜悦，自谓必延期。遽以夭命死，腐露其形骸。举措辄有违，悖逆失枢机。诸述甚众多，千条有万余，前却违黄老，曲折戾九都。

明者省厥旨章第二十八

明者省厥旨，旷然知所由。勤而行之，夙夜不休。服食三载，轻举远游。跨火不焦，入水不濡。能存能亡，长乐无忧。道成德就，潜伏俟时。太一乃召，移居中洲。功满上升，膺箓受图。

火计不虚作章第二十九

火计不虚作，演易以明之。偃月法炉鼎，白虎为熬枢；汞日为流珠，青龙与之俱。举东以合西，魂魄自相拘。上弦兑数八，下弦艮亦八，两弦合其精，乾坤体乃成。二八应一斤，易道正不倾。

金入猛火中章第三十

金入于猛火，色不夺精光。自开辟以来，日月不亏明。金不失其重，日月形如常。金本从月生，朔旦受日符。金返归其母，月晦日相包。隐藏其匡廓，沉沦于洞虚。金复其故性，威光鼎乃熹。

子午数合三章第三十一

子午数合三，戊己号称五。三五既和谐，八石正纲纪。呼吸相含欲，伫息为夫妇。黄土金之父，流珠水之母。水以土为鬼，土镇水不起。朱雀为火精，执平调胜负。水盛火消灭，俱死归厚土。三性既合会，本性共宗祖。

巨胜尚延年章第三十二

巨胜尚延年，还丹可入口。金性不败朽，故为万物宝。术士服食之，寿命得长久。土游于四季，守界定规矩。金砂入五内，雾散若风雨。熏蒸达四肢，颜色悦泽好。发白皆变黑，齿落生旧所。老翁复丁壮，耆妪成姹女。改形免世厄，号之曰真人。

胡粉投火章第三十三

胡粉投火中，色坏还为铅。冰雪得温汤，解释成太玄。金以砂为主，秉和于水银。变化由其真，终始自相因。欲作服食仙，宜以同类者，植禾当以黍，覆鸡用其子。以类辅自然，物成易陶冶。鱼目岂为珠？蓬蒿不成槚。类同者相从，事乖不成宝。燕雀不生凤，狐兔不乳马。水流不炎上，火动不润下。

世间多学士章第三十四

世间多学士，高妙负良材。邂逅不遭遇，耗火亡货财。据按依文说，妄以意为之。端绪无因缘，度量失操持。捣治羌石胆，云母及矾磁。硫磺烧豫章，泥汞相炼飞。鼓下五石铜，以之为辅枢。杂性不同类，安肯同体居。千举必万败，欲黠反成痴。稚年至白首，中道生狐疑。背道守迷路，出正入邪蹊。管窥不广见，难以揆方来。

若夫至圣章第三十五

若夫至圣，不过伏羲，始画八卦，效法天地。文王帝之宗，结体演爻辞。夫子庶圣雄，十翼以辅之。三君天所挺，迭兴更御时。优劣有步骤，功德不相殊。制作有所踵，推度审分铢。有形易忖量，无兆难虑谋。作事令可法，为世定诗书。素无前识资，因师觉悟之。皓若褰帷帐，瞋目登高台。

火记六百篇章第三十六

火记六百篇，所趣等不殊。文字郑重说，世人不熟思。寻度其源流，幽明本共居。窃为贤者谈，曷敢轻为书？若遂结舌喑，绝道获罪诛。写情著竹帛，又恐泄天符。犹豫增叹息，俯仰缀斯愚。陶冶有法度，未忍悉陈敷。略述其纲纪，枝条见扶疏。

以金为堤防章第三十七

以金为堤防，水入乃优游。金计有十五，水数亦如之。临炉定铢两，五分水有余。二者以为真，金重如本初。其三遂不入，火二与之俱。三物相含受，变化状有神。下有太阳气，伏蒸须臾间。先液而后凝，号曰黄舆焉。岁月将欲讫，毁性伤寿年。形体如灰土，状若明窗尘。

捣治并合之章第三十八

捣治并合之，持入赤色门。固塞其际会，务令至完坚。炎火张于下，昼夜声正勤。始文始可修，终意武乃陈。候视加谨慎，审察调寒温。周旋十二节，节尽更须亲。气索命将绝，体死亡魄魂。色转更为紫，赫然成还丹。粉提以一丸，刀圭最为神。

推演五行数章第三十九

推演五行数，较约而不繁。举水以激火，奄然灭光明。日月相薄蚀，常在朔望间。水盛坎侵阳，火衰离昼昏。阴阳相饮食，交感道自然。

名者以定情章第四十

名者以定情，字者缘性言。金来归性初，乃得称还丹。吾不敢虚说，仿效圣人文。古记题龙虎，黄帝美金华。淮南炼秋石，王阳加黄芽。贤者能持行，不肖毋与俱。古今道由一，对谈吐所谋。学者加勉力，留念深思惟。至要言甚露，昭昭不我欺。

乾坤刚柔章第四十一

乾坤刚柔，配合相抱。阳秉阴受，雌雄相须。须以造化，精气乃舒。坎离冠首，光耀垂敷。玄冥难测，不可画图。圣人揆度，参序元基。四者混沌，径入虚无。六十卦周，张布为舆。龙马就驾，明君御时。和则随从，路平不邪。邪道险阻，倾危国家。

君子居室章第四十二

君子居其室，出其言善，则千里之外应之。谓万乘之主，处九重之室，发号出令，顺阴阳节。藏器待时，勿违卦月。屯以子申，蒙用寅戌。余六十卦，各自有日。

聊陈两象章第四十三

聊陈两象，未能究悉。立义设刑，当仁施德，逆之者凶，顺之者吉。按历法令，至诚专密。谨候日辰，审查消息。纤芥不正，悔吝为贼。

二至改度章第四十四

二至改度，乖错委屈。隆冬大暑，盛夏霜雪。二分纵横，不应漏刻。风雨不节，水旱相伐，蝗虫涌沸，群异旁出。天见其怪，山崩地裂。孝子用心，感动皇极。近出己口，远流殊域。或以招祸，或以至福，或造太平，或造兵革。四者之来，由乎胸臆。

动静有常章第四十五

动静有常，奉其绳墨。四时顺宜，与气相得。刚柔断矣，不相涉入。五行守界，不妄盈缩。易行周流，屈伸反复。

晦朔之间章第四十六

晦朔之间，合符行中。混沌鸿蒙，牝牡相从。滋液润泽，施化流通。天地神明，不可度量。利用安身，隐形而藏。始于东北，箕斗之乡。旋而右转，呕轮吐萌。潜潭见象，发散精光。

昴毕之上章第四十七

昴毕之上，震为出征。阳气造端，初九潜龙。阳以三立，阴以八通。三日震动，八日兑行。九二见龙，和平有明。三五德就，乾体乃成。九三夕惕，亏折神符。盛衰渐革，终还其初。巽继其统，固际操持。九四或跃，进退道危。艮主进止，不得逾时。二十三日，典守弦期。九五飞龙，天位加喜。六五坤承，结括始终。韫养众子，世为类母。上九亢龙，战德于野。用九翩翩，为道规矩。阳数已讫，讫则复起。推情合性，转而相与。

循环璇玑第四十八

循环璇玑，升降上下。周流六爻，难可察睹。故无常位，为易宗祖。

朔旦为复章第四十九

朔旦为复，阳气始通。出入无疾，立表微刚。黄钟建子，兆乃滋彰。播施柔暖，黎蒸得常。

临炉施条章第五十

临炉施条，开路正光。光耀渐进，日以益长。丑之大吕，结正低昂。

仰以成泰章第五十一

仰以成泰，刚柔并隆。远游交接，小往大来。辐辏于寅，运而趋时。

渐历大壮章第五十二

渐历大壮，侠列卯门。榆荚堕落，还归本根。刑德相负，昼夜始分。

夬阴以退章第五十三

夬阴以退，阳升而前。洗濯羽翮，振索宿尘。

乾健盛明章第五十四

乾健盛明，广被四邻，阳终于巳，中而相干。

姤始纪序章第五十五

姤始纪序，履霜最先。井底寒泉，午为蕤宾。宾伏于阴，阴为主人。

遁世去位章第五十六

遁世去位，收敛其精。怀德俟时，栖迟昧冥。

否塞不通章第五十七

否塞不通，萌芽不生。阴伸阳屈，没阳姓名。

观其权量章第五十八

观其权量，察仲秋情。任畜微稚，老枯复荣。荠麦芽蘖，因冒以生。

剥烂肢体章第五十九

剥烂肢体，消减其形。化气既竭，亡失至神。

道穷则返章第六十

道穷则反，归乎坤元。恒顺地理，承天布宣。

玄幽远渺章第六十一

玄幽远渺,隔阂相连。应度育种,阴阳之元。寥廓恍惚,莫知其端。先迷失轨,后为主君。无平不陂,道之自然。变易更盛,消息相因。终坤始复,如循连环。帝王承御,千载常存。

将欲养性章第六十二

将欲养性,延命却期。审思后末,当虑其先。人所秉躯,体本一无。元精云布,因气托初。

阴阳为度章第六十三

阴阳为度,魂魄所居。阳神日魂,阴神月魄。魂之与魄,互为室宅。性主处内,立置鄞鄂。情主营外,筑垣城郭。城郭完全,人物乃安。爰斯之时,情和乾坤。乾动而直,气布精流;坤静而翕,为道舍庐。刚施而退,柔化以滋。九还七返,八归六居。男白女赤,金火相居。则水定火,五行之初。上善若水,清而无瑕。道之形象,真一难图。变而分布,各自独居。

类如鸡子章第六十四

类如鸡子,白黑相符,纵广一寸,以为始初。四肢五脏,筋骨乃俱。弥历十月,脱出其胞。骨弱可卷,肉滑若铅。

阳燧取火章第六十五

阳燧以取火,非日不生光。方诸非星月,安能得水浆?二气玄且远,感化尚相通,何况近存身,切在于心胸。阴阳配日月,水火为效征。

耳目口三宝章第六十六

耳目口三宝，固塞勿发扬。真人潜深渊，浮游守规中，旋曲以视听，开阖皆合同，为己之枢辖，动静不竭穷。离气内营卫，坎乃不用聪，兑合不以谈，希言顺鸿蒙，三者既关键，缓体处空房。委志归虚无，无念以为常。证难以推移，心专不纵横，寝寐神相抱，觉悟候存亡。颜容浸以润，骨节益坚强。排却众阴邪，然后立正阳。修之不辍体，庶气云雨行。淫淫若春泽，液液像解冰，从头流达足，究竟复上升，往来洞无极，怫怫被容中。反者道之验，弱者德之柄。耕锄宿污秽，细微得调畅。浊者清之路，昏久则昭明。

世人好小术章第六十七

世人好小术，不审道深浅。弃正从邪径，欲速阏不通。犹盲不任杖，聋者听宫商，没水捕雉兔，登山索鱼龙，植麦欲获黍，运规以求方。竭力劳精神，终年无见功。欲知服食法，事约而不繁。

太阳流珠章第六十八

太阳流珠，常欲去人。卒得金华，转而相因，化为白液，凝而至坚。金华先唱，有倾之间，解化为水，马齿阑干，阳乃往和，情性自然。迫促时阴，拘蓄禁门，慈母养育，孝子报恩，严父施令，教敕子孙。五行错王，相据以生，火性销金，金伐木荣。三五为一，天地至精，可以口诀，难以书传。

子当右转章第六十九

子当右转，午乃东旋，卯酉界隔，主客二名。龙呼于虎，虎吸龙精，两相饮食，具相合并，遂相衔咽，咀嚼相吞。荧惑守西，太白经天，杀气所临，何有不倾。狸犬守鼠，鸟雀畏鹯，各有其功，何敢有声。

不得其理章第七十

不得其理，难以妄言。竭殚家产，妻子饥贫，自古及今，好者亿人，讫不谐遇，希有能成。广求名药，与道乖殊。如审遭逢，睹其端绪。以类相况，揆物终始。

五行相克章第七十一

五行相克，更为父母。母含滋液，父主秉与，凝精流形，金石不朽。审专不泄，得成正道。立竿见影，呼谷传响。岂不灵哉！天地至象。若以野葛一寸，巴豆一两，入喉辄僵，不得俯仰。当此之时，虽周文揲蓍，孔子占象，扁鹊操针，巫咸扣鼓，安能令苏，复起驰走？

河上姹女章第七十二

河上姹女，灵而最神，得火则飞，不见埃尘，鬼隐龙匿，莫知所存。将欲制之，黄芽为根。

物无阴阳章第七十三

物无阴阳，违天背元，牝鸡自卵，其雏不全。夫何故乎？配合未运，三五不交，刚柔离分。施化之道，天地自然，火动炎上，水流润下，非有师导，使其然也。资使统正，不可复改。观夫雌雄交媾之时，刚柔相结而不可解，得其节符，非有工巧以制御之。男生而伏，女偃其躯，秉乎胞胎，受气之初，非徒生时，着而见之，及其死也，亦复效之，此非父母教令使然。本在交媾，定置始先。

坎男为月章第七十四

坎男为月，离女为日，日以施德，月以舒光，月受日化，体不亏伤。阳失其契，阴侵其明，晦朔薄蚀，掩冒相倾，阳消其形，阴凌灾生。男女相胥，含吐以滋，雌雄错杂，以类相求。

金化为水章第七十五

金化为水，水性周章，火化为土，水不得行。男动外施，女静内藏，溢度过节，为女所拘。魄以钤魂，不得淫奢。不寒不暑，进退和时，各得其和，俱吐证符。

丹砂木精章第七十六

丹砂木精，得金乃并，金水合处，木火为侣。四者混沌，列为龙虎，龙阳数奇，虎阴数偶。肝青为父，肺白为母，肾黑为子，离赤为女，脾黄为祖，子午行始。三物一家，都归戊己。

刚柔迭兴章第七十七

刚柔迭兴，更历分布。龙西虎东，建纬卯酉，刑德并会，相见欢喜，刑主伏杀，德主生起。二月榆落，魁临于卯，八月麦生，天罡据酉。子南午北，互为纲纪。一九之数，终而复始。含元虚危，播精于子。

关关雎鸠章第七十八

关关雎鸠，在河之洲，窈窕淑女，君子好逑。雄不独处，雌不孤居。玄武龟蛇，蟠虯相扶，以明牝牡，意当相须。假使二女共室，颜色甚姝，苏秦通言，张仪合媒，发辩利舌，奋舒美辞，推心调谐，合为夫妻，弊发腐齿，终不相知。若药物非种，名类不同，分剂参差，失其纪纲，虽黄帝临炉，太公执火，八公捣炼，淮南调合，立宇崇坛，玉为阶陛，麟脯凤脂，把籍长跪，祷祝神祇，请哀诸鬼，沐浴斋戒，冀有所望，亦犹和胶补釜，以卤涂疮，去冷加冰，除热用汤，飞龟舞蛇，愈见乖张。

惟昔圣贤章第七十九

惟昔圣贤，怀玄抱真，伏炼九鼎，化迹隐沦，含精养神，通德三光，精溢腠理，筋骨致坚，众邪辟除，正气长存，积累长久，变形而仙。忧悯后生，好道之伦，随傍风采，指画古文，着为图集，开示后昆，露见枝条，隐藏本根，托号诸名，覆谬众文，学者得之，韫椟终身。子继父业，孙踵祖先，传世迷惑，竟无见闻，遂使宦者不仕，农夫失耘，商人弃货，志士家贫。吾甚伤之，定录此文，字约易思，事省不繁，披列其条，核实可观，分两有数，因而相循，故为乱辞，孔窍其门，智者审思，用意参焉。

法象天地章第八十

法象莫大乎天地兮，玄沟数万里。河鼓临星纪兮，人民皆惊骇。晷影妄前却兮，九年被凶咎。皇上览视之兮，王者退自改。关键有低昂兮，害气遂奔走。江淮之枯竭兮，水流注于海。天地之雌雄兮，徘徊子与午。寅申阴阳祖兮，出入复终始。循斗而招摇兮，执衡定元纪。

升熬于甑山章第八十一

升熬于甑山兮，炎火张设下。白虎唱导前兮，苍龙和于后。朱雀翱翔戏兮，飞扬色五彩；遭遇罗网施兮，压之不得举；嗷嗷声甚悲兮，婴儿之慕母；颠倒就汤镬兮，摧折伤毛羽。漏刻未过半兮，鱼鳞狎鬣起。五色象炫耀兮，变化无常主。漓漓鼎沸驰兮，暴涌不休止。接连重叠累兮，犬牙相错距。形似仲冬冰兮，阑干吐钟乳。崔嵬而杂厕兮，交积相支柱。

阴阳得其配章第八十二

阴阳得其配兮，淡薄而相守。青龙处房六兮，春花震东卯。白虎在昴七兮，秋芒兑西酉。朱雀在张二兮，正阳杂南午。三者俱来朝兮，家属为亲侣。本之但二物兮，末而为三五。三五并与一兮，都集归一所。治之如上科兮，日数亦取甫。

先白后黄章第八十三

先白而后黄兮，赤黑达表里。名曰第一鼎兮，食如大黍米。自然之所为兮，非有邪伪道。山泽气相蒸兮，兴云而为雨，泥竭遂成尘兮，火灭化为土。若蘗染为黄兮，似蓝成绿组。皮革煮成胶兮，曲蘗化为酒。同类易施工兮，非种难为巧。惟斯之妙术兮，审谛不诳语。传于亿世后兮，昭然自可考。焕若星经汉兮，炳如水宗海。思之务令熟兮，反复视上下。千周粲彬彬兮，万遍将可睹。神明或告人兮，心灵乍自悟。探端索其绪兮，必得其门户，入道无适莫兮，常传于贤者。

补塞遗脱章第八十四

参同契者，敷陈梗概，不能纯一，泛滥而说，纤微未备，阙略仿佛。今更撰录，补塞遗脱，润色幽深，钩援相逮，旨意等齐，所趋不悖，故复作此，命五相类，则大易之情性尽矣。五位相得而各有合：

甲［沉石］

丙［武火］

戊［药物］

庚［世金］

壬［真汞］

三［木］

二［火］

五［土］

四［金］

一［水］

乙［浮石］

丁［文火］

己［物］

辛［世银］

癸［真铅］

大易性情章第八十五

大易性情，各如其度。黄老用究，较而可御。炉火之事，真有所据。三道由一，俱出径路。

枝茎华叶章第八十六

枝茎华叶，果实垂布，正在根株，不失其素。诚心所言，审而不误。

象彼仲冬节章第八十七

象彼仲冬节，竹木皆摧伤。佐阳诘贾旅，人君深自藏。象时顺节令，闭口不用谈。天道其浩广，太玄无形容，虚寂不可睹，匡廓以消亡。谬误失事绪，言还自败伤。别序斯四象，以晓后生盲。

会稽鄙夫章第八十八

会稽鄙夫，幽谷朽生，挟怀朴素，不乐欢荣，栖迟僻陋，忽略利名，执守恬淡，希时安宁，晏然闲居，乃撰斯文。歌叙大易，三圣遗言，察其旨趣，一统共伦。

务在顺理章第八十九

务在顺理，宣耀精神。神化流通，四海和平。表以为历，万世可循。序以御政，行之不繁，引内养性，黄老自然，含德之厚，归根返元。近在我心，不离己身，抱一毋舍，可以长存。配以服食，雄雌设陈。挺除武都，八石弃捐。

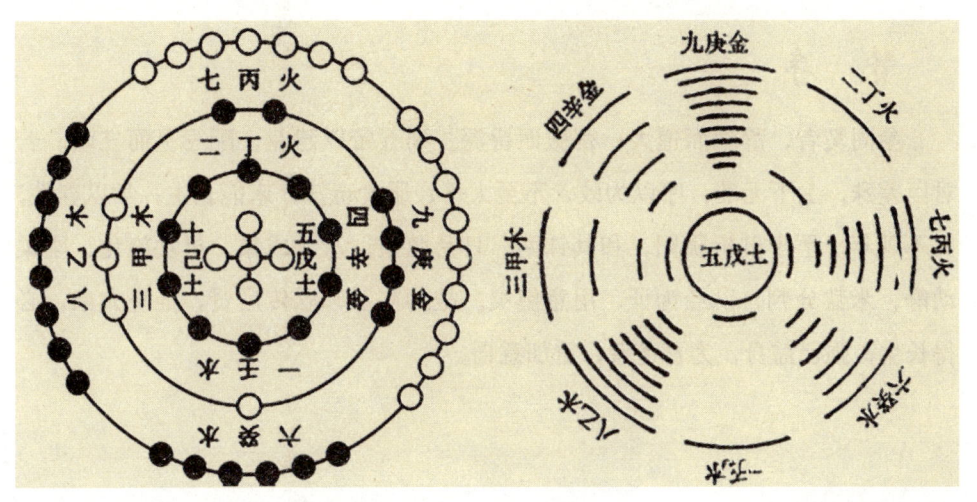

古河图、古洛书

审用成物章第九十

审用成物，世俗所珍。罗列三条，枝茎相连。同出异名，皆由一门。非徒累句，谐偶斯文，殆有其真，砾硌可观。使予敷伪，却被赘愆。命炁同契，微览其端，辞寡道大，后嗣宜遵。委时去害，依托丘山。循游寥廓，与鬼为邻。化形而仙，沦寂无声。百世一下，遨游人间。敷陈羽翮，东西南倾。汤遭厄际，水旱隔并。柯叶萎黄，失其华荣。吉人相乘负，安稳可长生。

鼎器歌

圆三五，寸一分，口四八，两寸唇，长尺二，厚薄均。腹齐三，温坐垂。阴在上，阳下奔。首尾武，中间文。始七十，终三旬，三百六，善调均。阴火白，黄芽铅。两七聚，辅翼人。赡理脑，定升玄。子处中，得安存？来去游，不出门。渐成大，性情纯。却归一，还本原。善爱敬，如君臣。至一周，甚辛

勤。密防护，莫迷昏。途路远，复幽玄。若达此，会乾坤。刀圭沾，净魄魂。得长生，居仙村。乐道者，寻其根。审五行，定铢分。谛思之，不须论。深藏守，莫传文。御白鹤兮驾龙鳞，游太虚兮谒仙君，受天图兮号真人。

赞 序

参同契者，辞隐而道大，言微而旨深。列五帝以建业，配三皇而立政。若君臣差殊，上下无准，序以为政，不至太平；服食奇法，未能长生；学以养性，又不延年。至于剖析阴阳，和其铢两，日月弦望，八卦成象，男女施化，刚柔动静，米盐分判，以经为证，用意健矣。故为立法，以传后贤，推晓大象，必得长生，强己益身，为吾道者，重加意焉。

《太乙金华宗旨》序跋

自 序

《易大传》曰："神无方也，无体也。"言神无方体，则名言之而难尽矣。往来不穷，利用出入，日用之而不知，与天地合其德，与日月合其明，与鬼神同其变化，至矣哉！盛德大业，言之不可终穷。拟议之而无可形似；灵文秘籍，俱归尘腐！予之定是宗旨，不落名言，无从拟议，其所以斡旋天地、转运阴阳者，在握其寸机而已。得其机，则妙用在我，而乾坤皆范围之而不过矣！机者何？一而已。一不可名，归之太虚，而浩浩落落，一片神行，其间变化无端，妙用不测。吾何以名之？曰："太乙。"噫！至矣，尽矣！

宇庵屠子辈，编辑《太乙金华宗旨》成书，各授弟子。为之阐发大意，而著之简端。是为序。

题 词

往古来今，只此一道。名之为"金华"，道之因也；就其初功言之也。名之为"金丹"，道之果也；就其成功言之也。总一天仙诀也，而曰"宗旨"云者，则彻上彻下，彻始彻终，会而通之，直而示之。若曰：吾天仙之法，如是焉而已。我孚佑帝师，昔立"天仙"派，即此二字，具见普济慈心，金针已度。千百年来，高高下下，成大成小，各各不同。而或以训炼，或以接引，亦总皆"天仙"中人，而不必即足以当天仙之派。何也？我帝师等观音之愿海，垂妙道于一乘，必真有自度度人心，且立共化化人愿，由入门以泊得路，直从落地说到上天，将历历相传之心法，原原本本，真真实实，洞然于心目间，而复以

之训迪后人，使源源相接，乃可授派，而引之以入圣域。某仰沐慈悲无量，幸得心传。今奉命总辑《全书》，因略说端倪如是。从兹以来，天仙之派，千支万汇，源远流长，共由觉路以达青霄，是则某之愿也夫，某之愿也夫！

宏教弟子　柳守元熏沐题词　弁言

孝悌王（蓝公）云：昔奉纶音，命上真演化五陵之内，渡拔多人，今又遴选七人焉。其与诸子所谈，无非尽性至命之学。若世人言性者，不兼言命；言命者，或略于言性；本体上复加工夫，有工夫莫识本体，以致失之毫厘，谬以千里。盖言性，直达先天；言命，不离冲漠；性命合一，体用兼该；形色合天性以为用，天性超形色以还元。六根六尘，皆为形色；有形有色，悉本天真。离六尘无见性之地，舍六根无立命之基，识得六尘，皆是本根，则滴滴归源矣。见得六根，皆光明藏，则处处灵通矣。是故有一物不归性量，毕竟见性之未真；有一处不关命脉，难言立命之已至。学人本性命之学，上达玉清，下彻泉壤，法身周遍大千，曲成万物，广大悉备，言性而命无不该，言命而性无不具。彼以龙虎法象炼形炼气何为乎？是书也，本为七人宏愿，流传万劫。有具出世福，肩荷法门者，虔奉修持，何患不立致九霄而飞升紫府也？

许旌阳真君云：天地设位，圣人成能。圣人，亦人也，何以成能于天地？盖自日月垂象，四时运行，百卉蕃昌，人物变化，参错不齐。愚人见其自无而口之有，莫不执有而滞于形，至人则见其自有而返于无，故皆观象而归于化。所以数往者顺，知来者逆。顺则为人为物，为山川岩谷，为草木禽鱼，为风雨露雷，为龙蛇怪异。凡事变不可名状者，何易悉数？逆则为佛为仙，为威音，为元始，为赞化育之至圣，为知化育之至诚。甚矣，一顺一逆之间，为人鬼异路、圣凡分界！本是同得之圣体，而独让至人成能，而与知与能之愚百姓，日用之而不知返其本初，亦甚可哀也已！《易》曰：乾坤毁，则无以见《易》。人身一天地，天地有日月，万象开明。人身亦有日月。故曰：乾坤为《易》之门户。人有日月，精华发露，其犹重门洞开，从此直登丹阙而上玉清也，抑何难哉？要不外目前之利用，出入愚百姓之易知简能。此至人普度心传，所以为无量欤？

张三丰祖师云：道也者，时焉而已。日月往来，寒暑迁变，草木生长，禽鸟飞鸣，以及吾人日用动静，莫非运用一时之中，变化无端，时至自见，斯为天地之心。不可以一名，而况于他乎？我来也晚，阳穷于上，剥换尽矣。兹当一阳初复，倏然而来，莫穷其迹，莫究其因，大地阳和，已无不潜行而默运，以为此天地之转运也，而天地不得而自主；以为此日月之进退也，而日月亦听其自然。风云变易乎上，草木萌动于下。大矣哉，时之为用也！是故言道者，不离目前。即一言一动、一事一物，无不可以见天地之心。盖此天地之心，任阴阳剥换，时令推迁，而无思无为，终古寂然不动。今人舍目前而谈玄说妙，则违乎时也。违时，即与道背驰，何时而有见道之日乎？天下之动，贞于一，动变不居，何可言尽？观乎时而万变皆在目前矣。从目前一一消归于太虚，谓之见天地之心可，谓之大道之宗旨可。时也，化也，要不离乎目前而得之矣，何道之可名、何太乙之可言乎？故曰：道也者，时焉而已。

通明上相丘长春祖师云：昔随侍吕祖，与诸子标示《宗旨》，如《易经》从爻卦以前言太极也。越数年，许子深庵，偕易庵、沧庵辈，又得大畅宗风，如《易经》言太极生两仪、两仪生四象，而四时行、百物生。天地日月，山河鬼神，同体合德，无时无处，而非《宗旨》之大全矣。今何时矣？大地冰坚，草木黄落，龙蛇蛰藏，风日冥漠。将以为万物退藏而归于宁闷乎？乃朔风何自而来？冻云何自而起？霜清月落，晓日迎暄，鹤羽翩跹，来寻法侣。提起旧时公案，一一如在目前！往日旧游，又成故迹。则当此玄冬，亦任草木之凋残，风霜之变易而已，何容心哉？其聚其散，孰往孰来。聚而来，其犹朔风凭虚而忽至；散而往，其若冻云飘然而西驰。聚者不可以为常，散者岂终就于灭？物情变化，来往无端！则自五行、四时，而太极，而归于无极也。万古一时，寒暄一息，有此刻之烛光日影、霜花笔妙，则为《宗旨》之现前，为宗风之大畅，为作序之大成。舍此，而言五行、四时、太极、无极，恐未免失之千里矣！

谭长真真人云：圣真无日不在度人。究竟何曾度得一人？亦世人能自度耳。若世人与圣真性量，有增减分毫，便是度不去世。圣祖初发愿度生，已度尽百千万亿劫，无量众生。度此七人，非七人也，即七如来、毗卢遮那无量法身也。诸子不离凡夫地，何以即与古佛同尊？子辈原无信不及，所以圣祖当下即度得去；若有一毫信不及，千生难免轮回也。自古圣贤千言万语，无非要人识得此性光通天彻地，古今圣凡，一齐透过，无少等待，无不完成。所谓"尽性"者，尽此；"至命"者，至此；采药者，采此；修证者，修证此而已。此《宗旨》所以为万法归宗至尊法旨。任尔为仙佛、为人天、为山河、为六道、为鬼怪、为昆虫草木，无不承受法旨，皈命大宗。苟有万分信得及者，不离当下，即与度去；有一毫信不及，饶他千生万劫，永堕迷途。向立严誓：七人外，不得妄传。岂圣祖普度之公心，只虑世人障蔽甚深，罪业烦重，不能开发信心，而反生疑谤，是益其罪也。究竟圣祖度世之宏愿，与学人谨凛之畏心，原无二无别。知此，不独仰体祖训；先圣后圣，殊途而一致矣。

王天君云：善承受法旨，护持道教，千百年于此矣。不惟派下贤嗣，潜修默证，呼吸感通，即愚夫愚妇，有能发一念向道真切者，无不敬礼而左右维持之。此固发愿之初心如是，亦一体感召，虚空上下，自无隔碍，本来如是。列祖诸真，法身遍满大千，心心相印，法法归宗。往古来今，超凡入圣者，不离自本自根，当下一齐正觉，何果何因？何修何证？善也披诚宣力，追随恐后，亦如风霆雷露，随时应化于覆载之中。栽培倾复，一任万类之各正性命而已，而造物者无心也。自七贤之敬受《宗旨》，斯地遂为选佛道场，十方三世，一时会集，百灵呵护，日月开明，有情无情，尽成法侣，上天下地，悉与证盟。道祖设教以来，真未有若此广大悉备，易简直截，如《宗旨》之尽泄玄机者。是日，受命鉴证盟誓。善敬辞曰："无庸有此证也。以七人得遇圣真，传示无上妙道，即佣夫爨媪，牧竖樵童，畴非听法之上器，甚至魔神蛟党，龙蛇异类，亦无不在此证盟之内。七人何藉于余？余又何必为七人证？"吕祖再三申命曰："天不爱道，传示七人。将由此七人，化度无量。有诽谤法门，诋毁贤圣，惟尔护法，呵谴而默相之。法子有不敬慎凛遵戒律，或轻授匪人，尔护法，亦严加谴罚！"善同七人跪而受命。呜呼！列祖普度慈悲，原无分上下。其奈世人积业如山，无自仰承法雨，七人果能体此化度慈心，随地随时，多方接引，无负自度度人之宏愿，则尽法界众生，皆投诚归命，亦何待雷露风霆？惟是广生大生，以各正性命于两间可耳。

按　语

谨按：此经乃性命兼修，"天仙"之嫡传也。道旨真宗，得兹明晓。更藉《问答》（《阐幽问答》）切实指点，诚觉世微妙心灯，夫大千沙界，遍地金华，《宗旨》能明，尽人得证。今幸我孚佑帝师，大布慈悲，普施法力，将"天仙"妙道，于此处拈出。从兹日丽中天，垂之万古矣，所期月临大地，印乎千潭耳。《宗正》本系仍屠子之归，今就《宗正》（《全书宗正》）本详为厘定，归入集中，以质后之"天仙"嗣派者。

广化弟子惠觉谨志

后跋（一）

忆昔余小子元，奉教于易庵先生之门。先生授以《净明忠孝录》一册。曰："此旌阳真君四字天经。"真君从谌母受斗中孝悌王之传，以儒证道，以道振儒，化度弟子多儒流，敦叙人伦，服勤官政，志节卓然。间出而斩除妖魅，拯救生灵，无非本性地之光明，为济世之勋业，即《录》中所谓"净明道法，忠孝雷霆"者也。小子敬奉而读之。

他日，吕祖命易庵先生以下七人，传示《宗旨》，其鉴证者，王天君也。是日，万灵萃止，八景浮空。七人拜而授教，直接斗中孝悌王之真传，即《太乙金华宗旨》也。其初授也，不落言诠，绝无文字，直指羲皇画前之《易》。根于无，妙于有；自一本而万殊，由万殊而一本。亘古亘今，贞恒不变，其金华之谓乎！

嗣后发挥《宗旨》，动静无端，阴阳无始，其流行于日用，则六位时成。即今日影辉窗，拈毫呵冻，凝神定虑，敬述缘起，无非由"朝乾夕惕"之本怀，为"或潜或见"之面目。盛德大业，不离现前；即现前为本体，即本体是工夫。神矣哉，真金华递传之嫡血也！

迄今，历二十余年，孝悌王又重提旧时《宗旨》。元即授同学张子爽庵，订辑书成。复蒙列祖各序简端，命元述缘起，一大事因缘时节，岂偶然哉！元等昔以七人受教于祖，今派下诸同学，又适符七人之数，益信道缘之不可思议也。自今以往，传示无穷，化度无量，即邵子所谓"我不得而知之，圣人亦不得而知之"者耶？

金华嗣派弟子宇庵屠乾元敬题

后附按语

按：此经于康熙戊申，蒙孚佑上帝垂示人间。其时受法弟子为潘易庵、屠宇庵、庄惺庵、庄诚庵、周野鹤、刘度庵、许深庵七人。至壬申岁，复提倡《宗旨》，时又有张爽庵、李时庵、冯返庵、冯近庵、许凝庵、潘真庵、潘卓庵，亦适符七人之数。

乾隆乙未，钱塘邵志琳得苏门吴氏抄本，自加订定，刊入《全书宗正》。今届重订之期，广化子复厘定之，归入集中，而嘱予详志前此诸人姓氏。爰胪列之，俾不致湮没云尔。

正化子法嗣恩洪谨识。

后跋（二）

《阴符》三百字，《道德》五千言，何尝有一语在色身讲论？乃后世言长生之术者，无不错认"乾坤坎离"诸名色，着相求之；又执"有为属命，无为属性"之说，配合身心；身为外丹，心为内丹。是将性命看成两橛矣！

《金华宗旨》，许旌阳真君谓为"四字天经"，即所谓"净明道法，忠孝雷霆"也。源流载之悉详，此"教外别传"之旨。言性，而命在其中；言命，而性在其中。斗中孝悌王序云："离六尘，无见性之地；舍六根，无立命之基。知六尘是本根，则滴滴归源；知六根皆光明藏，则处处灵通。"数语足尽其妙，尚何容赞一词？所惜者，万善子既已补入《全书》，又云："出言似非正大，字句涉于舛错者，悉皆删易之。"审此，恐非全璧。

通幸沾法乳，授《太乙金华》秘奥，又侍演《金华阐幽》，修辑《全书宗正》。同受者，亦符七人之数，因将《宗旨》——请证，略加删订。一灯复继，千室共明，其赖此超凡入圣者，将无所终极焉。

嗣派弟子通宵谨识。

后跋（三）

"金华"之义何昉乎？尝观魏伯阳真人《参同契》曰："太阳流珠，尝欲去人，卒得金华，转而相因。"我孚佑帝师，亦尝于玄妙观题蕉云："美金华要十分开。""金华"之见于经典者甚多，而唯此二则，最关道妙。"金华"之关于道妙者固巨而深，得《宗旨》则为尤鲜。此非"天仙"之传，不足以明之；更非"天仙"道祖，不克以示兹妙典也。

此经由孚佑上帝特传于世，绘水绘声，拈花拈影。于毫端许，现宝王刹；于微尘里，转大法轮。真照世之炬烛，济海之慈航也。因思孚佑帝师名"天仙派"，必有留传字句。询之惠觉，蒙敬述云："昔闻有二十字。曰：寂然无一物，妙合于先天，元阳复本位，独步玉京仙。"并告小子志秋曰："十字着眼，二十字着眼。子不观夫世之传派者，每多递及而止乎？殆庸有尽也。天仙之派，万古不磨，故以终为始，是统如终，而无始即无终焉。抑不观夫世之传派者，每以人实其额乎？为其有数也。天仙之派，万源不竭，故从今溯古，不分古今，而无古自无今焉。我孚佑帝师，天仙之始祖也。宏教恩师，天仙之二祖也。子其敬志之。"小子叨跋是经，谨详识颠末。俾后之读此《宗旨》者，皆知"金华"之妙，其亦"天仙派"中人也耶？

待济弟子志秋谨跋

《太乙金华宗旨》阐幽问答

谨按：学者多言，多未中綮；帝师答语，妙已入深；金针尽度矣。惜尚未悟，在读者知此，自不辜负慈心。并以告"天仙"嗣派者。

广化子惠觉又志

1. 问：先天之学，心也；后天之学，迹也。欲免轮回，须从无形做工夫？

答曰：无从做工夫。究竟何以做？将谓静中可得，动则失。不知动之所以失，由静之无以得。夫静无得，动有失，皆未达道也。汝所云形而上，止言其当然，未识其所以然。刻下惟于有迹探无迹。有迹而无迹，迷者千里，悟者一朝。

又问：如何是有迹探无迹？

答曰：空嗟男子学婵娟，妙里寻芳总一偏，不识正中中又正，无端起处是真玄。

2. 问：如何心得静？

答曰：事事物物穷之，难；时时刻刻存之，易。存者，存其心。心存，方有主；有主，方能治事。夫一操一舍之间，天人之分，贤愚之别，未可轻视也。但存心易于断续，行之久，自无间，无间则续，续则光明，光明则气充，气充则昏散不除而除矣。噫嘻！天下事惟此事大，余皆末焉耳。百忙中寸存，万事中一理，不体此二语，终难入于圣域。

3. 观心。

答曰：观心清静。心本无二，止一精真。通前彻后无他：不离见闻缘，超然登佛地。然观心亦有深浅，有强观，有自然观，有尘外观，有尘内观，有不内外观，有普观。尔将何观观心乎？吾道一步一步，亦不躐等而参之。终始地位，亦不外此。起手即是落手。从观起手，工夫也。观深妄净，方是真空。若止言空理，而不假观行，则是口头禅。凡夫终是凡夫，何为修也？

4．问：回光返照。

答曰：不照，何以见？非筏莫渡，非非筏莫渡。渡即是渡，筏终是筏；见筏无筏，知渡非渡。回光不以目而以心，心即是目。久久神凝，方见心目朗然。不证者难言，此反启着相之弊。不证，由于精虚，且观心觉窍，以生其精。精稍凝即露，即见玄关窍妙，参悟工夫方有着落，不然是渺茫之言，言之亦觉自愧欺人。

吁！大道幽深实难言，一步一步到花妍。花中有实却无实，即是凡夫超后天。

无有广大灵慧，千万袅娜，法座宽深，说法无际，且待尔等造就，日积月累，心开见佛，方知龙眠深处不吾欺也。至于眼观脐下，是外功，内功心目生，才是真丹田。左转右转，其理本同。丹经云：自然之所为兮，非有邪伪道。又有眼前见光者，鼠光也，非虎眼，非龙精之光，心光，不属内外。若色目望见，即为魔矣。汝等污染久之，一时难清。其实生死事大，一念回光，收复精神，凝照自心，即是佛灯。满屋财气，只在各人认真不认真，看吸得多少？我此事鬼神俱惊，惟有德者当之。何谓佛灯？常令烛照，即是佛灯。与其屋内屋外点灯供我，不若此一盏灯彻夜不昧，照彻五蕴皆空，方知救苦救难一尊观世音。心灯一盏，人人本有，只要点得明，便是长生不死大仙人。汝等勿要忘了此心，使神昏昧无主，则精神散漫。

此法直揭大乘宗旨，一超直入工夫。回光者，即他日身后明白境，不独现在也。必须逼我说出来，汝等才发信心，亦大泄天机矣！汝照此行去，不其效而自效，平生参学方贯串得来，不是今日东，明日又西，说些野狐禅，便为了事。

5. 问：如何才谓之"上菩提路"，才为到家？

答曰：本未离家。只因自心迷惑，指南为北，以致有千程万途之跋涉。其实只在当下，拾得衣中珠，仍是自家珍。一念回光，即是在那菩提路上。家园切近，上好丛林，不用出家，即此是兰若。我此法心传，却是一超直入工夫，谓之保本。修行为聚者，开宏光天化日，也不为希罕，即力浅根劣，亦不失小仙小神身分，诸子领之！

6. 问：从性学入手否？

答曰：性学非命学不了，先从性探引命之作，命通方得彻性。性非命不彻，命非性不了。故《易》云："穷理尽性，以至于命。"尽性罢了，又何以"至于命"？不得穷到底，焉知神物隐于此？可以生人，可以杀人；生杀只在这个，并非另有玄关。

又问：守真如之性可乎？

答曰：真如之性，怎能守得？既曰如是活活如如，何容拟议？拟议尚不能，焉能守之？不守而守，无可守也。守则把持，真如不现。莫把捉，四大本空，五阴非有，何处容汝捞摸？

7. 问：致心一处。

答曰：致心一处固然。然心无定处，又须活泼善探。不在形色，形色俱是后天。知者心之用，空寂者心之体，若着在后天，则是气质用事，理之不尽，了之不能矣。

又问：若不致心一处，如何得主张？

答曰：超动静，得主张，无主张却是主张。莫荒唐，飘飘荡荡，雷雨风云现样，造化齐彰。活活泼泼，不是寻常，却是寻常。天花乱坠，诸神献瑞，实堪庆。快平生，一也百当。举目神光大法场，结果一齐光，说甚恍朗？莫把捉，仔细详，把捉则愈驰愈远，止有火炽，而无水养。水火不均平，焉得神丹长？道人总是彻骨谈，毫无诬强，尔等善体，大道在望。实不待来生再了，转瞬大光明，照彻五蕴皆空，弥纶世界如掌。

8．问：神入气中。

答曰：如何入？神不入气，中无不在耳。所谓神入气中者，后天之神耳，非先天之神途路。入门功夫，气中即心中，要仔细认，即玄关之启处也。若着力，则凿非。玄关之启处，周身之气也，大有危险，不可不知。玄关乃天地之正中，窍中有窍，亦无可指之处。若有可指，则是造化五行中，焉是出造化事？玄学不落造化，却有造化，非身体力行自证者，不能语语金针，句句入彀。默会而已，不在多言。

9．问：神气。

答曰：神无质。神即气也，神气不能分。离气则神无所立，亦无所为气矣。气运即是神运。

又问：神气既不能分，道家又何云："炼气化神"？

答曰：存清去浊之谓。惟清故灵。神，即气之清者也。若炼神还虚，虚非气乎？气即神，神行乎气，又谓反其所由生。

10．问：以气感气。

答曰：以气感气，固然。若指人身中气，真凡而不可用矣；何时超升仙佛？不是如此。冲虚之气摸不着，点点心儿索。至于运气小术，亦可栽培肉身，以延其寿。若以为大道必须肉身上作工夫，则是旁门之言。沾着些须不是他，要从无沾依中，幻化为用。不是这般说法，却是那边行履。光明法界，何处容情？佛语亦中听，仙家奏乐音，可惜人不懂，缺少个知音！总之，外功于大道无涉。大道真修，先要精化气。此精不是交感精，丹书内已历历言之。这一层先难讲，何况二关事、三关事，更难说！大道幽深，实非戏语。有人说到入路，便以为究竟极则。不知出路若何？出而复入又何若？

11．问：修持。

答曰：修者，去其污染也。无污染，有何修持？若再修持，头上安头。

12．问：从何体认。

答曰：体认者，认体也。心体无形，体认即是工夫。体认一分，积得一分，积厚流光，道在眼前矣。汝仍从用探体去。到得体现，方有妙用。妙用显体，人不知之。

13．问：三才立极，如何是人极？

答曰：人极在心，即天心也。在人曰人，在天曰天，上帝临汝，无二尔心，本心通天，即通上帝。一念感召，位入仙班矣。

汝等无学，愧吾未教，吾将所藏，细为汝道。道其所道曰太极。太极之理，贯彻天人。天本乎此而立阴阳之极。生生不息之机，实肇于此。人有是理，而为私所蔽，故不显其理，止存其质。动静之间，偏侧莫晓，昏昏乎岁月，忽忽乎流行，放荡无忌，瞥而不返。吁，嗟乎！红光一透，瓦解冰销，莫知其所之也。所谓士希贤，贤希圣，归而返之，由于致知。致知之要，存乎一心。心纯笃则日进而不已，心恶杂则流荡而不息，嗟嗟，二三子侍吾久矣，未敢直透其旨，盖静敬者寡，诚一者鲜，所谓道不虚行耳。

风雨闹，人事逍遥，说玄机，大半是空中实到。不积德，没倚靠。故将人事作梯航，做得了时机宜到，做不了时也有红尘诰。天地无私，何须人计巧？汝等有事亦不妨，只要精神不散漫，如猛火聚炉，方有专一之意，方可入菩提路，而证涅槃。不然者，渺茫其说，昏默其旨，不识自己性命根源端的，焉有进步？

14. 问：一切细参工夫，须要寻常而切己？

答曰：有何工夫？不行而密，不肃而敬。笃恭以持己，显晦合一，体用无殊，工夫何在而何不在？所谓大道，以默以柔，无时而不适，无事而不泰然。

15. 问：某止知静其体也，动其用也，显其著也，晦其隐也。歧而二之，莫能合而一之，前蒙示"显晦合一，体用无殊"，是就无形者而言？

答曰：有形中，无形中，无有形中，亦无无形中。中中一内，察其体用之无殊，求其隐显之莫测。

16. 问：蒙示"不行而密，不肃而敬，工夫何在何不在，即是显晦合一，体用无殊"。若就流行者言，分明是有动有静，岂以动静皆天然而无欲，谓之"合一无殊"；抑以纷纭万变，皆莫能逃于太虚中，谓之"合一无殊"耶？

答曰：水之有波，波非水耶？因其外动而内，以含内静，而波之波，水之水也，如是而已矣，藏于中，形于外，焉得不谓之"合一"，不谓之"无殊"乎？

17. 问：存心以致其知。

答曰：有何存？

又问：知致而镜明，镜明而垢见，纤翳无所容，所谓明得尽，渣滓便浑化了也？

答曰：其养也，其贼也，毕于是矣。究其中无一个主宰。如日月往来，寒暑定岁，四时代谢，八节兴衰，齐之此中，始成岁功，而运行无滞，命之所由立也，性之寓亦在是矣。尔其焚香静验，久而有得。江湖泊久，云蔽西山，知日出是其时矣。

18．问：兢业者即是本体，本体本自兢业。合着本体，即是工夫，所谓"不行而密，不肃而敬"也。自其精明而言，谓之知；自其鉴察而言，谓之敬；自其无妄而言，谓之诚；自其生理具于此，谓之仁；自其无内外可分，无动静可别，无极太极谓之一。笃恭而天下平。中也者，和也。言中，而和在其中矣；言和，而中不待言矣。动无不和，即静无不中。表里一贯，头正尾直。

答曰：常言之，常行之，庸言庸行，至诚无妄。三家至秘，无多语。

19．问：昨言镜明垢见，蒙示"其养也，其贼也"；是否涵养省察因此；嗜欲纷华亦因此？即是识精，未经点化之阴神，释家所谓之种性是也。

答曰：将疑焉，将信焉。明明白白，一个大路到其际，自前进矣。久而自化种性为佛性。

20．问：寻根即可透悟否？

答曰：寻根觅底到海边，有个夜叉现。阴极方能生阳，未到穷阴，难透其源。从根探摸，正不着空，不着有之妙法耳。此吾之异传在此，通天彻地大道，快活阳神普大千，一口吸尽西江水，狮子奋迅才出窟，万兽齐惊声顿希。咄！小道旁门焉足一闻？吾语汝：将肉身全莫讲，照此再从心源探，即是"坎府求玄"，水底蛟龙出现。未探水，不穷源，总是皮肤又皮肤，逢人说学道，止不过徒博虚名。所谓挂榜修行，吾门大忌。如此参，要真参；悟，要实悟，通天彻地，尽是法身，俱是我性光现。

21．问：坎离。

答曰：即先天之所化。不是有为，亦非无语，只此一言半句玄。能会者，即得证真常；不会者，终归无用。即如作事，必得中；人要须中，用事方有成。不然，间隔东西，木三金四，那得究里？此乃切骨之谈，毋忽！

22．问：念虑纷杂，一念未止，一念续之，如鱼之吸水，口进腮出；如夏日之令，昼长夜短。则于玄牝窍妙，尚不得着眼而观，何望真机之阖辟如练如绵？

答曰：心地光明今古烛，何云玄牝没根源？工夫久，久成妙。瞩阴阳全识是机先。

23．问：天地非日月不显，日月退藏，则天地混沌。神与气合，气结神凝，

是否即坎离交？

答曰：坎离交于不知不觉之地，而运行未尝稍息焉。天之道无时不转移，妙在不期而合，非有心为之，生死固在天，天其有心乎？

24．问：坎离交在内，由此而大药产。一点元性微明，藏在坤腹，光透帘帏，纯清绝尘，息住气宁，止存空明。止存空明，是谓天地心，主持万化。

答曰：气宁息住，机之复，生之理，所以活泼，即俗云"活子时"也。

又问：自此从微至著，应乾卦三阳。三阳退处，即是三阴，是谓小周天。重入胞胎，性归于命，蓄久发暴，烈火飞腾，是谓火燥。恐启后天情识，故吸闭以防危，使之下降而无生；撮舐以助火，使上升清虚而无减；谓之大交，匹配真汞。虚即真汞，真汞即性空。其交着于内，之外，从此退符，仍隐土釜。炼之又炼，存清去浊，至于虚无极，是谓"绝学无忧"。

答曰：不治其本，难齐其末。一天雷雨风云，孰得而主使之，孰得而止遏之？修身如执玉，磨其磷，琢其玷，功深力积，润泽非一时，非大力量不能成此。朝更夕改，触发一时，而气偏于一隅。又所谓玉之有玷，洗之难强也。子其勉之！坎离之所以有，乾坤之所造；乾坤之所以名，坎离之所化。

25．问：拨动顶门关棙，忽而自合自开。恁么中不恁么，不恁么中恁么。其意所到乎？其天命之流行乎？此时道眼清明，天开寿域，头头显露，浩浩渊渊，正法眼藏，涅槃妙心，愈活泼，愈精明。丹经云："饶他为主我为宾"，是外来者为主，我反为宾。只是不忘照心，任其点化腹阴，名之为天王补心丹亦可。此便是以神驭气以气控精之旨。所谓鹰拿燕雀，鹘打寒鸦，其近是欤？

答曰：婆娑妙论。

又问：和光同尘，却不染尘，世事沾他不得。以其运也，谓之河车；以其不违天，则谓之法轮。其团如卵，其白如练，其软如绵，其轻如波；以硬也，铁脊梁汉；其成片也，海水浸堤；其不容已也，揭地掀天。上升为云，下降为雨，电掣雷轰，抽添自见，漏声滴滴，元酒堪尝。种种机遇，总属一串之事。所谓"有物方能造化生"。

答曰：不可以形容。形容，则界限分矣。如此玄谈，不可以为功。总之，积一寸，则厚一寸；积一尺，则厚一尺。方以象地，圆以象天，空不见空，实不见实，空实无异，到处奇奇。不见不了，见也亦终，呵呵不笑，一字不通。

26．问：在尘出尘。

答曰：不止此。此系初机。在尘出尘，仍有尘在，非系无因，因果一齐光，停停当当，春色满溪涨，此又何说？于无言说中，强生言说耳。

27．问：动而无动，静而无静，是"合一"否？

答曰：动亦无关，静亦无滞，动即是静，静却非动，动静合一，绵绵密密，好个胎息。

28．问：如何是绵绵密密？

答曰：愈静愈静，方是绵绵密密。

29．问：心随动静为循环否？

答曰：心不随动静为循环，心亦随动静为循环，无心是心，焉可分别？

30．问：然则无分别乎？

答曰：分别无分别。

31．问：绵绵密密是正道否？

答曰：绵绵密密，还归不绵绵密密。一步一步天台路。

32．问：人一身皆属阴，即坐到澄澄湛湛的，不过后天阴魄，伏诸病根，一勺死水，一流便浊了。旦夕将心撮在一处，只恐触物心惊反成心病。曷若于今年初尽处，明日起头时，五蕴山头一段空内，讨出一个消息。会得的活泼泼地，不会得的只是弄精魂。

答曰：可知者行不到，可行者知不及，有无相生，隐显莫测。黑漫漫，白茫茫，变化须臾，又何可拟议？

33．问：沐浴。

答曰：沐浴者，涤垢之谓也。

逍遥两间，荡荡心田，灵机活泼，万感皆虚。噫！人而天，天而神之不可测，妙也玄也！光明者，心之用；空寂者，心之体。空寂而不光明，寂非真寂，空非真空，鬼窟而已！大道不是如斯。元精已失，证空无有处，真是落空亡。

外道云边磨日月，草里挂行茂。说甚么海水汪洋，千顷金波漾？世人惑于外道鬼窟，行藏亦难改矣。二三子静守吾道，勿摇惑其心，吾欲汝等为上乘，不欲汝等归中下流，中下流非至善。至善之极，动静无常，神妙莫测，即其体也无异，显其用也无方，先天而天弗违，后天而奉天时，神明自若也。

34．问：调息，是鼻息否？

答曰：鼻息系外息，色身上事。心息相依，方是真息。般若尊者云："出息不随万缘，入息不居蕴界"，岂是鼻也？合辟机关窍妙，非一时可窥，亦须力积之久，一理豁然贯彻，天地不外也。人为大，三才并立，万化同根，不在色身求，自有真息见。真息：无息却有息。呼！大泄机关矣，活泼泼地。至于观息、听息，亦系色身事，借此摄心，非真命脉。真命脉还从真中求之，观、听是一事。

35．问：调息作工夫。

答曰：调息固有工夫，然不一其说。有外呼吸，有内呼吸；有凡息，有神息。胎息即神息，非息莫胎，非胎莫息。胎息工夫，先从息起。若胎息，则真人之息以踵，深深矣。入彀之言：莫分内外，却有内外。有内外者，三关之谓也；无内外者，动静合一也，浑成一片，化之谓也。非化不足以语神，亦非见道。纵有悟境，云边漏日光耳。日月光明，通天照亮，非是鬼景。

36．问：胎因息生，在蛰藏之间。是伏气既久，外息已断，止有内息，而神室金胎凝结于中。此等工夫，皆天然造化，非可强致。

答曰：不可思议。顿入不思议，即此之谓也，不是悍然不顾，为不思议。蛰藏之间胎也内息，贯通三教工夫，即所谓神息也，即戊己也。外息何足一语？

工夫不到不方圆，脱了梯儿又上天。消息于中藏至哲，灵光透出万千千。

37．问：消息是气否？

答曰：是气。须善养。点明了，诸经不肯说，孔窍其门。

又问：消息漏于中宫时，如何？

答曰：一句胜是百句。有权有实，有照有用，才有些抓着痒处，便是得手之言。

至阴肃肃，至阳赫赫。肃肃出乎天，赫赫发乎地，此即坎离之说。

38．问：神依形生否？

答曰：神不依形生。汝将何者为神？一字参透，则通身泰然矣。

又问：神气不足。

答曰：神气不足，亏凿已久之故。善补之。补足，则烘然上升，龙虎玄关，一时顿现，方知三界即吾心。吾心非三界，却含三界，圆通无碍，诸仙佛慈光灌顶，希有罕见，盛世之征，太平风景，不是十分，却是一分，具足十分，成得一分；一分不了，又是一分，一分了时，还是一分。岂是寸管窥天，便为得耶？

39．问：五行即阴阳，属后天否？

答曰：先天，即无五行乎？五行全俱，方有后天五行。若无先天五行，后天五行从何而生耶？道体无形，万象森然已俱，古今原有先后，五行生生之理，实无先后。

40．问：和畅是神水否？

答曰：尚非神水。神水妙用，洗涤性空，渣滓消融，究若春风，沾着便化，不受牢笼。空山莫袖手。异味说珍羞，饱饫铭心骨，神水忽自流。一滴归根，万事合头，何用别虑，着甚来由？

41．问：戊己二土。

答曰：一滴波，中央土分戊己，还无门户。

又问：炼己待时。

答曰：炼己方可待时，不炼无时可待。

又问：戊己二土，乃先天妙用、玄禅合一之学。

答曰：先天妙用不轻得，必从后天人功积。人力尽，而天力生，方是功夫。菩提路，才起头。

42．问：金月大要，在于戊己二土，真阴真阳，真玄真牝。若不得此同类而施功焉能以机而集机？点化凡躯，冲关透节，无不赖兹。大用现前，一天雷雨风云，吻合造化，迥非枯修可比，所谓和合聚积，决定成就者也。

答曰：同类难为巧，真工是实工，分别眼前迹，离合一齐同。风云雷雨内，又谁见之？莫着境，且入境，要个境中境，要识心内心。

先天阳五行图

43．问：必大静真空，而后已土方谓之定。

答曰：戊己有浅深。彻了也是戊己，不彻而彻之亦是戊己。大定真空，慧光普照，香海观慈云。

44．问：己土死，戊土生。

答曰：己土亦不死。己土死，则戊土亦不生。戊生即是己活，非此莫能透露。

又问：必己土炼到一丝不挂，而后戊土发生否？

答曰：虽然己土稍炼足，戊土即发生。必得戊土生，方消得己土阴滞。不然，只是阴灵，纵有所得，鬼仙而已。吾道不如是。通天彻地，妙用周流，返魂浆未吃，难将阴魄消藏。尔等资质中下居多，一步一步非可躐等。性天见时则不拘，性天不见，犹如黑漆桶，乱摸行踪，焉可枯禅无据，便为高超上着？聪明特达向谁商？处处行行到底茫；空有竹声敲月夜，无风难入梦魂浆。

水月镜花，无声无臭，万象昭然于人间。不是蹊径，旁流惑世斯人也。吾之道见性明心。明心正所以见性。三教合同，圆通无滞。真一分，师规严一分，非同凡流。圣贤仙佛，敬慎为先。敬慎即是本体，非有二也。超凡在兹，有何许多言说？所言说者，总是修持事，层层相因，迭迭不化，即落凡夫界，仍堕轮回苦，不是上乘。大罗一了百当，本是一贯，刻不相违。刹那间成了变化，即是凡夫；刹那间成了变化，即是仙佛。仙凡圣愚之隔，只一刹那间。刹那刹那，有何仙佛？此皆道人不得已之词也。

45．问：先天炁，后天气。

答曰："先天炁，后天气，得之者，常似醉。"阿弥陀佛！安得有此及快活时节！先天后天，本无二致，所分别者均是后天耳。分别则动静不合一，先天炁亦化而为后天矣；合一，则后天气亦是先天。并无先后之分。若有先后分别，识耳。分别则后天炽，而念虑纷纭之所由起也。莫可道、莫可名者，祖炁也，即道之体也。体立用行矣。体用不分，亦非颟顸之谓。证者知之，不证者仍是门外汉话。

46．问：先天后天之别。

答曰：有沾依，总是后天；无沾依，即是先天。先天何处寻？要从后天寻。后天情识，即是先天妙用，须从"合符行中"工夫探去。合符行中，即静虚矣。不过尚未清，全是渣滓，浑融久久，陶融渣滓，不期清而自清，金丹方得出炉。

47．问：丹经朝屯暮蒙。

答曰：朝屯暮蒙，比喻之词耳。一进一退之火候，转瞬间见之，何尝必须朝用屯卦、暮用蒙卦耶？玄机人不懂，故吾直透其旨。

又问：交合、升降、颠倒。

答曰：只是一串事，一句得参，通身皆活。脚头翻转，踏破乾坤，逍遥无事。一个道人，却有经天纬地之学，倒海移山之用。噫，大矣哉！那里尘俗累得心？总是人心荒唐，执着己见，一个破天荒，还有一个破天荒。

48．问：夜间不得为之主，何也？

答曰：日间只是识神把持，夜间识神入蛰，其平生所作之恶意种子未化，故遇缘发生。非一超直入之路，一刀两断之功。

49．问：贪嗔痴爱，必须遣除，方是道学？

答曰：虽然，又有说焉。贪嗔痴爱，即是性之用，所谓情也。人迷于情，不知有性，是为凡愚；知有性而不知有情，是为顽空。故吾之教活泼泼，不落一隅。通天地，合古今，齐物我，无冤亲。闹市里深山，清净场中走马，大觉金仙没垢疵，却是大快活。污地生出莲花，弹指顿超无学。千手千脚观世音，岂是寻常小论？

50．问：及物穷理。

答曰：及物穷理好。然物有难穷，理穷则物穷。得其本领，以贯万殊可也。又汝能于无分别中分别乎？能于分别中无分别乎？莫落边语，习气固须除，明理为上，理明则习气不期除而自除，亦何须用心除？用心除不得除，却费工夫。及物穷理，就心言强观中，即及物穷理矣。不是强观是一事，穷理又是一事。汝仍强观入手，便知端的。

心中无私坦荡荡，神清气朗佛和仙，只因念虑些须子，铁柱深根难脱圈。故须观照自心见，方得根虚而有脱尘之想、入彀之机。不然者，尚不知何处颠倒，焉能自"新新民"而一贯耶？稍静片刻，暂时观心。

[诸人观了，复云：] 即此是丛林，何处寻般若？

51．问：外功。

答曰：内功观照，外功抱一，话头或公案一则。内外兼修，自有灵润周身，晬面盎背之时。汝只观某不用外功，而身体自壮，即其榜样也。

52．问：性同情异。

答曰：情亦无异。乃习而不察，流转至今，污染而不可解究，非性之过。性无言说，何究之有？有言说，亦不外性。汝不闻乎：水有清浊，其湿同也；水清是湿，水浊独非湿乎？是清浊异同，而湿性不异。汝只从一处参，久则豁然贯彻矣。勉之！

又：情即是性，性即是情，如射箭人，弓箭总是物，发用只一活机，有何捉摸，难以悬拟弓箭射乎？活机亦不离弓箭，离弓箭又无活机，此即色即空之喻。诸人还会么？

53．问：除了精气神方是先天。

答曰：错了。只知清净无为之道，未识阴阳自然之理。阴阳不孤立。天地离了万物，是个什么？亦不成其为天矣。天有万物，万物能障天丝毫否？试观眼前之景，森罗并列何尝碍得清虚？有万物正显其清虚耳。大道真实，如是如是。

54．问：参禅。

答曰：参禅需要起疑情。疑则悟，不疑不悟。疑情最难发得起。古哲于善知识前，勤侍服役多年，于一言半句淡话，即得大解脱者不少。宗门原好，但须善参；不善参者，则入宗门流弊，俯视一切，谓与诸佛颉颃，其实毫无半点。汝须善参。汝等知释之用功，最上一乘一纵而登云天，跛履而行千里，此汝心之妄，非释之真径也。释立言从高处引起，是欲人知其极，不欲人陷于影响无著之地。慈悲方寸，接引群生。汝以为入手功夫，可以旦夕到岸？无操存涵养，克治琢磨，恐庸俗辈到老不知自悟，圣贤鄙之。

55．问："虚极静笃"难能，奈何？

答曰：虚极静笃，非一时可能。知静不静，不知静亦不静，浑水耳。汝但虚得一分，使得一分轻松快活，此渐法也。顿根有几？总是习染沉疴，方有修行之名。今而后从心田认实，幻化不真，何者是宝？从此躐去，一旦踏破天关，脚头翻转，方有些个路数。

又问：幻化不真，须绝尽方好？

答曰：幻化不绝尽。幻化为用，众草是药材，蜜和为丸，是草还丹。无草不能成药，无药不能治病，何可去之？小人宜化不宜绝，绝则祸生，其理亦如之。

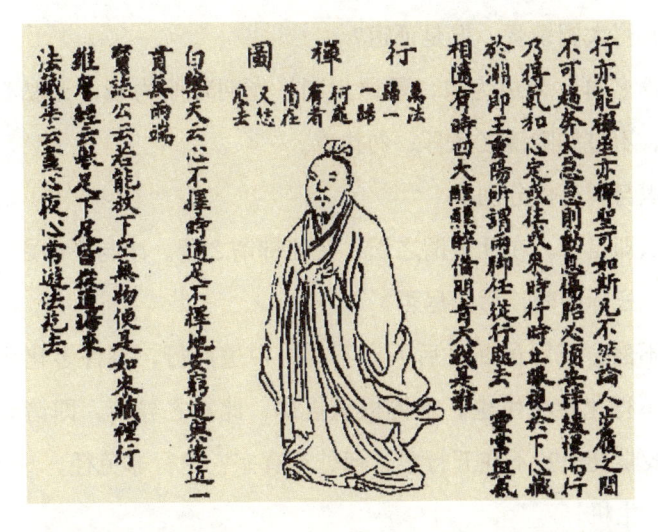

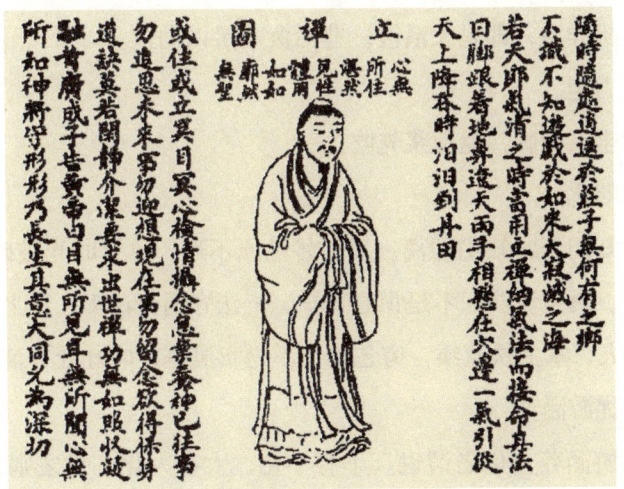

又问：何为脚头翻转？

答曰：化之谓也。自见冰消瓦解时。儒教中怡然理顺，涣然冰释，亦差不多。不过各有力量之大小，功夫之浅深，见地之迟急，天资之敏钝。禅宗说大事未明，如丧考妣；何以大事已明，仍如丧考妣耶？

又曰：大道不在静居。静居一室，反增心火之炎。要行住坐卧，总是工夫，方得坐在千峰顶上，不离十字街头。我这么说，诸人还会也么？

56．问：智能不足，难以证道。

答曰：何不足之有？若论本体，本无不足，天然俱足，何增何减？若论工夫次第，则有不足。不足者何？朝污夕染，将一个清水闹得浑浆，澄之不清，摇之愈浊，此修行之说所由起也。修者修其行，行修而性亦修矣。

又问：必得大圆镜智，方是证道？

答曰：虚名耳。无边为大，慧通为圆，光明普照为镜，无私心为智。非真如圆镜一面。不过如圆镜之义耳。勿执着。

又问：识与智有何分别？

答曰：识即是智。在凡夫谓之识，在仙佛谓之智。净与不净之分耳。

57．问：三际断时，后天尽否？

答曰：不然。三际虽断，后天亦不尽。中道而行，有许多化化生生，熏陶渣滓尽净，不得化化生生也。难得根识拔尽，此吾之异传，即诸天尚有不知此中三昧。况浅学凡夫？不在五行中，何处觅真宗？龙行非兔径，浅草不深隆。

58．问：生机。

答曰：生机洋溢，即是大活泼。非活泼不足以助道。

59．问：刀圭。

答曰：刀圭系细脉，返魂浆先吃。

60．问：幻化。

答曰：汝知幻否？知幻即离。真空妙觉原不迷，总是时光破碎，幻相无相，即得真常流注。真常流注，不是识心普护。一法齐捐万法彰，顶上梅花步，措措措，别有个仙人，掌上扶蓝缕，穷乞食，不是卖灵符，吐吐吐，清净无为是主。

61．问：优游涵养。

答曰：优游涵养，化之谓也。小有小化，大有大化，化之则神。惟化始可以语神。

62．问：先后天分别。

答曰：后天不离先天。先天即是后天。同一天也，云蔽其中，世人见云则不见天，吾见云乃天也，故云不为碍。

63．问：如幻熏修。

答曰：如幻熏修，轻易亦不能证，得效即是功。知否？

64．问：何为真种？

答曰：心空，不说真种子，即是真种子。如来藏，包括无限生发。

又问：海底何喻？

答曰：海底，即人心之深处也。海枯终见底，人死不知心。极深研几可也。

又问：心之深处。

答曰：深心则远行矣，远行方于造化有窝穴，有窝穴方能改移造化，有造化方能默转天心。浅者不能证地位，故只说到皮毛，以为极则矣。远行不动尊，妙理却难伸，处处闻啼鸟，山花深处行。

65．问：《楞严经》七处征心，不知何者是真心？

答曰：即此不知者是知，而无知不是无知而无知。

又问：如何是常住真心？

答曰：诸识不识，即是常住。不识中识，即是智能。若起分别，驰心，即是轮转而入凡矣。

66．问：心之定在处。

答曰：心无定在。心若有定在可指，即是妄心。离妄即真，汝今见吾否。

又问：心中不得清净，奈何？

答曰：心中哪得清净？即在这不清净中寻清净耳。及至清净中发出不净相，正是真清净，才得清净。

67．问：何者是心？

答曰：何者非心？无心即是心，有心则不圆通，无心则入渺茫。非无心，非有心，有有无无之间，无心是心。

又问：真心。

答曰：真心无形，有形即归幻妄。然真心亦非无形，不泥于形而实形形。形色天性，圣贤学问同之。

又问：真心从心源觅否？

答曰：源头净，则天理现前，日用行常，不碍至道；源头不净，纵有所见，犹如风灯零乱，焉是真常。汝等莫将真心唤作妄心，看所谓真心者，光光净净之心，故能通天彻地，而无丝毫之伪，并非撦和铜铅，云边见月，即为得手，即此见精，何处觅？觅则不得，道在眼前人不识，空把锄头仔细瞧。

68．问：真空妙有。

答曰：心空不空，谓之真空；心有不有，谓之妙有。勿滞一偏，方入中道，而有入德之基。

69．问：某所见甚浅，求指引入心之深处。

答曰：亦不浅。心地门头，深深浅浅不一致耳。一样话，深者见深，浅者见浅，圆见圆机，故无有定。然浅者深攀，亦学者所应勉力。深处现在未离，因见有异，故有浅深之说，可以一网打尽，当下见了本来，那里有深浅层次之可寻，高下厚薄之可探？不悟者又难言。若照吾如此说，又是增上慢人一斛斗，说到西天矣。

70．问：如何能不挂一丝？

答曰：本不挂一丝。不挂一丝，精之极矣。精极明坚，已入果地矣。非可易视。

又曰：渣滓消磨，见闻通邻，止一精真，菩提之境，净极明坚。烈焰腾空，照彻无极世界，哪得能够？

71．问：人空。

答曰：定性声闻，不是禅，却是禅中第一天。只要精凝光透白，方知流逸是何人。得了人，上得乘，未得人，莫说化乘乘，说什么人空空人？

72．问：究竟是一无字？

答曰：不可以有无言。由浅入深，次第为之，其理无二，工夫层次，却有区别。有个到家的无？有个不到家的无？善参之！

73．问：金色同否？

答曰：金色足，是同。分量原有不一。小归小神，大归大神，各因各果。有半途而去者，亦入神道仙道。各随其功力之浅深，非一定也。

74．问：金翁何喻？

答曰：金翁即识神。自性自度，自度即化，识即金翁。

又问：金即真精否？

答曰：纯一不杂之谓，非世间之金。虚得一分，即足得一分，足则生华，金出炉矣。然还须锻炼，愈炼愈精，愈精愈明。久则化识神为佛慧，香海慈云，阿弥陀佛。

75．问：三关。

答曰：三关是一关，并无先后上下可分。若分别，则有定所，不是常寂光也。常寂光如指南针，东西南北不转移，却是斗柄云横，鼓打更深咚咚响，闪光铄处不由人，惊得梦魂更。

又问：何为上宫？

答曰：上宫，无宫是宫。三关虽无次第可分，然功力之证，亦有三关之别。

打通列上功，位尊爵又崇，普雨天花落，究竟一空空。一空空，用不穷，性中得命是真功，何尝人力浓？行深般若，自见奇隆，奇隆不隆，却是虎龙，境中有境，说什通通？不假一毫功，却是天然锦绣同。了却吾生，还把颠来倒去公共。阳气潜藏要出谷，一声霹雳静中闻。电光烁处寻真种，功上加功是大文。

又曰：《道德经》五千言，《阴符》三百字，何尝有一句在皮毛上讲究？后人妄以传妄，迷失本来性真，不求自己命本元辰，以致有烧茅弄火之流，运气搬精之辈，即调息数息，亦不过后世设法，藉此摄心耳。

76．问：积累既久，则金光外现。

答：内外者，玄关立，而后见，不玄关，犹如水火煮空铛，事事无着落。玄关彻，天心见，不是黑窟生涯鬼面。

77．问：经言庚方月见，是否喻其明之微而未全吐也？

答曰：是。

78．问：心之昭昭灵灵者，道家以之作金针、为主脑。释家因其是轮回根本，而谓之净业？

答：看！

79．问：如何是定？

答曰：心无定见，精凝为定。指南针儿不用拿，随我东西拨转他。幻出世情无异味，仍是当年一枝花。花花花，果结在花家，花中不见果，正是果位夸，因果交彻理，即此是仙家，佛道原无二，只因世见差，归我清净德，莹然不生花。

80．问：通身是手眼。

答曰：手眼为活参活句，莫参死句，死句无活，活亦非句。

问：光明须消灭否？

答曰：光不可消灭。日月光明普共，何尝着得分毫？道人心性一齐抛，世事原来颠倒。半虚半实空中妙，半有半无自在好。半是无言半有言，其中大用细寻讨。了了了，尺地延生，半天云晓。灵机难到手，到手者非大德莫能担荷。灵机到手，鬼神莫测其由来，何况人乎？

81．问：静中坐出端倪，是何意旨？

答曰：谁家玉匣开新镜，露出清光些子儿，一破不迷，任你口似悬河，我只一以贯之。

82. 问：回光返照，乃生死海中之渡筏；玉液炼形，即举水制火之妙喻。至于人心之觉，其体一而其用二，有昏觉之觉，有自然之觉。昏时之觉，如电光之一瞬，若耳目之视听焉。自然之觉，如声之自入耳，物之自接目；无为而无不为，无在而无不在。念虑一起，神目昭然。《易》曰："知几其神乎，莫知所从来。"常应常静。是否即所谓无位真人，最上一乘也？

答曰：所喻是。仍须心印。

83. 问：行气主宰，即眼是也。眼为阳窍，道在眼前，虽能视能听，而实超乎动静，是人心之常处也。非销识莫能眼明，非眼明莫能销识。是否？

答曰：大得参透一关。一关打破又是一关，关有次第删。不粘不滞为尚，以柔以默为强。卧听钟声，行趋佛路。

又问：眼是真心否？

答曰：不是。幻光也，借以逐阴邪，行气主宰，若即以之为妙窍，若即以之为至宝，则知浅不知深矣。

84. 问：蒙示"浩浩落落，潇潇洒洒，一腔热血，大地不腥膻；火烧金莲，和盘托出钱，步步是先天，不着后天缘"等句，敬参：大地山河，皆吾法身；五浊恶世，皆是清净道场；慈悲而慧，一气流行运用，自然得意生身。和盘托出，先天元性，历劫不坏之慧命，如金钱之洒落。

答曰：须验方知。此处落机，深而又深，极之无极，苍茫古道少行人，片语同时大地春，婆娑世界都包许，说甚黄昏静掩门。

85. 问：耳根音闻入门。

答曰：耳根，清净大士圆通法门，尔从此证入，即得闻熏闻修，方知如幻三昧，即一毗卢性海矣。乾元面目不外于兹，六根清净，一精真妙，须回向真如寂。体是寂，用是照。寂照方名一。须知寂照双融，非大定不能寂而照，照而寂。寂照本空，空却是寂照。寂寂寂，寂还归无寂寂，方是真寂寂，真寂寂却不寂，即是寂。寂无可寂是真寂，哪管那照？寂寂照寂，禅理要深攀，玄理不易迹。

道在目前，目前却难明。人好奇喜新，错过目前，不知何处是道，道也者，当下即是，昧了，当下即是心驰意走。念念不由人，皆因神力浅，神力浅，皆由心驰。日月行藏实是至道。淡淡乎天之根，冥冥乎元之始，几几乎道之危，神神乎光之赫，日就月将，讨得真消息，消息在平洋，不是静中藏却要静中藏得。

86．问：妙理难参。

答曰：难参者何？顶相难睹耳。

又问：何得转关？

答曰：一句转关，只在根下。磨勘磨得断，两头空空中，方见祖和宗，的的证圆通。

万行庄严，正是菩提之妙用，一灵光耀，却是仙道之无常，脱却牢笼超世界，东方宝月照山河。适从华山过，头陀总不知。佛力原无限，道释不同过。噫喜乎！鬼神知察分明，而难料吾心不动处也。今而后，吾知一矣，不知其二。

惟其无知，所以无不知。无不知，却无知。照此参解，不难取证。异时浓香异花，触处熏净。噫！得大自在。感激师恩指示，得致如此受用；先灵萃聚，克尽孝道。天心回思，尘寰中事如梦中又梦。衣闵众生，兴大悲心，众生同在大觉中，竟昧然不悟；故亦不轻众生，因众生与圣无异，只在一转念间耳。

87．问：何为先天？

答曰：心即先天。先天者，对后天而言之也，对待之说。心绝对待，方是真常，而不拒诸相发挥。《楞严经》已明言之矣。

又问：心绝对待，即无极之谓欤？

答曰：无极者真空，有极者妙理。无极即有极。非有极之外，又有无极也。范围天地而不过，曲成万物而不遗，枢纽阴阳，色色归根，如此妙极只是不见。此乃天地之先，鸿蒙未判以前之说，然即混沌以后之事。无分先后却有分，不是难凭一味吟，识得个中颠倒用，心同黄土变成金。如此说，先天是先天，无可言矣，然又有有言之先天。有言之先天何也？圣凡之分矣。圣即是先天，凡即是后天，于此先后天俱名为后天，不得谓之先天。先天者何？无形是也。然无形亦不独立，凭有形者证。有形为无形之用，无形为有形之体。即此有形又是无形。此即动静合一之妙，方是真空妙有之真空。正说法，天花落下缤纷，稀有罕遇好稀奇，却也是古佛禅机。

88．问：恁依修持法。

答曰：莫恁依，无倚依，见真心。真心不是无依倚，却是毗卢顶上行。老禅客，作家僧，却也难得，只在一心，并无剩法未了义。

89．问：何谓神通？

答曰：妙应万物之谓神，无在而无不在之谓通。

90．问：报身。

答曰：报身无报。亦强名耳，圆满之谓也。若真有报身，即是二见矣。二而不一，一亦无一，是真一，寂照不二一。

又问：法身。

答曰：法身义所以取积诸法，而却不能着得语言。

91．问：心有名乎？

答曰：心无名。即道亦强名。大道出于象数，名言之外，何可名得？

92．问：生死。

答曰：分段生死，化作变易生死，仍有生死。且将这分段生死不分段，变易而轮回短，空空无有。问我说行踪，飘飘一叶飞，仙去若无踪。

又问：何谓无生？

答曰：生而无生，故曰无生。无生还有一曲，汝唱一个无生曲，世间听，才是无生。

93．问：感召。

答曰：有得太阴精、有得太阳精者，其实还是一个，不过各人根器。

太上堂堂大道，不外日用常行，何尝是鬼窟生涯？有一等人将色身算作法身，求之气运上升，以为结胎产婴儿张本，自高自足，不知大道沙里淘金，金乌飞入蟾窟，皆是未生前事。见浅者焉能窥其堂奥！说有执有，说空滞空。不识大道渊源。先从渊源探摸，的见空动以前自己，方知神龙变化、夫唱妇随之理。何尝执有？亦不执空。妙有真空，真空妙有，现于一毫端，小大相融，一多无碍，方说得鼎炉中事。超生受生，一目了然，不是那些话说。吾教各尽其业。素位而行，胸怀磊落光明，做得人世间顶天立地奇男子，尽孝纯忠大丈夫，不枉人世一遭，垂千古而不朽。心中潇洒即是仙，心中无累即是佛，心中无私即是圣，保全汝良知良能，各人有的，并非外求，更不在肉身计较。死后一抔黄土，尽够汝埋；贤愚同归，宝贵一致。哪些是我？惟我这一点灵明，秋空月皎，空镜澄辉。烈火腾腾好种莲，西方路上是金仙，不用妄求除念妄，香花果实一齐鲜。

94．问：请七日闭关，专办道功。

答曰：吾汲汲遑遑，周流四海，劝善化恶，消其黑气上冲，引其光明善气。故吾设教如大海水，各随器量取。七日是良宵盛事，人生有几得遇其会？吾所为何事，岂不大愿？即于某日起可也。

95．问：起七请功。

答曰：行住坐卧，提醒此心，常令不昧。无时刻之间，功即接续不断，亦不必拘拘，坐时参，不坐时便不参，然坐必以律，亦事之当然。坐三刻，行一刻，饮食按时，冷暖自护，有事照常办事，正于办事中即是用功处。总要念：念从何来，念从何去？看破这窝窟贼巢，方得大蹈步直上瑶天。其余肉身上功，一概不必。吾此道肉身功在其中，一通百通，山河大地，总是吾身，些须心肝五脏秽，有何办头？吾今日亦发愤启迪，只要尔等福缘承当得起，亲验亲证，将这些旁门左道，一概为吾辟却：大道是甚的？性命是甚的？说哪里话？至于一切四威仪中，照律行持，均可参语广多。姑拈一则因缘，如何是牛吃草、草吃牛？如何是有无不二？如何是分开动静？又如何是色空俱遣？遣后还有色空否？参！

极高处摸不着，极下处飘不起，奈何？

历尽蒲团三十载，算来还是一金翁。

清净为宗，光明为用，大震雷霆，显我玄功。

妙道无边，人心是极，水天一色，月照潭空。

旷落中感召神奇，悠然间自存不息。

伏处未着力，起处空寂寂。

青云路，蓬岛居，一壶一杓，自在闲娱。风飘飘其无声，水洋洋其无痕，叱中玄妙理，无事且沉吟。

清白中有把柄，混沌时有归宿。

月淡星稀，炉烟缥缈，万神齐唱太平年，正是中天景运鲜。

天云无二唱青莲，云不遮天，云亦由天。

天下事，事在人为，却也须暗中默运，二气流行，莫非鬼神之昭著，苍苍者天，赫赫者日月，不可欺掩。如是夫！

尘净鉴空，万物全归一己；宝明觉性，大千显露真常。

净业不同染业，说来凡圣齐捐，空空洞洞大光天，活活仙天出现。

人之生也，抱气于浑涵之中而生质，及其觉也，而阴阳已分。嗜欲纷华，吉凶悔吝，茫不自知。迨阴阳大判，元气不可复，继之以亡而已矣。其气，是天地之气，非尔我得以私之，其中有理存焉。善者善之，恶者恶之。随恶趋落异类，其魄之归，其魂之散，其感之薄，其遇之值，皆非一类观也。而其大端，禾不生黍，凤不乳马，各有不同，看人之趋向何如耳。

天质愚智不同，而其所赋之性有异乎？不肖者不及，何智者又过之？此其中道之不明一也。贤者较愚者迥别，殊不知贤者未登，其实不如愚者。各自思之可也。

吾自设教以来，高高下下，不一其致。总鉴其人之诚信与否。又有感召不同，趋向不一，吾来此大有因缘，忙忙踏遍四海九州，正欲于今日垂示梯航。知吾教是正大光明，并非鬼魊行藏。辟邪说，正人心，统归于中和善气，亦非拘拘令人如笼中鸟，又非旁门外道，枯禅苦节，废时失业，以为自高。不知大道堂堂，日月常行，均皆至道，时当显也，即缨络庄严弥纶世界，亦不为奢。时当俭也，即一炉一几，二三子诚敬侍侧，亦不为省。丰俭随时，调和得中，还须放开眼界，勿泥目前。堂堂男儿汉，帏幄千丈光。

逢时遇节，礼拜装香，正是道律禅仪。只在诸子性分中事，与吾一炷香，脉络相承，并非道人好饰仪文。而诸子诚意所通，即世间物亦蓬莱景矣。清风两袖，一任云飘，诸子少兴趣，道人乐陶陶，有甚牢笼？清光灼灼，万境齐抛，红黄相间，杂净水一杯，消帘卷西风，银桂香飘，红酒醽醁豪高，不许闲人门儿敲，说与知音秋空淡荡好。

一尊古佛显慈航，渡得乾坤大地忙，万象普观无二致，心心念念说花黄，静夜钟声敲古寺，风花雪月一炉香。吾道宏深，非如俗眼，止目为仙，绝人逃世，栖处岩谷，以为自得了手闲人，消受天地风花雪月之报，说妙说玄，周游蓬岛，不乏其仙，吾之道不如是也。代天抒化，普度贤愚，同归圣果至善，并非小蹊小径，故尔等须倍加敬慎，乘此天恩，得获良益。虽得益者浅深不同，各随器量因果，无不俱足。道人全脉在此显化昭灵，以为后世及秉教向道诸人，知吾道是参赞化育之道，并非自了旁门。诸子既奉吾教，亦各发愿立心，成己成物，成物正所以自成，自成非成物不可。

诸人静心听吾言，九曲黄河天隑险，总是人心现，大地本无偏，坦坦平平渡得江河堰，道人化迹九州显，遍掌乾坤日月颠。青锋剑挂在肩头，寻遍人间恶善。几个儿孙相推托，老父母反觉赘疣厌，兄和弟心下相多，各存一个颜面。不知本来清净不清净，一味胡厮缠。命该清净生来就清净矣；命不该清净，纵或强除枝叶，亦不过是脱胎入胎，反遗下许多孽债，又重增一种公案，依旧不了缘，添了烦恼怨。总是肉眼凡夫，只顾目前受用，不计天理昭彰，疏而不漏。

见几个后人发越，不从孝悌阴骘中来。吾下尘凡久久，总不过劝人安命。安命则命有了时，不清净者自得清净。一派和霭风，暗中鬼神解颐，吉神拥护，久久难化为气，莫知何以然，左右逢源，灾消福增。不然则眼前视为得计，其实暗增黑氛，气化为难而不觉亦莫知何以然而然。诸子其敬聆之。

常目在兹，克明峻德，圣贤学问，不异玄禅。乃世人不察三教异同，纷纷立论，真是醉梦中狂解，跑马看花，真堪一笑。而留心斯道者，又犯喜静恶动之弊，人人不免。不知强离冤牵，依旧不了缘；纵或绝人逃世，深入山林，而山中虎豹豺狼，魍魉魑魅，暴雷烈风，令人心惊神颤。况乎血肉之躯，衣食供给，在在需人，稍失调护，寒暑浸淫，遽成苦恼病痛。临时不悟，走入旁蹊，反悔学道毫无益处，适足害人，又有一等：志慕山林，不顾时事之行藏宜否，一味尘离诡异怪行，以为别于流俗，不知废时失业，以致事体缺欠，精神日渐颓败，道亦莫能解悟，不识自己起足，走入旁蹊，反言为善不昌，道不可学，此等荒谈，真堪大笑。加之邪师僻友，紊乱道宗，毫厘千里，沽名钓誉，实为吾道害。噫！今日得二三子奋志向上，参妙透玄，为吾门宝。而学道者之锢弊，以致人事灰颓，皆由自入旁门，究竟善心起念，深堪怜悯，若能于人事中修之，则更胜于山林。吾道流传下去总是人事中修持，不喜深山鬼窟，逃世绝人，作自了汉。

吾之得与天地同其悠久者，因体天地好生之心。尔等如果发愿随力随才，无损于己，有益于人。既有益于人，亦不能不损于己，然损于己，无全损之理，若全损，人得之亦不能消受。除非大义所在，或往因夙偿，否则不必。不过随时随事勉力而行，只要得当无咎，转祸为福，即是吉星，即是吾门抒化大弟子，他日冥冥受报，得握人间祸福柄，不亚吾也。吾意亦非浪施，须要善会，即一言一行有益于人，总是抒化之一端耳。

凡人终日闲时尽多，忙时甚少，如尔等在此，只此一事，过此便万绪千端。其实行住坐卧，总是一事，人自忙耳。故吾前云：只是当下不昧，即心不驰而意不走，省下许多工夫，脚踏实地，随遇而安，也不妄想，也不学道，即此便是大道。学久则神凝气聚，浑合无间，神力绵绵，方消得魔障，出得牢笼，上得天空，一步一步崇。

人情冷暖，世事变幻，颇难预料，均无一定。花开时人玩赏，花落时一堆潦草，要撮得去，扫得净，方是佳时共好。诸子既皈吾教，勿贪势利，树倒藤枯，好一堆烂柴，不可不知。尘俗念须要勾了，何必唠叨，置心田而不放。

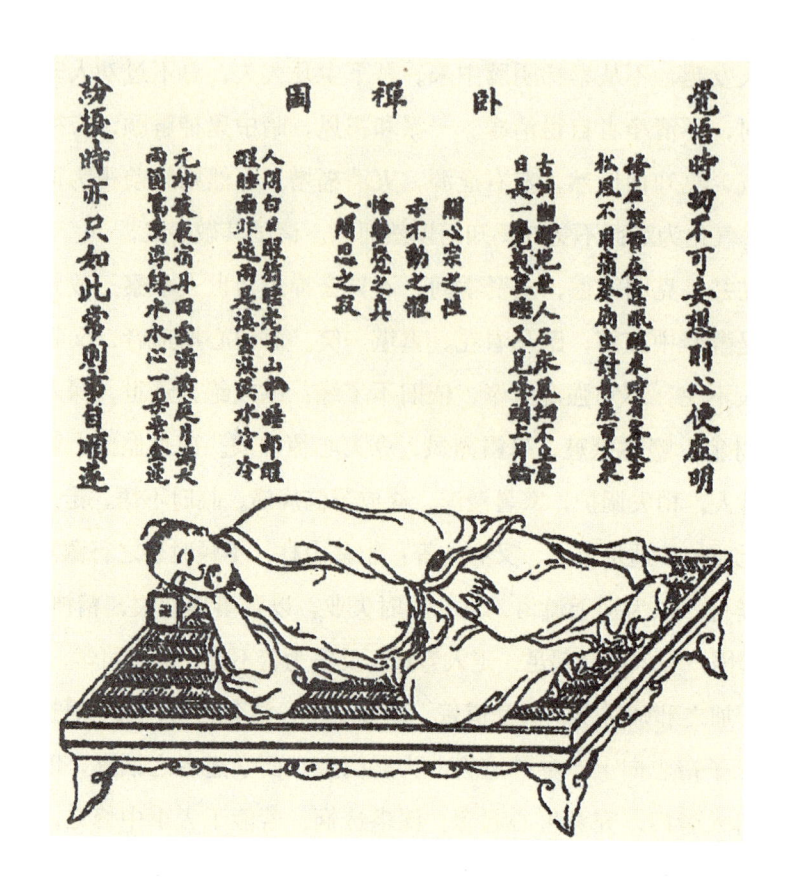

学道之士，正欲于葛藤扯绊中，方见经验纶妙手，不然何为奇才？庸俗而已。顺境谁不会过？只到逆境，略加怨天尤人之心不免，殊不知平素有何功德，消受天地生养之报，还自思量否？今而后，诸子放下心，炼成灵宝人难识，消尽阴魔鬼莫侵。只须当阳一露，百句话头，有何排遣不下？有何隔碍？本体空空，不离万象中。包涵万象消万象，即此一语出牢笼。

96. 问：习静。

答曰：试问足下何时静？何地静？若欲此身安，是养生小术，为天地人所忌，所谓偷懒辈也。乌得谓之学，不得谓之道。道化者，广大高明，随时随处而无不通。其流行也，其化育也，道以生道，而变化出焉。乃修道者，动欲离尘去俗，殊不知"和其光，同其尘"何谓也。天以天，地以地，人以人。未离乎人，宁可远人？况道不远人，日用常行，无非道也。道在天地而为天地，道在人而为人。存神知化，道岂远于人耶？

97. 问：人有利钝之分，教有立言之异。如天资明健，本体透露；明足以察其机，健足以致其决，工夫自归于易简，原不防径趋佛路，一超直入如来地。

如本体昏蔽，则是致虚之功未致。致虚，即集义也，适合其宜之谓义。适合其宜，即是人心恰好处，恰好处即中也。

答曰：人心昏蔽，亦有鉴照。不过困知生知、省力费力之别，惟照方能致虚，到恰好处，已无安排矣。

言教亦有不实不尽，总是应病用药。若各经各典，拘拘一个道理，只要一部足矣，又何必唠唠叨叨，做下许多桦页？有对大菩萨说者，有标指者，有为愚夫立方便者，有贤愚共赏者。如太上《道德经》，天机浑成，纯朴归元之作，故千古不磨，乃太和元气，大道从此昭著，心经由此开宗，为万世梯航。显于言表，而隐文奥义，实非寻常。各家注亦只注得皮毛，仁者见仁，智者见智，百姓日用不知，故君子道鲜矣。

一个人可以为善，可以为恶，或先善而后恶，或先恶而后善，总无定评。故吾不轻许人，亦不轻慢人，安知后来不如今耶？

礼丰科仪，吾教甚重。恭敬其心万法来，朝礼一朝，胜如坐七一日。今且礼心上之斗可也。

柳华阳《慧命经》节选

漏尽图第一

盖道之精微,莫如性命。性命之修炼,莫如归一。古圣高贤,将性命归一之旨,巧喻外物,不肯明示直论,所以世之无双修者矣。

余之所续图者,非敢妄泄也,是遵《楞严》之漏尽,表《华严》之奥旨,会诸经之散言,以归正图,方知慧命是不外乎窍矣。且此图之所立者,是愿同志之士,明此双修之天机,不堕旁门。方知真种由此而怀,漏尽由此而成,舍利由此而炼,大道由此而成。

且此窍也,乃是虚无之窟,无形无影。炁发则成窍,机息则渺茫,乃藏真之所,修慧命之坛,名之曰海底龙宫,曰雪山界地,曰西方,曰元关,曰极乐国,曰无极之乡。名虽众多,无非此一窍也。修士不明此窍,千身万劫,慧命则无所觅也。

是窍也,大矣哉!父母未生此身、受孕之时,先生此窍,而性命实寓于其中。二物相融,合而为一。融融郁郁,似炉中之火种一团太和天理。故曰,先天有无穷之消息。故曰,父母未生前,炁足胎圆,形动胞裂,犹如高山失足,团地一声,而生命到此,则分而为二矣。自此而往,性不能见命,命不能见性。少而壮,壮而老,老而呜呼。故如来发大慈悲,泄漏修炼

之法，教人再入胞胎，重造我之性命。将我之神炁入于此窍之内，合而为一，以成胎孕。其理一也。

夫窍内有君火，门首有相火，周身为民火。君火发而相火承之，相火动而民火从之。三火顺去则成人，三火逆来则成道。故漏尽之窍，凡圣由此而起。不修此道，而另修别务，是无所益也。

所以千门万户，不知此窍内有慧命主宰，向外寻求，费尽心机，无所成矣。

六候图第二

且道之妙用，莫如法轮。运行不蹉，莫如道路。迟速不等，莫如规则。限数不差，莫如候法。

是图也，大备法全，而西来真面目，无不在此矣。且其中之元妙行持，莫如呼吸。消息往来，莫如阖辟。不外道路，莫如真意。有所起止，莫如界地。舍己从人，备着此图，全泄天机，愚夫俗人得之，亦无不成也。

苟无其德，纵有所遇，天必不附其道。何也？德之于道，如鸟之羽翰，缺一无所用也。必须忠、孝、仁、义，五戒全净，然后有所望焉。而其中精微奥妙，尽在慧命经中。两相参看，无不得其真矣。

任督二脉图第三

盖此图于前二图，原是一也。所重续者何为？是恐修道之人，不知自身有法轮之路道。故备此图，以晓同志耳。盖人能通此二脉，则百脉俱通矣。所以鹿之睡时，鼻入肛门，通其

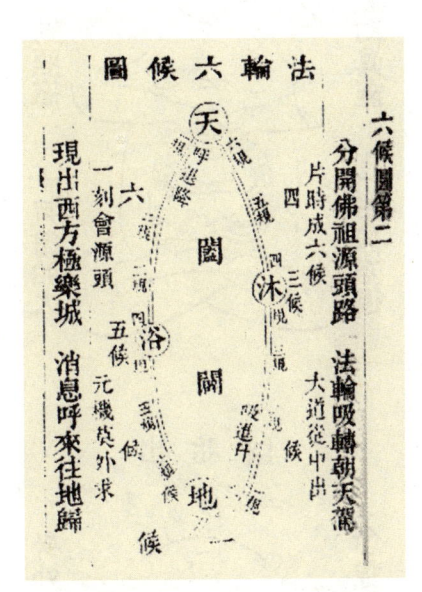

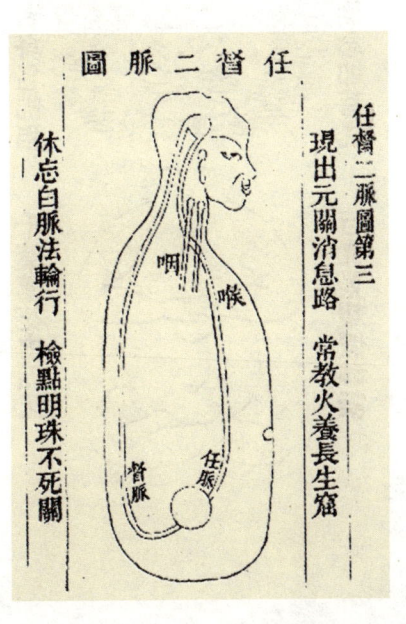

督脉，鹤龟通其任脉。三物俱有千岁之寿，何况人乎！修道之士，既转法轮以运慧命，何患不长其寿而成其道也？

道胎图第四

且此图，《楞严经》原本有之妙旨，俗僧不知道胎者，因当初未续图之过耳。今以阐扬，修士方知如来有道胎，实之工夫在矣。盖胎者，非有形、有像，而别物可以成之，实即我之神炁也。先以神入乎其炁，后炁来包乎其神。神炁相结，而意则寂然不动，所谓胎矣。且炁凝而后神灵，故经曰亲奉觉应二炁培养。故曰，日益增长，炁足胎圆，从顶而出，所谓形成出胎，亲为佛子者矣。

出胎图第五

《楞严咒》曰：尔时世尊，从肉髻中涌百宝光，光中涌出千叶宝莲，有化如来坐宝花中，顶放十道百宝光明，皆遍示现，大众仰观放光如来，宣说神咒者，即阳神之出现也，故曰佛子。苟不得慧命之道，枯寂口禅，焉有自身（之如来，坐此宝花，放光之法身出现者哉？或谓阳神小道），焉得谓世尊为小道乎？此即泄《楞严》之秘密。

晓喻后学，得此道者，立超圣域，不落凡尘矣。

化身图第六

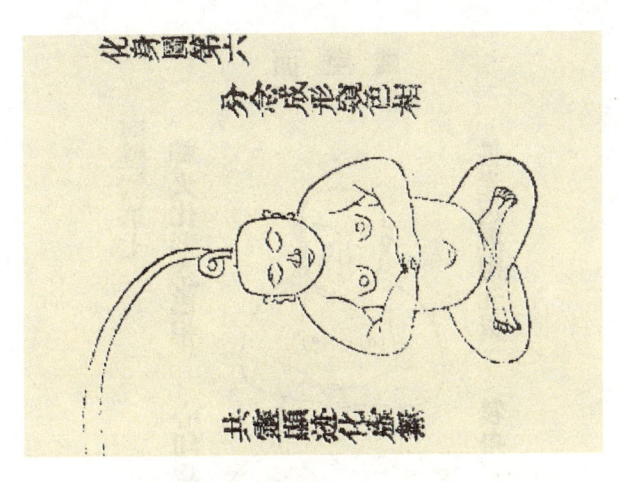

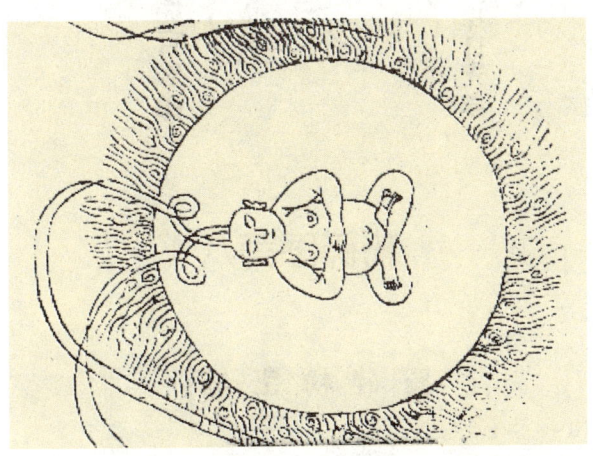

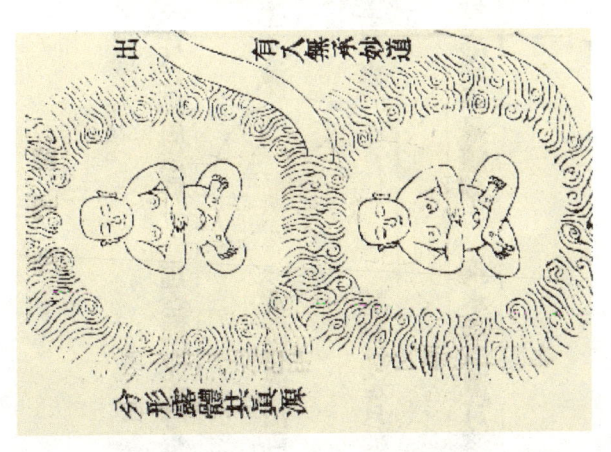

面壁图第七

面壁圖

面壁圖第七

神火化形空色相　心印懸空月影淨

性光返照復元貞　筏舟到岸日光融

粉碎图第八

粉碎圖

虛空不生不滅無去無來

粉碎圖第八

一片光輝周法界　虛空朗徹天心耀

雲散碧空山色淨　慧歸禪定月輪孤

雙忘寂淨最靈虛　海水澄清潭月溶